高等职业教育公共基础课系列规划教材

大学生职业生涯规划与就业指导

主　编　缪雄平
副主编　周　敏　谢敏峰　陈艺芬

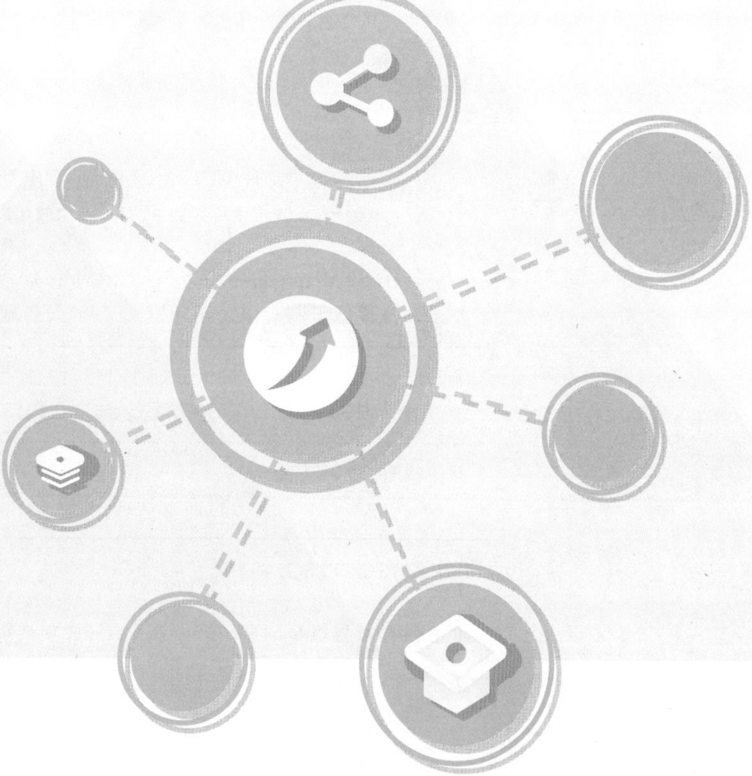

大连理工大学出版社
Dalian University of Technology Press

图书在版编目(CIP)数据

大学生职业生涯规划与就业指导 / 缪雄平主编.
大连 ：大连理工大学出版社，2024. 8.（2025.8 重印）
--（高等职业教育公共基础课系列规划教材）. --
ISBN 978-7-5685-5179-3

Ⅰ. G717.38

中国国家版本馆 CIP 数据核字第 2024G1W651 号

大连理工大学出版社出版

地址:大连市软件园路 80 号　　邮政编码:116023
发行:0411-84708842　邮购:0411-84708943　传真:0411-84701466
E-mail:dutp@dutp.cn　　URL:https://www.dutp.cn
大连天骄彩色印刷有限公司印刷　　大连理工大学出版社发行

幅面尺寸:185mm×260mm　　印张:15.5　　字数:355 千字
2024 年 8 月第 1 版　　2025 年 8 月第 2 次印刷

责任编辑:欧阳碧蕾　　责任校对:程砚芳
封面设计:张　莹

ISBN 978-7-5685-5179-3　　定　价:49.80 元

前言 Preface

就业是最基本的民生，大学毕业生的就业质量直接关系到国家的发展和社会的稳定。党的二十大报告明确提出，实施就业优先战略，强化就业优先政策，健全就业促进机制，促进高质量充分就业。当今世界正处于百年未有之大变局之中，我国经济也进入了全新的高质量发展阶段，高校作为人才培养的主阵地，要坚守为党育人、为国育才的初心使命，不仅要培育出适应新质生产力发展的新型人才，还要保障高校毕业生高质量充分就业。在新时代新征程中，促进高质量充分就业是高校就业工作的新定位和新使命。

近年来，随着科学技术的进步和社会经济的快速发展，各种就业模式和就业岗位不断变化，如何提高大学生的综合素养，提升大学生核心竞争力，促进高质量充分就业已成为社会高度关注的热点问题。大学毕业生作为青年就业群体的主力军要能够与时俱进，建立职业生涯规划意识、树立科学正确的适应于新时代的就业观和价值观，具备可持续发展的职业规划能力，这对于促进高质量充分就业尤为重要。基于此，根据教育部印发的《大学生职业发展与就业指导课程教学要求》，结合现阶段党和国家最新的就业创业政策和文件精神，我们编写了《大学生职业生涯规划与就业指导》教材，力求给高等职业院校的学生提供生涯规划、职业选择、就业求职等方面的系统化指导。

本教材系统地介绍了大学生职业生涯规划与就业指导的相关知识，共分为八个项目，分别是职业生涯发展的基本理论，认识产业、企业、职业，大学生的职业素养，大学生的职业生涯发展规划，大学生的实习实训，大学生的就业准备，大学生就业政策与权益保护，大学生的职业生涯发展与平衡。本教材在编写理念上践行“知行合一”，以突出中华优秀传统文化为根本，结合高等职业教育学生的学情特点和阅读习惯，各项目均包含“项目概述”“自我初探园地”“知识储备”“技能提升”“实践训练”“项目拓展”“要点小结”“自我评价”等栏目，以丰富多样的形式和新颖的设计，吸引学生的兴趣，引导学生主动探索、积极规划自己的学习生涯和职业生涯。除此之外，本教材还具有以下特点：

更中国化——结合每个项目的核心内容，特别选用了四书五经、中国名人名言，潜移默化地让学生认识到人生规划的重要性、努力奋斗和勇于追梦的美好等。同时在项目一中，着重梳理了中国的职业生涯发展理论，并结合“技能提升”和“实践训练”栏目，让学生学会运用中国自己的理论进行职业规划和探索。

更实践化——各项目精心设计了“知识储备—技能提升—实践训练”层层递进的理实一体化教学模式，旨在打破传统的说教模式，突出“学中做、做中学”，充分调动学生的主动性，提升学生的实践能力。

更真实化——书中的案例力求真实，以各编者所在院校学生的就业创业优秀案例为主，使学生通过身边学长、学姐们就业创业的故事，切身体会到职业生涯规划对取得人生的高质量成就的积极作用。同时，企业专家也给本教材提供了一线就业市场和求职面试的真实素材，让学生能够从中总结并学习就业求职的诸多技能技巧。

更新颖化——在内容上，教材中编入了国家最新的相关政策、产业最前沿的科技创新成果，揭示了产业链转型升级的重大意义，介绍了全国大学生职业规划大赛等，让学生深刻认识国家战略发展的布局和大学生在新时代下的责任与使命；在形式上，构建了线上线下的全方位学习平台，以课堂教学为中心，提供了信息化的线上教学资源，并结合各学校线下职业生涯体验馆或体验中心开展系列实践活动，让学生沉浸式地学习和实践。

本教材由厦门海洋职业技术学院、漳州卫生职业学院、福建水利电力职业技术学院、闽北职业技术学院、闽江师范高等专科学校、三明医学科技职业学院等高职院校长期从事就业创业指导工作和课程教学的老师以及厦门优优汇联信息科技股份有限公司副总经理、厦门浮古科技有限公司总经理共同编写。其中，厦门海洋职业技术学院缪雄平研究员担任主编，负责编制教材大纲，进行教材的整体设计、组织编写和审核定稿工作。周敏、谢敏峰、陈艺芬担任副主编，协调各章节内容的编写工作；参与本教材编写的还有周玉敏、房英娟、高林、林培玲、刘永成、林丽端、李琳、何燕红、董秋锋、詹永珍、周朝龙。具体编写分工如下：项目一由周玉敏编写；项目二由陈艺芬、房英娟共同编写；项目三由高林、林培玲共同编写；项目四由周敏编写；项目五由刘永成、林丽端共同编写；项目六由李琳、何燕红共同编写；项目七由谢敏峰、董秋锋共同编写；项目八由詹永珍、周朝龙共同编写。

本教材在编写过程中得到了全国多位职业生涯规划与就业指导专家的关心和指导，以及相关高校和企业的支持；同时，编者也参考、引用和改编了国内外出版物中的相关资料以及网络资源，在此表示深深的谢意！相关著作权人看到本教材后，请与出版社联系，出版社将按照相关法律的规定支付稿酬。

由于编者团队能力有限，加之就业创业相关政策和相关制度不断发展和变化，书中难免有疏漏之处，敬请各位专家、读者批评指正。

编　者
2024 年 8 月

所有意见和建议请发往：dutpgz@163.com
欢迎访问职教数字化服务平台：https://www.dutp.cn/sve/
联系电话：0411-84706672　84706581

目录 Contents

项目一
揭开职业生涯的面纱
——职业生涯发展的基本理论

工欲善其事，必先利其器。

——孔子

项目概述

大学是人生中一个非常重要的时期，也是大学生正式进入职业生涯的准备阶段。职业生涯发展有着完备的学科知识体系，掌握其基本理论，能够帮助和指导大学生进行职业生涯和人生规划。“职业生涯发展”也是我们经常谈论的话题。那么“职业生涯发展”究竟是什么？我们一起来揭开“职业生涯发展”的神秘面纱。

学习目标

知识目标

1. 了解职业生涯发展相关理论。
2. 熟知舒伯的终身职业生涯发展理论。
3. 掌握廖泉文的“三三三”理论。

技能目标

1. 能够分析自我职业生涯的影响因素。
2. 能够绘制个人生涯彩虹图。
3. 能够绘制个人“三三三”职业生涯规划图。

素养目标

1. 树立正确的人生观、价值观、就业观和择业观。
2. 弘扬坚定的理想信念和爱岗敬业的精神。
3. 培养勇于面对困难和创新解决问题的意识。

项目内容

在社会环境稳定、物质条件优越的新时代，职业对大学生而言已经不再只是维持生存的手段，更多的是对美好生活的追求和对自我价值的实现，是推动中国式现代化建设、实现中华民族伟大复兴的社会实践。因此，进行职业生涯发展理论的学习非常契合当代大学生自我发展和国家社会经济发展的需要。

自我初探园地

1. 我对职业生涯的认知有哪些？

____

____

2. 为什么强调职业生涯发展的重要性？

____

____

3. 虽然我已经具有积极的就业观念与就业意识，并且在就业能力提升和职业生涯发展方面做了很多努力，但是在就业倾向方面仍存在一些困惑，我的困惑有哪些？

____

____

4. 毕业后，我会选择创业还是就业？为什么？

____

____

知识储备

1835 年，马克思在中学毕业论文《青年在选择职业时的考虑》中指出，人与动物不同，动物完全依赖自然的生活条件，只能在自然提供的一定范围内活动，而人却能掌握自己的命运，有选择的自由。这正是人比动物优越的地方。但是，如果认为生活在社会中的人能够不受任何限制、随心所欲地选择职业，那就错了。人在选择职业时，并不是完全取决于自己的希望和志愿，而是会受到自己所处的社会地位和社会中的关系的限制。马克思认为，选择职业时应该遵循的主要原则是人类的幸福和我们自身的完美。20 世纪初，美国职业辅导的先驱弗兰克・帕森斯提出了关于职业选择三大原则的理论。此后，多位心理学家、社会学家、教育学家等通过大量的研究和实践，继承并发展了多种职业生涯的理论与方法，形成了关于职业生涯的多个理论派别。

一、认识职业生涯发展

对于大学生来说，职业是一个耳熟能详的词，每个人都必将与这个词产生密切的联系。职业不仅是大学生未来谋生的手段，更是为社会创造财富、实现自身价值的舞台。职业会对人的工作方式和生活方式产生深刻影响。职业的种类很多，不同的人可以从事不同的职业，人在享有相应的权利、承担相应的义务的同时，通过创造社会财富的方式来实现自我价值。

（一）职业生涯的含义

生涯：生即生活；涯即边界、范围。职业生涯可理解为人生道路、生活经历和事业发展等活动过程的总和。人的一生，包含幼年、童年、少年、青年、中年、老年几个阶段。人从青年开始便进入职业生涯和生活发展的高峰期，这一时期也是追求自我、实现自我的重要阶段，职业生涯也随之变得丰富。

职业是个体在社会中赖以生存和发展的主要途径，处于职业生涯的核心位置，对个人的生存和发展起关键作用。人的一生可能有各种各样的职业经历，而职业生涯的成功取决于多种因素，包括社会环境的影响、个人能力和价值观的综合作用，以及把握机遇的能力等。总之，职业生涯是围绕学习、生活、就业和发展等方面展开的，作为大学生，应该对职业生涯及其规划有清楚的认识和把握。

职业生涯的概念并不是一成不变的。20 世纪 70 年代，职业生涯专指个人生活中与工作相关的各个方面。如今，生活中关于个人、集体和经济生活的各个方面都被纳入职业生涯的概念。可见，职业生涯是一个动态发展的过程，它包含个人一生中所有与职业岗位和工作活动相关的生活经历。不论职位高低、职业生涯成功与否，每个人的职业生涯都是独一无二的。

职业生涯是个人在人生中所经历的一系列职位和角色。它既与个人的职业发展过程和经济生活相互关联，又与个人接受教育培训和成长过程中的心路历程密不可分。个人成长和受教育的过程，也是对自身进行生理、心理、智力、能力等一系列潜能开发的过程，这些能力将会对职业生涯的发展产生深远影响。但无论职业生涯如何发展，最终都会以工作内容、工作业绩、工资待遇、职称职务为标准，从社会的角度来对其进行经济方面的考量。而个人则会更加注重工作经历、内心体验、职业理想和人生目标的达成。

（二）职业生涯与人生

在漫长的职业生涯中，每个人的具体情况都不相同，但职业生涯发展却是每个人的共同追求。职业生涯发展是指每个人根据最初的职业目标，不断制定新的、更高目标的过程。而这一过程也是个人追求人生价值的过程，所以就业参加工作，从根本上说，不是一个关于做什么事和得到多少报酬的问题，而是一个关于生命意义的问题。

一位心理学家为了解人们对同一个工作在心理上所反映出来的个体差异，走访一处建筑工地，前后分别向三个工人进行询问，问他们："请问您在做什么？"第一个工人没好气地回答："在做什么？你没有看到吗？我正在运砖，这车太沉了，我都要累死了，这真不是人干的活儿。"第二个工人回答："在挣每天的工钱呀！若不是为了挣钱养家，谁愿意干这种又累又苦的工作。”但是，第三个工人眼光中闪着喜悦回答：“我正在参与一个新住宅小区的建设，这个小区建成后，生活在老城区的上万人将搬到这里，他们的住房条件将得到极大的改善。虽然我现在很累，但是想到他们搬入新居时的笑脸，也就不感到累了。”

微课：
树立正确的职业理想

第一个工人可能很快就会失去这份工作，成为工作的“弃儿”，因为他对工作漠视、厌恶。第二个工人是一个为工作而工作的人，对工作缺乏责任感和荣誉感。这样的人很难获得职业的发展，企业也很难信赖这样的人。第三个工人却完全不同，他具有高度的社会责任感，享受着工作带来的成就感，工作给他带来足够的尊严和能够实现自我的满足感，给他的生命赋予无限的价值。这也正是为什么人在一生中要付出那么多时间去追求职业生涯发展的根本动因。

人都要工作，工作是其施展才华的舞台，世界上没有哪项活动能为人提供如此高度的充实自我、表达自我的机会，以及如此强的个人使命感。每个人的职业，就是他志向的展示和理想所在。“三军可夺帅也，匹夫不可夺其志也。”(《论语》)志是不甘落后、力求达到一定目的的决心和勇气，是有理想、有信心的表现。有志气的人，奋斗目标明确、意志坚定、不怕各种困难，越是在困难落后的情况下，越是能显示志气的精神和力量。北宋文学家苏轼在《晁错论》中写道：“古之立大事者，不唯有超世之才，亦必有坚忍不拔之志。”知道自己的目标，并向着目标不懈地努力，才能最终获得成功。2021 年 4 月 19 日，习近平总书记在清华大学考察时强调，广大青年要肩负历史使命，坚定前进信心，立大志、明大德、成大才、担大任，努力成为堪当民族复兴重任的时代新人，让青春在为祖国、为民族、为人民、为人类的不懈奋斗中绽放绚丽之花。每个青年学生都是有志气的人、都有自己的人生理想，从现在开始，历练就业本领、把握工作机会，为生命的尊严和人生的幸福、为社会的进步和国家的发展而努力学习、工作吧！

1. 职业生涯的特点

研究职业生涯的特点可以帮助我们更好地进行职业生涯设计。从总体上看，职业生涯主要有以下几个特点：

(1)阶段性

职业生涯的发展过程可以划分为不同的阶段。每个阶段都有不同的目标和任务，各个阶段之间并不是并列关系，前一阶段的状态是后一阶段的基础，各个阶段之间具有连续性和递进性。利用好职业生涯发展的阶段性，高质量地完成各阶段的任务对职业生涯的持续发展至关重要。

(2)发展性

职业生涯是一个动态的发展过程。一方面，个体通过持续不断的努力来提高个人能力和职业水平，通过实现职业追求来提升个人价值，承担着越来越重要的社会角色；另一方面，个体在与他人和社会的互动中，不断丰富自己的社会职业信息，提升个人职业能力、职业决策技术，做出与该阶段相符合的职业规划。

(3)可规划性

职业生涯规划的目的不是预言职业生涯发展过程中的具体细节，而是给个人提供一个总体的职业生涯发展状态的指导,使其战略性地把握职业生涯发展方向。在职业生涯发展过程中,存在很多偶然性因素,职业生涯的可规划性正是表现在对职业生涯发展过程中许多偶然性因素的把握上。

(4)差异性

作为独特的个体,每个人在个人特质、性格气质、能力特点上都有差异,因而在职业目标的选择、职业规划的确定上都有所不同。在实现职业目标的道路上,个人行为方式的不同、努力程度的不同导致最后对目标的实现也必然有所差异。正是由于这种差异的存在,职业生涯设计才是个性化的,职业生涯设计越个性化,它对个体的职业生涯发展越具有切实的指导意义。

2. 影响职业生涯发展的因素

不同的人有着不同的职业历程:有的人从事这种职业,有的人从事那种职业;有的人一生变换过多种职业,有的人一生都在一个岗位上;有的人事业有成,有的人则碌碌无为。影响职业生涯发展的因素是多方面的,有自身因素、职业因素,也有社会环境因素。

(1)自身因素

影响职业生涯发展的自身因素包括健康、心理、性别、年龄、家庭、教育等。

①健康。俗话说:"身体是革命的本钱。"健康的身体是职业生涯成功的首要条件,体质与健康在每一种职业中都是必不可少的。体质包括身体形态及其发育水平、生理机制、运动能力、适应能力、感知能力等;健康指身体健康、心理健康和具有良好的社会适应能力,它受遗传、营养、医疗保健与心理等因素的影响。需要注意的是,体质和健康条件有时会限制个体进行职业选择或职业流动。例如:飞行员、海员等职业对从业者的体质条件有硬性要求。

②心理。心理是影响职业生涯发展的重要因素。心理主要包括性格、气质、能力等。气质、性格、能力不同的人适合从事的工作类型也不同,如多血质(又称活泼型,敏捷好动,善于交际)的人较适合从事管理、记者、外交等工作,不适合从事过细的、单调的、机械性的工作。如果从事与自己个性特征不吻合的工作,个体就容易觉得自己的能力被埋没。

③性别。人类社会由工业社会进入信息社会,生产方式的改变使得男女在职业分工上的差距逐步缩小,职业的性别色彩逐步淡化。但由于男女在生理特征、气质等方面存在差异,社会对男女"社会角色"的期望也有所不同。这些差异使得他们在职业选择和职业发展上存在一定的不同。在职业选择和职业生涯发展中,要充分考虑到职业对性别的要求,选择从事那些能发挥自己特长的职业。

④年龄。年龄与职业生涯发展关系密切。在各类招聘的资格要求中,经常会出现对于年龄的要求。年龄之所以会成为影响职业生涯发展的因素,是因为不同年龄段的人在生理、心理、工作状态、价值观念、适应速度、思维模式、固有习惯、学习能力、生活压力、工作经验等方面存在着很大差异。一般情况下,职业机会会随着年龄的增长呈减少趋势,年龄的优势只体现在某个特定阶段。所以,我们应正视年龄因素对职业生涯发展的影响,把握最佳年龄阶段,发展自己的职业。

⑤家庭。职业生涯发展与个体自身的成长环境和家庭环境关系密切。首先,教育方

式不同会造成孩子认知世界的方法不同；其次，父母是孩子最早观察、模仿的对象，所以其职业技能必然会对孩子产生重大影响；再次，父母的价值观、态度、行为、人际关系等会对孩子的职业选择产生直接或间接的影响，这就是艺术世家、教育世家、商贾世家等出现的原因。

⑥教育。一个人的受教育程度和水平，直接影响其职业选择的方向和成功率。受教育程度与职业生涯发展密切相关，其对职业能力和职业价值观等均会产生重要的影响。接受良好的教育虽然是事业成功不可缺少的因素，但不是唯一因素，因此，用人单位不仅会看应聘者的教育经历，还会全面考察其综合能力与素质。

(2)职业因素

就业需求、职业声望、行业发展状况与发展前景等因素，往往会影响个人的职业行为及未来的职业生涯发展道路。对这些职业因素进行认真的分析、谨慎的考虑，将有利于个体做出正确的职业选择和进行合理的职业生涯发展规划。

①就业需求。就业需求就是在一定时间内各种不同职业对劳动者的需求量。就业需求可以鼓励和强化劳动者原有的职业倾向，抑制和打消劳动者不现实的设想，引导劳动者产生新的职业期望。一般来说，就业需求越大，职业种类越多，就业机会就越多。

②职业声望。职业声望是在社会习俗、职业传统、社会舆论等因素的影响下，人们根据职业的社会功能、工作报酬、晋升机遇、工作条件及职业需求等方面对职业的社会评价。职业声望对职业选择具有重要影响。

③行业发展状况与发展前景。要对行业发展状况进行分析，首先应了解自己现在从事的是什么行业，该行业的发展趋势如何，是夕阳行业还是朝阳行业。在对行业发展前景进行预测时要考虑两个因素，即行业自身的生命力和国家对该行业的政策指引。

(3)社会环境因素

社会环境对个人职业生涯发展有着重大影响。影响个人职业选择和职业生涯发展的社会环境因素主要有经济发展水平、政治制度和氛围、社会文化环境、社会主体价值观念等。

①经济发展水平。个体所处地区的经济发展水平会对其职业生涯发展产生无形的影响。通常来说，在经济发展水平较高的地区，企事业单位相对集中，优秀企业较多，职业选择的机会也较多，因而有利于个人的职业生涯发展；反之，在经济较落后的地区，个人的职业生涯发展就会受到一定的限制。但是，任何事情都不是绝对的。事实表明，越是艰苦的地方，人才越是缺乏，发挥才干的空间也就越大，成功的概率也就越高。

②政治制度和氛围。政治制度和氛围对个体的职业生涯发展具有重要影响。一方面，对某种职业的利好政策会引导个体选择从事该种职业，也会对个体职业生涯发展产生推动作用；另一方面，政治制度和氛围还会影响经济体制，甚至是企业的组织体制，从而对企业中个体的职业生涯发展产生间接影响。

③社会文化环境。社会文化环境包括教育条件和水平、社会文化设施、社会文化氛围等。在好的社会文化环境下，个体可以受到良好的教育，从而为以后的职业生涯发展打下良好基础；反之，则会给个体的职业生涯发展造成障碍。

④社会主体价值观念。任何人都无法摆脱社会主体价值观念的影响。从某种意义上

讲，一个人思想发展、成熟的过程，就是认可、接受社会主体价值观念的过程。社会主体价值观念一旦形成，会直接影响人们对职业的选择。人们会趋向于从事社会认可度高的职业，对其发展给予更多的关注和支持，进而影响某种职业的发展趋向。对大多数人而言，思想的发展、成熟是在职业生涯发展的过程中完成的，所以社会主体价值观念必然会对个体的职业生涯发展产生深刻影响。

（三）获得自身职业生涯成功

每个人登上高峰的路径不同，登顶时所看到的风景也不尽相同；每个人的职业生涯成功之路不同，对于成功的定义也各不相同。没有哪种职业生涯发展是最好的，因为人们的追求和价值取向各不相同。那么，该如何达成自己的职业生涯目标呢？

1. 透过愿景设立职业生涯目标

设立正确的目标是成功的一半。在职业生涯发展的道路上，目标有助于激发人的潜力，有助于人们强化自我监控。当然，在维持现状的基础上设立及适当地调整目标，更利于人们有信心地前行。很多时候，人们并不是不能实现自己的目标，而是违背自己的想法，无视自己的优势和资源，设立了错误的目标。只有设立了正确的目标，才有可能实现目标。

目标从何而来？其实，目标源于对未来的愿景。而愿景和目标又是不同的，愿景是抽象的，而目标是相对具体的，可以引导一个人的行动。当我们突然获得某种启示时，或者当某个重要的人、某件重要的事给了我们一些指引的时候，我们就会产生愿景。我们可以通过生涯幻游等有趣的活动来探寻自己的生涯愿景，同时，也不妨与好朋友谈谈我们对未来的期待。

2. 从与外界的互动中寻找职业生涯意义

设立职业生涯目标后，人们需要给自己的生活、工作赋予意义和目的，这有助于人们关注自己所做的事情。当个人所做的事情和对社会的贡献影响到他人时，个人对于他人是重要的，这种影响形成了个人用来评价其经验的价值观。也就是说，当人们将自身和外界更加广阔的现实联系起来时，将愿意追求职业生涯发展中的终极价值观，如力量、知识、美、平等、奉献和公正等。

我们在寻找职业生涯意义的时候，可以这样做：说出目前正在做的事情，说出所做的事情对他人有什么意义或帮助。例如："我为孩子们写书，让他们能酣然入睡，并做个好梦""我在做一个调研项目，帮助人们健康生活"。

3. 为达成职业生涯目标而积极行动

为达成目标，人们会搜集信息来解决生涯探索中遇到的问题，并采取行动，一步一步地接近目标。这些有目标的探索行动有助于人们反思并及时改进行动。生涯大师舒伯把探索目标的行动分为明确化、具体化和现实化三个阶段。

（1）明确化

明确化是指生涯发展初期，人们通过广泛地探索明确个人的职业偏好。例如：确定个人的职业兴趣，了解这些职业兴趣对个人的意义及其在相应职业中是如何体现的。在明确化阶段，个人可以形成一份用以探索职业（或者学科专业）的清单。

(2)具体化

具体化是指人们已经明确了职业偏好,并将选项限定在一定的范围内,在深入了解职业的基础上进行细化。人们需要进一步明确自己是谁、想成为什么样的人,并与可能的职业进行匹配。

(3)现实化

现实化是指人们选定了某一职业,开始寻求某个具体的岗位并做出现实的选择。

当我们做出选择的时候,设立能够引导行动的小目标很重要。我们需要设立一些小目标,并付出行动。

当我们获得一小步成功的时候,应该激励自己继续行动,去克服探索过程中可能遇到的困难。人们往往希望一步就跨进自己的理想生活、获得理想的职业,不过在生涯探索中,成功不是一蹴而就的,而是需要通过不断达成小目标才能实现的。

二、国外的职业生涯发展理论

国外学者对职业生涯发展理论的研究始于 20 世纪初,对职业选择与职业指导等做了大量的理论研究和实证研究工作,取得了一系列研究成果。

(一)舒伯的终身职业生涯发展理论

舒伯从人的终身发展的角度出发,根据自己"生涯发展形态"的研究结果,并参照布尔赫勒的生命周期理论,发展出一个职业发展的生涯发展概念模式。

1. 生涯发展阶段

舒伯依据年龄将个体生涯阶段划分为成长、探索、建立、维持与衰退五个阶段,其中有三个阶段与金斯伯格的分类相似,只是年龄与内容稍有不同,舒伯增加了就业以及退休阶段的生涯发展,具体分析如下:

(1)成长阶段(0～14 岁)

该阶段孩童开始发展自我概念,开始以各种不同的方式来表达自己的需要,且经过对现实世界的不断尝试来修饰自己的角色。这个阶段发展的任务是:发展自我形象,发展对工作世界的正确态度,了解工作的意义。这个阶段包括三个时期:

①幻想期(0～10 岁):以"需要"为主要考虑因素,这个时期幻想中的角色扮演很重要。

②兴趣期(11～12 岁):以个人喜好为主要考虑因素。

③能力期(13～14 岁):以能力为主要考虑因素,能力逐渐发挥重要作用。

(2)探索阶段(15～24 岁)

该阶段的青少年通过学校活动、社团休闲活动、职业体验等机会,对自我能力及角色、职业进行了一番探索,在做职业选择时有较大弹性。

探索阶段属于学习打基础阶段。在这一阶段,个人通过认真地探索各种可能的职业选择,对自己的天资和能力进行现实性评价,并根据未来的职业选择做出相应的教育决策，完成择业和初就业。该阶段具体又可分为三个时期：

①试验期(15～17岁)：综合认识和考虑自己的兴趣、能力与职业社会价值、就业机会，开始进行择业尝试。

②过渡期(18～21岁)：正式进入劳动力市场，或者进行专门的职业培训，由一般性的职业选择转为特定目标的选择。

③尝试期(22～24岁)：选定工作领域，开始从事某种职业，对职业发展目标的可行性进行试验。

(3)建立阶段(25～44岁)

该阶段属于选择、安置阶段。在这一时期，经过早期的试探与尝试后，最终确立稳定职业，并谋求发展，获得晋升。这一阶段是大多数人职业生涯周期中的核心部分，是整个人生的高产期，一般又分为三个时期。

①尝试期(25～30岁)：对初选职业不满意，进而选择、变换职业工作，变换次数各不相同，也可能对初选职业较为满意而无变换。

②稳定期(31～44岁)：最终确定稳定的职业目标，并致力于实现这些目标。

③职业中期的危机阶段(30～40岁)：处于转折期，可能会发现自己并没有朝着目标靠近或发现了新的目标，因而需重新评价自己的需求和目标。

(4)维持阶段(45～64岁)

该阶段属于升迁和专精阶段。在这一阶段，个人一般达到常言所说的"功成名就"情境，已不再考虑改换职业，只力求维持已取得的成就和社会地位。

(5)衰退阶段(65岁以上)

该阶段属于退休阶段。在这一阶段，个人在家庭上投入相当多的时间，休闲者和持家者的角色最为突出，这一阶段的主要任务就是注重发展新的角色，寻求不同方式以替代和满足需求。

2. 循环式发展任务

在后面的研究中，舒伯对于生涯发展阶段理论进行了深化。他认为，在各个发展阶段中都要经历成长、探索、建立、维持和衰退这些阶段，这样就形成了一种螺旋循环发展的模式。这种大阶段套小阶段的模型丰富和深化了生涯发展阶段的内涵。

所谓循环式发展任务，如在大学阶段，大学一年级的新生必须适应新的角色与学习环境，经过成长和探索，一旦建立了较固定的适应模式，同时维持了大学学习生活之后，又要开始面对另一个阶段——准备求职。此时，原有的已经适应了的习惯会逐渐衰退，继而对新阶段的任务又要进行成长、探索、建立、维持与衰退的过程，如此周而复始。

3. 生涯彩虹图

1976—1979年，舒伯在英国进行了为期4年的跨文化研究，为了综合阐述生涯发展阶段与角色彼此间的相互影响，舒伯创造性地提出一个更为广阔的新观念——生活广度、生活空间的生涯发展观，即生涯彩虹图，形象地展现了生涯发展的时空关系，更好地诠释了生涯的定义，如图 1-1 所示。

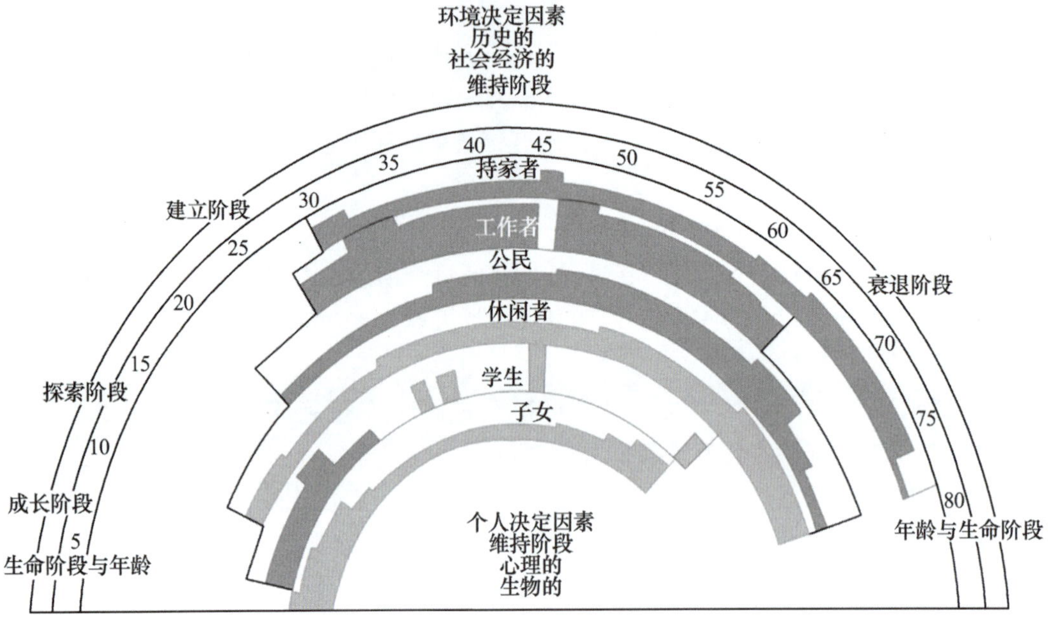

图 1-1 舒伯的职业生涯彩虹图

（1）横贯一生的彩虹——生活广度

在生涯彩虹图中，横向层面代表的是横跨一生的“生活广度”，又称为“大周期”。彩虹的外层显示人生主要的发展阶段和大致估算的年龄：成长期（相当于儿童期）、探索期（相当于青春期）、建立期（相当于成人前期）、维持期（相当于中年期）以及衰退期（相当于老年期）。在各个主要的人生发展阶段内，还有小的阶段，舒伯特别强调各个阶段年龄划分有相当大的弹性，应依据个体不同的情况而定。

（2）纵贯上下的彩虹——生活空间

在生涯彩虹图中，纵向层面代表的是纵贯上下的“生活空间”，是由一组职位和角色所组成的，包括子女、学生、休闲者、公民、工作者、持家者等主要角色。各种角色之间相互影响，交织出个人独特的生涯图画。一个角色的成功，特别是早期角色的成功，将会为其他角色提供良好的基础；反之，某一个角色的失败，也可能导致另一个角色的失败。舒伯进一步指出，为了某一角色的成功付出太大的代价，也有可能导致其他角色的失败。

彩虹图中的阴影部分表示角色的相互替换、盛衰消长。它除了受到年龄增长和社会对个人发展、任务期待的影响外，往往跟个人在各个角色上所花的时间和情感投入的程度有关。从这个彩虹图的阴影比例中可以看出，成长阶段（0～14 岁）最显著的角色是子女；探索阶段（15～20 岁）是学生；建立阶段（30 岁左右）是持家者和工作者；维持阶段（45 岁左右）工作者的角色突然中断，又恢复了学生角色，同时公民与休闲者的角色逐渐增加，这是常说的“中年危机”的出现，同时暗示这时必须再学习、再调适才有可能处理好职业与家庭生活中所面临的问题。

舒伯的终身职业生涯发展理论较为全面完整地阐释了将个人特征与职业匹配的动态过程，并将制约个人职业选择和发展的心理因素、社会因素有机地结合在一起，对职业生涯发展的研究具有较高的理论价值和实践价值。

（二）帕森斯的特质因素论

特质因素论是由美国波士顿大学教授帕森斯提出的，是职业指导领域最早最经典的理念。

帕森斯提出，职业选择行为有三个主要步骤：

(1)认识自己，包括自己的兴趣、人格、价值观、能力及各方面的局限等特性。

(2)认识职业世界，包括各职业所要求的工作条件、利弊、报酬以及发展前途。

(3)对自己以及从职业世界方面所得到的资料做适当的推理，找出两者之间的关系，并将它们相对照，从而找出一种职业。

通过这个理论，我们可以得到这样的启发：

(1)个人有其特质，并可以通过有效的测验工具加以测试。

(2)工作有其特殊要求，具备这些要求的人能够成功完成该工作的任务。

(3)个人与职业之间的配合是必要且可能的。

(4)个人特质与职业要求越匹配，成功的概率也越高。

简而言之，帕森斯的特质因素论就是人职匹配。如图 1-2 所示，我们能够清晰地看到人和职业之间到底有哪些方面需要匹配。

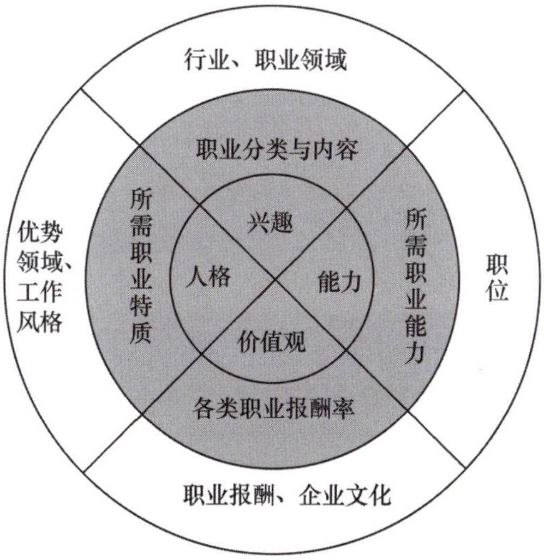

图 1-2　帕森斯的特质因素论

在图 1-2 中，有内圈、中圈和外圈三个层次：内圈主要指人的内在特质；中圈主要指相对应的职业的重要因素；外圈是指为了促进个人和职业的匹配，我们需要了解的职业信息内容。

内圈中的兴趣对应职业分类与内容，当我们的职业内容恰好是我们喜欢做的事情时，那么工作大概率是让我们愉悦的，所以我们需要了解不同职业领域的主要工作，以确定其是不是我们感兴趣的。内圈中的能力对应的是所需职业能力，也就是说我们需要找到一份与我们的能力相匹配的职业，以便更好地完成职业对应的任务，承担责任、不断精进，取得认可和成功，所以我们需要了解行业或行业中的具体职业需要从业者所具备的能力。内圈中的人格，也可以理解成性格，对应的是职业对从业者的特质要求，比如要求性格外向，以确保能够完成需要经常和陌生人打交道的工作，所以我们需要了解行业中的优秀人物，看看他们的工作风格是怎样的。内圈中的价值观非常值得关注，这往往能够成为职业生涯中重要的动力源泉，我们需要了解职业所能带给我们的物质和精神回报，也就是说我们需要了解职业的薪酬待遇和企业文化，看它们是不是和我们的理想相匹配。

帕森斯的特质因素论给我们提供了一些探讨个人和职业之间关系的思路。该理论一是强调了个别差异的现象，促进了各类心理测量及评价工具的发展；二是强调认识职业世界的重要性，推动了有关职业资料的建立与分类。当然，特质因素论也存在一些局限，该理论认为个人的职业生涯目标是单一的，一个人一辈子只有一个适合他的目标。而事实上，一个人可以有很多适合他的目标。此外，该理论主张职业选择是基于心理测量的结果，然而事实上，影响个人职业选择的因素除了个人特质以外，还包括其他很多因素，如家庭背景、突发事件等，这些因素都是特质因素论的研究者所没有考虑到的。

（三）格林豪斯的职业生涯发展阶段理论

格林豪斯从人生不同年龄段面临的职业发展的主要任务的角度出发，将职业生涯划分为 5 个阶段。

1. 职业准备阶段

职业准备阶段的年龄段为 0～18 岁。其主要任务是发展职业能力，培养职业兴趣，对职业进行评估和选择，接受必需的职业教育。

2. 进入组织阶段

18～25 岁为进入组织阶段。其主要任务是在一个理想的组织中获得一份工作，在获取足量信息的基础上，尽量选择一种合适的、较为满意的职业。

3. 职业生涯初期

职业生涯初期的年龄段为 25～40 岁。其主要任务是学习职业技术，提高工作能力；了解和学习组织纪律和规范，逐步适应职业工作，融入组织，为未来的职业成功做好准备。

4. 职业生涯中期

40～55 岁是职业生涯中期阶段。其主要任务是重新对早期职业生涯进行评估，强化或改变自己的职业理想；选定职业，努力工作，力争有所成就。

5. 职业生涯后期

从 55 岁直至退休是职业生涯后期。其主要任务是继续保持已有的职业成就，维护尊严，准备隐退。

（四）金斯伯格的职业生涯发展阶段理论

金斯伯格是美国著名的职业指导专家、职业生涯发展理论的先驱和典型代表人物，他研究的重点是从童年到青少年阶段的职业心理发展过程。他将职业生涯的发展分为幻想期、尝试期和现实期 3 个阶段。

1. 幻想期

幻想期指 11 岁之前的儿童时期。儿童对大千世界，特别是对于他们所看到或接触到的各类职业工作者，充满了新奇的感觉。这一时期，职业需求的特点是单纯凭自己的兴趣、爱好，不考虑自身的条件、能力水平和社会需要与机遇，完全处于幻想之中。

2. 尝试期

尝试期指 11～17 岁，由少年儿童向青年过渡的时期。这一时期，人的心理和生理在迅速发育和变化，有独立的意识，价值观念开始形成，知识和能力显著增长与增强，初步懂得社会生产和生活的经验。在职业需求上呈现出的特点是有职业兴趣，但不限于此，更多的是客观地审视自身各方面的条件和能力；开始注意职业角色的社会地位、社会意义以及社会对该职业的需要。

3. 现实期

现实期指 17 岁以后的青年时期。处于这一时期的人，即将步入社会，能够客观地把自己的职业愿望或要求，同自己的主观条件、能力以及社会现实的职业需要紧密联系和协调起来，寻找适合自己的职业角色。这一时期，人所追求的职业不再模糊不清，已有具体的、现实的职业目标。这一时期表现出的最大特点是客观性、现实性。

金斯伯格的职业生涯发展阶段理论，事实上是对前期职业生涯发展的不同阶段的阐述，也就是说，揭示了初次就业前人们职业意识或职业追求的发展变化过程。金斯伯格的职业生涯发展理论对实践活动曾产生过广泛的影响。

三、我国的职业生涯发展理论

（一）职业生涯五阶段理论

我国的职业生涯规划专家如洪向阳、王一敏等认为，职业生涯主要包括职业准备期、职业选择期、职业适应期、职业稳定期、职业衰退期五个阶段，个人只有在不同阶段完成了相应的任务，才能实现事业的成功。

1. 职业准备期

职业准备期即职业前期，多为 24 岁之前，这是为将来从事的职业进行知识储备的时期。此时，个人应当以学业为主，在此基础上可以对社会做一些了解。不建议越过这一阶段过早地进入职业生涯。

2. 职业选择期

职业选择期多为 24～27 岁。大学毕业后走上社会，把找到第一份相对稳定的工作作为事业发展的起点。但是如何起步，直接关系到今后的发展。因此，这一阶段的主要任务是在充分做好自我分析和环境分析的基础上，选择适合自己的职业，设定人生目标，制订以后的职业计划。

3. 职业适应期

职业适应期多为 27～32 岁。进入工作岗位后的五年，应当做到四个“学会”：

(1)学会做事,即在找到合适工作后,要学会如何去做才能成为这一领域的行家里手。

(2)学会共事,即学会与人相处,树立个人形象,创造良好的工作氛围。

(3)学会共识,即工作后的学习应更有方向性和目的性,知道学什么可以弥补过去学习中存在的漏洞。

(4)学会生存,即学会如何被同事、环境所接受。

在这一阶段所取得的现实中的第一次真实的工作经历,可为今后的职业发展提供宝贵的经验。

4. 职业稳定期

职业稳定期多为32~45岁,这是职业生涯中时间最长、劳动效果最好、发展和成就事业最宝贵的时期。这一时期,要根据形势的变化和自身的条件,不断修订事业目标,攀向新的高度。

5. 职业衰退期

职业衰退期多为45岁以后,此时是收获事业和享受人生的阶段。这一时期的收获是建立在前四个时期完成相应任务的基础上的,如果到了职业衰退期还一事无成,那肯定是前几个阶段的任务完成得不太理想。

(二)职业生涯六阶段说

该理论由我国人才专家王通讯提出,具体见表1-1。

表1-1　职业生涯六阶段说

年龄阶段	生涯阶段	主要任务
16~22岁	拔根期	多数人离开父母,争取独立自主,力求寻找工作,实现经济上的自我支持
23~29岁	成年期	寻找配偶,建立家庭,做好工作,搞好人际关系
30~32岁	过渡期	进展不易,忧虑较多,很多人改变工作和单位,以求新的发展
33~39岁	安定期	有抱负、希望成功的人将专心致志地投入工作以求有所创新,取得成就
40~43岁	潜伏的中年危机期	对大部分人来说,工作变动性降低,意识到年轻时的抱负很多没有完成,希望获得生涯发展和改变方向的机会已经不多了
44~59岁	成熟期	当职业生涯中的重大问题满意解决后,往往会满足于现状,希望安定下来,抱负还有,但水平不及中年高了;有的现实情况出现事与愿违,在组织内部关系上,还想得到发展和加深

(三)职业生涯发展“三三三”理论

1. 理论背景

该理论由我国人力资源管理学家廖泉文提出,将人的职业生涯分为输入阶段、输出阶段和淡出阶段三个阶段,具体见表1-2。输出阶段又分为适应阶段、创新阶段和再适应阶段三个子阶段,再适应阶段又可分为顺利晋升、原地踏步、降到波谷三种情况。

表 1-2　　职业生涯发展阶段的划分

阶段	时间	主要任务
输入阶段	从出生到就业前	输入信息、知识、经验、技能，为从业做重要准备；认识环境和社会，锻炼自己的各种能力
输出阶段	从就业到退休前	输出自己的智慧、知识、服务、才干；进行知识的再输入、经验的再积累、能力的再锻炼
淡出阶段	退休以后	精力渐衰，但阅历渐丰、经验渐多，退出职业，适应角色的转换。该阶段是“夕阳无限好”阶段，有更加广阔的时空来实现以往的愿望

2. 主要观点

输出阶段中职业生涯发展阶段的特点是弹性的、开放的、动态的，有显著的个性化特征，是多个环境因素和个体因素影响的结果，具体见表 1-3。

表 1-3　　输出阶段的三个子阶段

阶段		个人的工作状态	职业环境状态
输出阶段	适应阶段	订立以下三个契约： 对领导，我要服从你的领导； 对同事，我要与你协同工作； 对自己，我要使自己表现出色	适应工作软硬环境，个体与环境、个体与同事相互接受，此时进入职业
	创新阶段	独立承担工作任务，努力做出创造性贡献，向领导提出合理化建议	受到领导和同事的认可，进入事业辉煌阶段
	再适应阶段	由于工作出色获得晋升； 由于发展空间小而原地踏步； 由于自身骄傲或工作差错受到批评	个体要调整心态，适应变化环境；此时属于职业状态分化阶段，领导和同事看法不一

3. 应用

在现实中，每一个人都会遇到输出阶段中的“再适应阶段”（表 1-4），这一阶段不是人生最辉煌的阶段，却是人生达到辉煌的必经阶段。

表 1-4　　再适应阶段的三种情况

阶段		职业状况
再适应阶段	顺利晋升	面临着新的工作挑战、新的工作技能挑战、原同级同事的嫉妒，领导会提出新的要求，表面的风光背后隐藏着一定的职业风险
	原地踏步	此时会出现倚老卖老、不求上进的状态，挂在口头的话是“此事我早已了解”或“我再熟悉不过了”，对同事的发展出现心理不平衡，此时适合进行职业平移或变更
	降到波谷	由于个体原因或客观原因，遭受上级批评，或受降级处分，工作状态进入波谷，此时如能重新振奋精神，有希望进入第二次“三三三”发展状态

人们在进入职业阶段后，首先是融入环境、适应工作；其次是独当一面去工作、创新，并且展示自己。但这一阶段不可能延续至人生的淡出阶段，即退休阶段。在人生最重要的输出阶段，人们在具备独立工作能力，能独当一面肩挑重担之时，通常会遇到三种情况，即顺利晋升、原地踏步和降到波谷。这三个阶段是人生的关键时期，不仅需要智慧和勇气，还需要虚心学习和支持。

再适应阶段是重新调整自己，使自己的思路、工作态度、工作行为更加适应自己所处的硬环境和软环境，更加适应个人的职业状况，在各种不同际遇中寻找“柳暗花明又一村”的佳境，在千回百转中攀登职业高峰。处在这一阶段的人，比任何时候都更需要智慧，更需要导师，更需要容忍和让步，更需要毅力和沉着，更需要素质和内涵的支撑。再适应阶段的对策分析见表 1-5。

表 1-5　再适应阶段的对策分析

阶段		对策分析
再适应阶段	顺利晋升	谦虚、谨慎，更加努力地追求成功
	原地踏步	寻找新的切入点，寻求各种支持，调整心态，大胆地尝试新的工作方法
	降到波谷	不躁不馁，重新振奋，适当平移和变更职业，学习并重新构建人力资本，寻求机会重新开始

4. 评价

廖泉文的职业生涯发展“三三三”理论，将人的职业生涯分为输入阶段、输出阶段和淡出阶段三个阶段。这一划分方式不同于美国的金斯伯格、格林豪斯等人硬性地按年龄划分职业生涯阶段。廖泉文提出的人生三大阶段的边界是弹性的，受教育程度、工作行业、职位高度、身体状况、个人特质和成就欲望等因素影响。相较于美国几位著名学者的职业生涯阶段划分方法，这种弹性的划分方法更加具有个性化（因人不同）、弹性化（因教育背景不同）、开放化（因工作性质不同）等特点，更加适合当前迅速发展的人性特质对职业生涯发展影响的现实。

技能提升

一、“三三三”职业生涯发展规划

廖泉文的职业生涯发展“三三三”理论分为三个层次。第一层次，将人的职业生涯分为输入阶段、输出阶段和淡出阶段三个大的阶段，这一层次的核心为输出阶段。输出阶段的时间为从就业到退休前，主要任务是输出自己的智慧、知识、服务、才干，进行知识的再输入、经验的再积累、能力的再锻炼；第二层次，将输出阶段分为适应阶段、创新阶段和再适应阶段三个子阶段，这一层次的核心为再适应阶段。在再适应阶段，个人或因工作出色获得晋升，或因发展空间小而原地踏步，或因自身骄傲或工作差错受到批评，个体应调整心态、提升能力以适应变化的职业环境；第三层次，将再适应阶段分为顺利晋升、原地踏步、降到波谷三种情况，面对这三种职业状态，要做好职业对策分析。如顺利晋升时，应谦虚谨慎、更加努力地追求成功；如原地踏步时，应寻找新的切入点，寻求各种支持，调整心态，大胆尝试新的工作方法；如降到波谷时，应不躁不馁，适当平移和变更职业，学习重构人力资本，寻求机会重新开始。

“三三三”职业生涯发展规划图如图 1-3 所示。

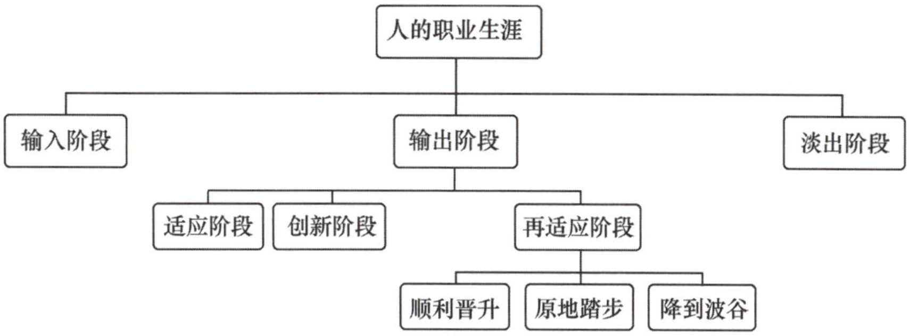

图 1-3 “三三三”职业生涯发展规划图

必须强调的是，不管处在职业生涯发展的哪个阶段，都要始终坚持把个人价值的实现与国家社会的发展进步、中华民族伟大复兴的使命担当紧密结合起来，只有这样才能最大限度地实现自我价值和社会价值。

二、职业生涯发展活动设计

有人说，职业生涯像一列驶向未知终点的火车。每一个停靠站都有起有落，也许是大城市、也许是小村镇，闲步当车总能看遍人间风景，匆匆忙忙则无暇体味人生。每一次停驻，都是一个新的起点。若不必顾虑列车抵达终点的时间，旅程中赏玩的风景便可以更多姿多彩，赏玩的心情也将更闲适自在。

那么，在你心目中，什么是职业生涯？什么是职业生涯发展？你期望自己未来的职业生涯是什么样的？请分别列出你对职业生涯和职业生涯发展的憧憬，想象你未来的职业生涯，然后与你的朋友或者同学分享你的想法。

职业生涯就像____

职业生涯发展是____

我希望我未来的职业生涯____

三、案例分析

小王同学进入大学后，一次偶然的机会，接触到动漫行业，便产生浓厚兴趣，由于接触动漫时间较晚，她的基本功要逊色一些，不过，小王并没有放弃。通过不断的努力和训练，她提高了自己的绘画技巧和表现力，并逐渐获得认可。大学几年，她靠画漫画赚了不少的稿费。毕业前，她就接到了几家漫画公司的录用通知，成功找到一份满意的工作。

小王同学的经历属于“三三三”理论的输入阶段，输入信息、知识、经验、技能，为从业做重要准备，认识环境和社会，锻炼自己的各种能力，发展特长，为以后的职业选择与发展做准备。

大学生应该充分考虑自己的兴趣和天赋，避免盲目跟随潮流或听取他人的意见，以更好地找到与自己匹配的职业。

实践训练

一、绘制我的“三三三”职业生涯规划图

任务：

结合图 1-3“三三三”职业生涯发展规划图，思考处于各职业生涯发展阶段应做的主要任务、个人及职业环境的主要状态，分析总结不同情况下的职业状态和职业对策，绘制出自己的“三三三”职业生涯规划图，如图 1-4 所示。

重点思考：

1. 我正处于职业生涯发展的哪个阶段，对自己而言该阶段最关键的任务是什么？
2. 我认为在职业生涯输出阶段，最关键的能力素质是什么，我要怎么做？
3. 面对再适应阶段的三种情况，我将如何应对，请给出具体可行的方案。

我的“三三三”职业生涯规划图

图 1-4 我的“三三三”职业生涯规划图

二、绘制我的人生路线图(生涯彩虹图)

每个人的生命都是有限的,我们应在有限的生命中规划好人生,让我们的生命能够放射出无限的光彩。下面让我们结合生涯彩虹图,一起绘制出自己的人生路线图(图1-5)。

准备:拿出一支黑笔、红笔、蓝笔或其他颜色的彩笔。

步骤:

1. 在下页空白处从左至右画一条长长的直线,并在直线最右端画上一个箭头。

2. 在直线最左端标上刻度0,在最右端箭头处写下自己预计的、科学的寿终正寝的年龄。可以是70岁,也可以是100岁。

3. 根据直线的长度,测量并在合适的位置写下你现在年龄的刻度。

4. 在这三个刻度上标记字母A、B、C,并根据生涯彩虹图写下对应的生涯阶段。

5. 现在,这三字母组成了AB和BC两条线段。

6. 请闭上眼睛,细细回想过往的人生,在AB线段上写下对成为现在的自己影响最大的三件事情。积极的事情用红色的笔写在直线对应年龄的上方,消极的事情用蓝色的笔写在直线对应年龄的下方。

7. 完成上述步骤后,请再次闭上眼睛,畅想未来,在BC线段上写下对成就未来的自己最重要和最想实现的三个愿望。同样用红、蓝色笔进行区分。

8. 最后请在生命线的基础上,完整地绘制你的生涯彩虹图。

我的人生路线图(生涯彩虹图)

图1-5　我的人生路线图(生涯彩虹图)

如果一个人只为自己劳动，他也许能够成为著名的学者、伟大的哲人、卓越的诗人，然而他永远不能成为完美的、真正伟大的人物。

——卡尔·马克思

项目拓展

一、案例解析

某同学是电影学院导演系的研究生，个子高高的，长得也很帅，但几年下来他有一个很悲观的想法：做导演需要出名，而真正出名的导演又有几个呢？而且自己家是外地的，这一路走来实在太累了，要协调各方之间的关系，这种压力压得他喘不过气来。最终，他办理了退学手续。老师和同学无不为他感到惋惜。

分析：

大学生现在面临的压力过大，造成心理的落差比较大，这与整个社会发展的形势和家庭的影响是分不开的。首先是大学生的就业问题，大学的扩招、毕业生的增加，让一些学生在上学的时候就对毕业后的就业问题产生焦虑。另外，自我和家庭对学生前途所定的目标过高，有的学生有一种为家长读书的想法，想的是将来要怎样报答家长；有的是给自己定了一个不太切合实际的目标，那么都可能面对最终结果时产生很大的心理落差。这需要学生找准自己的位置，正确评价和认识自己。无论怎样，努力上进、开拓创新、服务国家和社会发展是不变法则。另外，不要好高骛远，要脚踏实地一步步走好自己的路。

二、习题练习

1. 职业生涯的含义是什么？大学生为什么需要了解职业生涯？

2. 职业生涯发展的主要影响因素有哪些？结合自己的实际情况，谈谈在职业生涯发展中如何发挥主观因素的作用。

3. 张华今年毕业，他面临两个工作机会：一个是回到家乡找一份工作，在家乡工作方便他照顾自己的父母；另一个是到宁波某电子企业就职，公司离家较远，但发展空间大，待遇也不错。张华该如何选择呢？

4. 观看电影《当幸福来敲门》，写出你的心得感悟。

要求：运用所学的生涯理论，写出你当前所承担的生涯角色和你计划 10 年后担当的生涯角色，以及你准备在每个生涯角色上实现的目标。

你当前的生涯角色是____________，目标是____________，你 10 年后的生涯角色是____________，目标是____________。

5. 运用所学的生涯理论，分析当前大学生的就业环境与就业形势，以及你准备如何应对这些挑战？

项目总结

一、要点小结

根据本项目的知识与技能要点，绘制思维导图。

职业生涯发展的重要性

二、自我评价

学会的有：

____

____

____

____

____

____

需要加强和改进的有：

____

____

____

____

____

____

项目二

走近自己未来的职业
——认识产业、企业、职业

只要有志向就会有事业，只要有本事就会有舞台。

——习近平

项目概述

大学期间对产业、企业、职业进行探索，是了解职业世界的有效手段。大学生要想做出正确的职业选择，前提是要了解职业世界，全面了解当今社会的各大产业特点、发展趋势以及不同企业在行业中的竞争地位和经营模式，从而更加清晰地认识自己的职业兴趣和优势，为未来的职业选择提供有力的指导和支持。

学习目标

知识目标

1. 了解关于产业与产业链的内容。
2. 掌握关于“企业”的理论。
3. 学习关于“职业”的内容。

技能目标

1. 能够掌握产业、企业、职业三者的区别。
2. 能够深刻领会职业价值，做出正确的职业选择。
3. 能够用正确的职业态度引领职业生涯。

素养目标

1. 把握时代创新的主旋律，培养创新精神。
2. 传承匠心文化，坚定文化自信。
3. 弘扬大国工匠精神，青春筑梦职场。

项目内容

大学生应该先了解什么是产业与产业链、什么是企业和职业。在掌握概念内涵的基础上，大学生应对以上三项内容有整体认识，为制定合理的职业规划、进行职业选择奠定基础。

自我初探园地

1. 结合自己的专业，说说今后可以从事哪些工作。

____

____

2. 请说说自己的目标企业。其在所属行业的影响力如何？

____

____

3. 我想做一名有职业道德的工作者，哪些行为是有违职业道德要求的？

____

____

知识储备

“纸上得来终觉浅，绝知此事要躬行。”社会上的职业种类繁多，因此，职业选择成为人们必须面对的问题。要想做出正确的职业选择，前提是要了解职业世界。不仅如此，还要了解产业与产业链、企业和职业等相关知识。大学期间进行产业与产业链、企业、职业探索，是了解职业世界的有效手段。大学生最初对产业与产业链、企业、职业的认识可能来自大学课程、新闻媒体、父母与朋友，但是这些认识都是基于产业与产业链、企业、职业的碎片化信息而形成的。要科学地了解产业与产业链、企业、职业，必须先弄明白职业世界的层次关系。在瞬息万变的社会里，大学生的成长需要知识，需要对产业、行业与职业进行了解，对所学专业有较深的认知和理解，才能更好地做出适合自己的职业抉择。

一、产业与产业链

一个人的职业发展与产业发展息息相关。不管是结合产业需求认真学习专业知识，还是调研将来想加入的企业，大学生在大学期间了解不同的产业都是十分必要的。“三百六十行，行行出状元”，而状元是建立在热爱行业、钻研专业和对企业忠诚、对岗位敬业的基础上的。

（一）产业

1. 产业的定义

产业是指具有某种同类性质、相互关联的经济活动的集合体，以满足人类社会多样化的需要为核心目的。这种经济活动既包含物质生产领域，如工业、农业、制造业等，也包含非物质生产领域，如服务、金融、教育等，涵盖了从原材料采集到最终产品制造的完整产业链条，形成了一个庞大而复杂的系统。

产业具有一定的层次性和结构性，包括基础产业、主导产业、支柱产业、先导产业等。这些产业在国民经济中扮演着不同的角色，相互关联、相互促进，共同构成了现代产业体系。

2. 产业的分类

产业是指利益类型相互关联的、具有不同分工的多个行业所组成的集合，集合内的单位围绕着某种共同的产品资料或产品展开。

产业按照经济活动的性质和特点可划分为三大类。世界各国对三大产业的划分标准不尽相同，我国的划分标准：第一产业是指提供生产资料的产业；第二产业指的是利用基本的生产资料进行加工并出售的产业；第三产业行业比较广泛，包括除上述第一、第二产业以外的其他行业。下面我们来详细了解三大产业是如何划分的。

第一产业：提供生产资料的产业，主要包括农业、林业、畜牧业和渔业等与自然资源相关的行业。这些行业主要依赖自然条件和劳动力资源，以提供食品、饲料和其他基本生活资料为主要目的。

第二产业：利用基本的生产资料进行加工并出售的产业，主要包括制造业、建筑业和其他生产资料生产部门。制造业涵盖采矿、冶炼、机械制造、化学工业等各种工业部门。建筑业则包括房屋、道路、铁路和其他基础设施建设和维修等。另外，还有自来水、电力、蒸汽、热水、煤气等供应产业。这些行业的主要特点就是利用原材料和技术加工来生产商品或提供服务，从而满足人们的需求。

第三产业：除上述第一、第二产业以外的其他行业。第三产业行业众多，范围广泛，主要包括交通运输、商业贸易、通信、金融、教育、卫生、文化和公共服务等非物质生产部门。这些行业的主要特点是提供服务而非生产实物商品，以满足人的需求和维持社会运转和促进社会发展。交通运输业包括陆路、水路和空中的客货运输，以及邮政和快递服务等。贸易业包括零售、批发和进出口贸易等。金融业包括银行、证券、保险和其他金融服务机构。教育包括学前教育、学校教育和继续教育等，文化和公共服务业包括旅游、文艺场馆和文化设施管理等。

根据我国实际情况，第三产业可分为两大部分：一是流通部门，二是服务部门，具体又可分为四个层次。

第一层次：流通部门，包括交通运输业、邮电通信业、商业饮食业、物资供应和仓储业。

第二层次：为生产和生活服务的部门，包括金融、保险业、地质普查业、房地产、公用事业、居民服务业、旅游业、咨询信息服务业和各类技术服务业等。

第三层次：为提高科学文化水平和居民素质服务的部门，包括教育、文化、广播电视事业、科学研究事业、卫生、体育和社会福利事业等。

第四层次：为社会公共需要服务的部门，包括国家机关、政党机关、社会团体以及军队和警察等。

我国在国内进行观察与考核时，会采用第一、第二、第三层次来精算第三产业产值及国民生产总值。然而，当与西方国家进行比较时，我们则按照西方国家通用的计算范围，即结合上述四个层次来精算第三产业产值和国民生产总值。这样做的目的是保持统计口径的一致性，从而提高数据的可比性。为防止两种计算口径相互混淆，我们可以将前一种口径称为“我国口径”，而将后一种口径称为“西方口径”。

产业发展水平可以反映一个国家经济的发展水平。一般认为，第三产业越发达，国家的经济发展水平越高。

3. 产业的新发展

近年来，随着新技术、新产业、新业态的不断涌现，大学生的职业选择和就业形势也发生了变化。新兴领域如人工智能等受到大学毕业生的青睐，这为他们提供了更多的就业机会。同时，在新消费市场的兴起和消费升级的推动下，个性化定制需求不断增加，从而催生了一批新兴职业。

根据 2024 年 1 月印发的《工业和信息化部等七部门关于推动未来产业创新发展的实施意见》(以下简称《实施意见》)，未来产业是指由前沿技术驱动，当前处于孕育萌发阶段或产业化初期，具有显著战略性、引领性、颠覆性和不确定性的前瞻性新兴产业。

当前，新一轮科技革命和产业变革加速演进，重大前沿技术、颠覆性技术持续涌现，科技创新和产业发展融合不断加深，催生出元宇宙、人形机器人、脑机接口、量子信息等新兴产业发展方向。大力发展未来产业已成为引领科技进步、带动产业升级、开辟新赛道、培育新质生产力的战略选择。

从人形机器人到量子计算机，从脑机接口到 6G 网络设备……中国未来产业正在科技新赛道上加速前进。专家认为，随着国家对未来产业的积极培育，新质生产力将加快形成，那些类脑智能、量子信息、未来网络、深海空天开发等科幻名词背后的未来，正逐渐成为现实。

《实施意见》从“突破下一代智能终端”“做优信息服务产品”“做强未来高端装备”三个方向入手，列出了人形机器人、量子计算机、新型显示、脑机接口、6G 网络设备、超大规模新型智算中心、第三代互联网、高端文旅装备、先进高效航空装备、深部资源勘探开发装备十大创新标志性产品。未来产业的标志性产品代表着科技发展新趋势，关乎经济发展的“含金量”。2024 年的政府工作报告提出，巩固扩大智能网联新能源汽车等产业领先优势，加快前沿新兴氢能、新材料、创新药等产业发展，积极打造生物制造、商业航天、低空经济等新增长引擎。以低空经济为例，近年来，无人机赋能各行各业，成为中国未来产业发展的一大亮点。从农业植保到电力巡检，从物流配送到旅游观光，从环境监测到应急救援，低空经济正在赋能千行百业，不断催生新业态。

小案例

守护长城的“大疆”

长城，作为重要的世界文化遗产之一，一直以来都需要得到良好的保护与维护。为提高管理效率，北京市八达岭长城管理处引入两台“大疆机场 2”无人机，分别部署在南长城、北长城的两座城台上，对景区进行全方位的巡防。

“大疆机场 2”是无人机企业大疆发布的新一代高性能小型无人值守平台。它不仅轻量化、易部署，还具备强大的云端智能功能，使用门槛较低。它支持高精度测绘及安防、巡检作业，是无人值守规模化应用的一件神器。

在科技的加持下，“大疆机场 2”正成为守护长城的现代化利器，为长城文物保护、安防巡检以及园区管理提供更加高效的解决方案。

《实施意见》提出重点推进未来制造、未来信息、未来材料、未来能源、未来空间和未来健康六大方向产业发展。目前，全球未来产业正在加速形成。新一代信息技术、新能源技术、新材料技术、新生物技术的突破正在加速推动未来产业形成。在信息科学领域，由于信息网络技术大大拓展了时间、空间和人们的认知范围，使得人们对其需求持续提升，将进一步刺激人工智能、大数据、物联网、区块链等领域高速发展，量子信息、卫星互联网、元宇宙、类脑智能等未来产业正在加速成熟。而在生命科学领域，以预防、预测和早期干预为特征的健康医学发展迅速，干细胞治疗、细胞免疫疗法等有望实现重大疾病的干预与治疗，下一代诊疗、生物育种驱动的生物经济将成为全球发展的强劲新动力。在能源领域，氢能与燃料电池异军突起，锂离子电池、液流电池、热储能等新型储能产业可能引发新一轮能源革命。在材料领域，全球对光刻胶、高纯靶材等的需求仍在升温，石墨烯、纳米材料、超导材料等新型材料正在航空装备、新能源等领域广泛应用。

（二）产业链

1. 产业链的概念

从理论上讲，产业链是一个产业经济学的概念，反映了产业部门之间一定的技术经济关联。一般认为产业链有四个维度的概念。各维度相互对接，形成了均衡状态。这种状态在技术经济因素作用下，形成了链条式关联关系。

产业链的本质是用于描述一个具有某种内在联系的企业群结构，它是一个相对宏观的概念，存在两种属性：结构属性和价值属性。产业链中大量存在着上下游关系和相互价值的交换，上游环节向下游环节输送产品或服务，下游环节向上游环节反馈信息。

产业链的概念有广义和狭义之分。广义的产业链包括满足特定需求或进行特定产品生产（及提供服务）的所有企业集合，涉及相关产业之间的关系；狭义的产业链则侧重于直接满足特定需求或进行特定产品生产(及提供服务)的企业集合部分,主要关注产业内各环节之间的关系。

产业链延伸是将已存在的产业链尽可能向上、下游拓展延伸,产业链向上游延伸一般可以进入到基础产业环节和技术研发环节,向下游拓展则进入到市场开发和经营环节,甚至延伸到后续服务环节。例如:传统的旅游住宿——景区旅游和休闲娱乐等环节,但随着人们旅游需求的多样性,在旅游者到目的地的空间转移及旅游消费过程中,为其加工、组合并提供旅游产品,以助其完成到达目的地的旅行与游览,此间所形成的以旅游企业为核心的各种产业供需关系也逐渐延伸到探险、婚恋、体育和文化等领域,并不断形成特色旅游分支。

工业领域的产业链同样也可以随着市场和社会的需要而延伸,例如:起初家电产业链基本由产品生产、销售、维修组成,但随着相关产品普及,延伸出以主题厨房为代表的厨卫环节或向一体化浴房延伸的卫浴环节等,以及音响室和家庭影院等综合型家电方向,提高了企业经济效益,也方便了广大用户。

2. 产业链的转型升级

产业链的转型升级是我国“十四五”时期经济社会发展的一项主要目标。这是一场深邃而富有活力的改革,犹如一股磅礴的力量,渗透并重塑着产业链上的每一个重要环节。它用现代科学的技术和先进产业的组织方式来改造传统的产业链,推动产业发展由要素驱动转向创新驱动,使产业链具备高端链接能力、自主可控能力和领先于全球市场的竞争力水平。

(1)科学技术的革新

产业链的技术革新,作为一股不竭的动力,深刻塑造并推动着整个行业的蓬勃发展。企业积极探索未知的科技领域,勇敢地创新、拥抱那些新型的技术、工艺、设备和场景。这些技术革新带来的每一次改变都能让产品质量熠熠生辉,生产效率如虎添翼,消费者体验稳步提升。技术革新不仅能使企业降低成本,也能增强产品的市场竞争力,让其在激烈的市场竞争中脱颖而出。比如,在原材料的采集中,尖端勘探技术的精准导航,可以使我们更加智慧地探寻自然界的宝藏,避免了盲目开采带来的浪费与破坏;在产品销售和服务中,大数据分析技术的运用,可以使企业更加精准地把握消费者的喜好和需求,以此提供个性化的定制产品和服务。

产业链的技术革新正以其独特的魅力与力量引领着整个产业链向着更加高效、绿色、智能的方向发展。

(2)产业结构的优化

产业结构的优化与升级,是产业链升级的重要篇章。它要求对传统产业进行深度挖掘与改造,推动其向高技术、高附加值的领域迈进;同时,积极培育新兴产业,为产业链的未来发展开辟新的道路。这种双轨并行的策略,不仅有助于提升整个产业链的竞争力,更能促进产业之间的深度融合与协同发展,形成更加紧密、高效、可持续的产业链生态系统。

小案例

厦门产业链结构的转型升级

近年来，厦门市一直在持续推进产业结构的转型升级——通过一系列政策支持和市场引导措施，积极推动产业链的优化升级，并取得了一定的成效。

首先，厦门致力于推动传统产业转型升级。通过技术改造、设备更新和产品创新提升传统产业的附加值和竞争力。同时，鼓励传统产业与新兴产业融合发展，培育新的增长点。例如：在保持电子信息、机械装备等支柱产业稳定增长的同时，积极推动其向智能化、绿色化方向转型。

其次，厦门大力发展战略性新兴产业。围绕半导体和集成电路、生物医药、新材料、新能源、高端装备制造等战略性新兴产业以及前瞻布局第三代半导体、未来网络、前沿战略材料等未来产业，加大投入力度，推动产业集聚发展。通过建设产业园区、引进龙头企业、完善产业链条等方式，不断壮大战略性新兴产业规模。这些新兴产业的快速发展，为厦门经济增长注入了新的动力。

此外，厦门还注重发展现代服务业。依托其独特的区位优势和良好的营商环境，积极发展金融服务、现代物流、电子商务等现代服务业。这些服务业的快速发展，不仅提升了厦门的城市功能和品质，也为实体经济提供了有力支撑。特别是随着“电动厦门”等绿色出行理念的深入人心，厦门的绿色交通和新能源产业得到了前所未有的发展机遇，为现代服务业的持续发展注入了新的活力。

二、企业

职业和行业是帮助大学生定位就业路径的大方向，而决定去哪家用人单位入职，就是决定从哪里开启职业生涯。用人单位的类型较多，既包括党政机关、教育、卫生和社会工作、公共管理、社会保障和组织、国际组织等事业类型的用人单位，也包括各类国有企业、三资企业、民营企业等经营类型的用人单位。一个行业也包含不同类型的用人单位，比如教育行业中有教育行政部门（政府机关）、高校（事业单位）、培训机构（企业）等。政府部门或者事业单位以及公益组织有其特殊的招聘流程，大学生可以关注对应的就业指导教材。以下重点讲解多数大学生面临的如何选择企业的问题。

如果企业没有选好，大学生将有可能面临刚入职就离职的风险。大学生对企业的认知有限，先锁定行业和职业，明确就业的方向，再判断加入什么类型的企业，更有助于顺利就业。

（一）企业的定义

企业一般指以盈利为目的，运用各种生产要素（如土地、劳动力、资本、技术和才能等）向市场提供商品或服务，实行自主经营、自负盈亏、独立核算的法人或其他社会经济组织。企业是职场人投入自己的才华和时间以获得劳动报酬的工作场所。

一个经营良好的企业可以帮助更多个体实现自我价值。大学生如果进入好企业，可以通过高效工作换来可观的收入和较大的职业发展空间。但是，很多大学生在毕业季盲目投简历，对于选择的企业并不了解，导致入职后难以适应企业文化或满足不了企业的要求，自信心受挫，更有甚者因为未调研企业资质而受骗。可见，了解企业尤为重要。

（二）企业的分类

大学生就业前了解企业的益处有以下两个：第一，了解企业的经营性质和发展阶段有助于大学生识别企业的稳定性，评估企业实力，从而理性做出职业决策；第二，了解企业类型有助于大学生从法律的角度了解企业。大学生根据企业类型对意向企业进行分析，从而掌握全面有效的信息，有利于提高面试成功率。

企业的分类有很多标准。根据我国宪法和有关法律规定，我国目前有国有经济、集体所有制经济、私营经济、联营经济、股份制经济、涉外经济（如外商投资等）、股份合作经济等经济类型，其对应企业的特点如下：

1. 国有企业

国有企业指企业的财产属于国家，由国家出资兴办的企业。它包括中央和地方各级国家机关、事业单位和社会团体使用国有资产投资所开办的企业。

2. 集体所有制企业

集体所有制企业指一定范围内的劳动群众出资开办的企业。

3. 私营企业

私营企业指公民个人出资兴办并由其所有和支配，其生产经营方式是以雇用劳动为基础，雇工数量在 8 人以上的企业。

4. 联营企业

联营企业是指企业之间或者企业与事业单位之间联营，组成新的经济实体。具备法人条件的联营企业，独立承担民事责任；不具备法人条件的联营企业，由联营各方按照出资比例或者协议的约定，以各自所有的或者经营管理的财产承担民事责任。如果按照法律规定或者协议的约定负连带责任的，则要承担连带责任。

5. 股份制企业

股份制企业指企业的财产由两个或两个以上出资者共同出资，并以股份形式而兴办的企业。

6. 外商投资企业

外商投资企业包括中外合营者在中国境内经过中国政府批准成立的，中外合营者共同投资、共同经营、共享利润、共担风险的中外合资经营企业；也包括由外国企业、其他经济组织按照平等互利的原则，按我国法律以合作协议约定双方权利和义务，经中国有关机关批准而设立的中外合作经营企业；还包括依照中国法律在中国境内设立的，全部资本由外国企业、其他经济组织或个人单独投资、独立经营、自负盈亏的外资企业。

7. 股份合作企业

股份合作企业指一种以资本联合和劳动联合相结合作为其成立、运作基础的经济组织。它把资本与劳动力这两个生产力的基本要素有效地结合起来，兼具股份制企业与合作制企业优点的新兴的企业组织形式。

按照企业规模进行分类，企业可以分为大型企业、中型企业、小型企业、微型企业。按照企业的发展阶段进行分类，企业可以分为创业初期型企业、成长中期型企业、成熟期型企业、衰败期型企业。

大学生选择进入一家企业前，需要先综合分析再决策。面对不同的企业，大学生需要考虑的因素也是多方面的，如不同的企业有不同的企业文化、晋升机制、薪酬福利体系、员工培训计划等。大学生如果不根据自身情况和能力做判断，单凭感觉或者听从家长建议，入职后很有可能出现不适应的问题，从而影响试用期的工作表现和长远的职业发展。

（三）如何识别好企业

综合业内关于好企业的标准，建议大学生可以从以下八个维度对意向企业进行考察。

1. 企业文化

好企业拥有让外部人员欣赏、内部人员尊重的企业文化。因为企业文化决定了这家企业发展的方向，更决定了加入企业的人才所追求的职业价值观。

小案例

华为的企业文化

华为的企业文化，概括起来主要有三个层面。一是愿景与使命。华为致力于把数字世界带入每个人、每个家庭、每个组织，构建万物互联的智能世界，让无处不在的连接成为人人平等的权利，成为世界提供多样性算力的基础，并通过 AI 重新定义体验，让消费者获得极致的个性化智慧体验。二是合作与共赢。华为秉承“开放合作共赢”的宗旨，与各行业、各领域的产业和生态伙伴共建和谐健康的全球产业生态，力求在认知、合作、信任三个维度上有所突破。三是奋斗者文化。华为公司的本质就是以奋斗者为本的文化体系，奋斗者是企业的真正财富。华为树立“为客户服务，为提高自我而做的努力才叫奋斗”的奋斗观，并倡导员工将个人利益融入国家、集体利益当中。2023 年，华为荣获“十大国之重器”品牌，它将继续“以中华之名，凭奋斗探索科学无尽；以有为之势，靠实力攻克产业瓶颈”。

企业文化可以分三个层次解读。

（1）视觉可见的外部文化

视觉可见的外部文化指体现企业实力的外部呈现的一切可见形象。例如：良好的办公环境（高科技感、时尚感、绿化好，有娱乐室、健身房、员工餐厅等）；员工使用的良好的办公设备，如计算机、桌椅（舒适度极佳，符合人体工程学）、手机；员工良好的着装等。

(2)制度流程、管理规范等文化

制度是企业文化的代言人。很多新人之所以不能忍受制度并离开,是因为面试前没有考察这一项。面试官不会主动介绍关于公司管理制度的太多细节,所以在面试中,求职者不仅要关注面试官介绍的具体工作内容,还要针对企业管理制度中的奖惩标准以及晋升规则进行提问,了解自己将面临的机会和挑战。例如:应聘销售岗位时,求职者要问清企业对新老客户资源的分配制度,从而判断自己朝哪个方向努力才能快速获得优质的客户资源。

(3)企业的愿景、使命、价值观以及隐性的团队文化

企业文化可以影响员工的工作态度。企业文化可以激发员工的自豪感、使命感,以及在事业上追求自我提升的价值感,使其愿意为企业的发展贡献力量。企业文化能给予员工尊重、信赖,给予优秀员工施展才华的机会等。企业文化可以汇聚一群有能力、有热情、有正义感和责任感的人,在一起做对企业和社会有价值、有意义的事。

2. 员工职业发展空间

企业应关注员工的职业发展。通过企业的人力资源管理策略,大学生可以识别企业对人才的重视程度。例如:从选人、用人、育人、留人的角度看,企业吸引什么样的人加入,重用、培养什么样的人,挽留什么样的人,裁掉什么样的人,都能体现出企业的用人文化;企业对人才的考核标准是由领导或直属部门负责人决定,还是根据过往绩效表现由人力资源部门进行多维度的评估和选拔;企业对优秀人才有哪些培养计划,是否为优秀人才提供企业内训和进修轮岗的机会;等等。

3. 团队管理机制

对于这一方面,大学生可以从以下方面考察:每一个业务线职位是否有明确的晋升考核计划,企业的核心人才是如何培养的,是否有高管的继任者培养计划等。

4. 工资和福利

对于这一方面,大学生可以从以下方面考察:企业是否为员工提供职业能力培训、学习进修机会、加班福利、交通补助和住宿补助,五险一金是否全额缴纳,是否为员工提供完备的商业保险等。

5. 工作与生活的平衡

对于这一方面,大学生可以从以下方面考察:企业是否关注员工的身心健康,是否有企业员工心理援助计划,是否关注员工的加班时长和工作压力等。

6. 员工对企业的态度

对于这一方面,大学生可以从以下方面考察:员工是否乐于向亲友介绍企业并推荐他们加入企业,员工是否愿意说自己在哪里工作,是否愿意积极工作,是否全力以赴完成工作任务等。

7. 企业规模和入、离职数据

企业规模和入、离职数据也能反映出企业的一些信息。例如:成长型企业在职员工的人数在百人以上,对业务部门开放人员招募,每年都有校园招聘计划,新人通过试用期转

正的比例达到80%，近一年内未主动因外部原因做出大批量裁员的决定，在职员工的主动离职率在10%以下，保持10%左右的不合格人员淘汰比例。了解离职员工的离职原因与离职去向，可以帮助大学生更好地了解意向企业。

8. 企业社会责任

企业社会责任可以从以下方面考察：企业参与过哪些可持续的社会公益项目，或者为国家建设做过哪些有价值的贡献，在不可抗力的灾难发生时是否给予过受灾地区或受灾者支持等。

大学生可以通过职业访谈和企业网络平台的介绍以及实习去真实了解以上信息。选择适合自己性格的文化环境，有助于提升职场适应性。尽早搜集信息，有助于大学生在大学期间带着目标完善自我。

大学生选择企业的注意事项如下：

(1)要根据自身素质择业，不要本着非大企业不进的原则。大学生前期搜集信息是为了对自我能力有清晰的认知，知道自己的优势和劣势，以找到综合适配度高的企业。

(2)要打有准备之仗。如果选择进入处于创业初期的企业，大学生应具备适应多任务角色的能力，有合作精神，能包容所在企业存在不规范化和流程化的状况，同时愿意帮助企业发现问题和改进问题；如果选择到规范化的大企业或者体制内工作，就要学习岗位必需的管理方法。大学生可在积累一定的经验和实力后再根据自己的志向和能力选择进入不同发展阶段的企业。

(3)要对行业趋势和企业有所了解，用专业匹配趋势。大学生选择企业时应考虑的因素包括但不限于薪酬、组织、团队文化和职业发展空间。

三、职业

在社会中，人们要承担社会责任，需要一份有意义的职业来展示自己的社会价值。随着社会的不断进步，职业分工越来越细，职业种类越来越多。在新时代，大学生首先需要与时俱进地了解可以选择的职业，再通过掌握具体的职业需求和能力要求，有目标地利用大学生涯完善自我，为实现职业理想做准备。

（一）职业的内涵

1. 职业的定义

职业即个人所从事的服务于社会并作为主要生活来源的工作。作为人们谋生的手段，职业在一定程度上体现了个体在社会分工中所处的层次。它在赋予每个人权利的同时，也要求其承担与之对应的义务。我们可以从以下三个角度来对职业进行理解。

第一，历史角度。随着人类社会的不断发展，人们需要从事不同的社会劳动，于是产生了不同的社会分工，进而形成了不同的职业。因此，从历史角度来看，职业是人类社会发展到一定阶段、社会分工出现后的产物。

第二，社会角度。职业活动不仅维持个人的生活，而且为社会发展提供了物质基础。因此，从社会角度来看，职业活动对促进社会的稳定运行有积极的作用。

第三，个人角度。从个人角度来看，职业既是人们谋生的手段，又是实现个人价值的平台。因此，职业对个人来说有着重大意义。

从上文可以看出，职业是人类社会发展到一定阶段的产物，是人们开始参与社会分工，利用自身的知识和技能为社会创造物质和精神财富，并获取一定报酬，实现自我价值的工作过程，是社会的重要组成部分。

个人、社会和经济是职业的三要素。个人通过提供劳动，发挥才能，履行社会角色，获得经济报酬。三个要素平衡发展，不偏向任何一方，三者的关系呈正三角形，表明职业适应良好，能够获得职业满足；反之，如果这三个要素没有得到平衡发展，就会导致职业适应不良，造成职业稳定性低、职业满足度不高的现象，发生职业变动的可能性就会升高。

因此，一个理想的职业，应该给个人提供发挥才能的机会，应该使个人能够适当地履行某种社会角色，而且可以获得合理的经济报酬。

2. 运用“PLACE”方法了解职业信息

虽然我们刚刚学习了职业的含义，但这只是宏观层面上的含义。如果想具体且完整地获取某个职业的相关信息，比如该职业的工作环境、薪资待遇等，则可以采用一种叫作“PLACE”的方法进行了解。

（1）P——职位（position）

一个人在确定职业生涯规划方向时，往往需要对具体方向所包含的所有职位进行评估。有些职位虽然属于同一个职业方向，但是所需要的专业技能和职业能力却不大相同，就“新闻媒体从业人员”这一职业方向来说，它所包含的职位有总编、主编、编导、记者、摄像和后期制作等。

（2）L——工作地点（location）

应根据自己的生活经验和日常了解，对职业的工作环境、工作地理位置及其变化性等因素有大概的认识。例如：作为一名采购人员就要经常出差，需要在全国各地确认供应商的情况，工作地点变化性较大；而教师则一般在学校工作，办公地点是教室和办公室，工作地点的变化性较小。

（3）A——升迁状况（advancement）

升迁状况包括该职位的升迁渠道与速度等。例如：会计从业人员的典型晋升渠道是“会计→总账会计→主管会计→财务部负责人→财务经理→财务总监→财务副总”，其升迁速度适中。升迁速度较快的一般为生产和销售从业人员。

（4）C——雇用状况（condition of employment）

雇用状况指被雇用的时候该职位的薪资福利、学习机会、工作时间和社会保障等。不同地区的雇用状况受到当地经济水平发展的影响，同一职位在不同地区的雇用状况各不相同。

微课：
职业十项——职业探索的主要内容

（5）E——雇用条件（entry requirement）

雇用条件指要获得该职位所需要具备的诸如受教育程度、职业能力、工作经验、价值观等条件。如果想要从事教育工作，一般需要师范专业和本科以上学历，还需要考取教师资格证与普通话等级证书。

通过运用“PLACE”方法，我们可以很好地认识一个职位的各种信息，并结合自身条件，对照每条内容，看自己是否能接受该职位。若能接受，再结合自己的兴趣爱好、价值观等，将该职位作为自己就业时的首选或备选目标；若不能接受，则再运用“PLACE”方法去认识其他职位，直到找到自己能接受的职位为止。

（二）职业的重要意义

一切与职业相关的内容，都关系到人们的切身利益。因此，个人价值的体现是围绕职业的发展进行的。认识职业的意义，可以对大学生职业生涯的规划和管理起到积极的引导作用。

1. 职业是满足个人需求的媒介

美国著名心理学家马斯洛将人的需求由低层次到高层次进行分层概括，即生理需求、安全需求、社会需求、尊重需求和自我实现需求，从而提出需求层次理论，如图 2-1 所示。

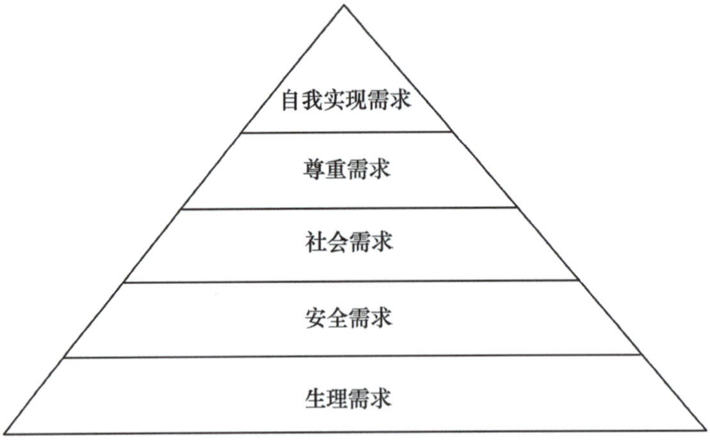

图 2-1　马斯洛需求层次理论

职业是满足个人需求的媒介，只有真正意义上的自我实现，职业的效力才能得到最大限度的发挥，可见个人潜能的发挥及自我实现与职业发展有密切的联系。职业在满足个体生存需要的同时，对个体潜在能力的发挥、人生价值的实现，以及社会进步等方面都有重大的意义。作为自我实现的重要途径，职业具有以下五个方面的重要意义。

（1）提供生活保障

人们通过工作获得报酬，以此换取生活所需的各种物品，如衣服、食物、住房等，从而满足其维持生活的需要。

（2）建立安全感

稳定的工作在满足基本需要的同时，还能为人们提供医疗保险、失业保障和退休金等福利，以及减少人身安全、疾病等生活方面的困扰与担忧。这也是继生理需求得到满足后，人们最关心的问题。

(3)提供人际关系和社会交往

人们在职业发展或追求共同目标的过程中，往往需要扩大个人的生活圈子，从而建立广泛的人际交往关系。人际关系和社会交往的扩展与职业的发展是相互促进的，而工作场所便是除家庭以外最重要的人际交往场所。

(4)赢得他人尊重

每个人在工作和生活中都有获得尊重的需要。不管是受人尊重还是自尊，都可以通过做出让社会认可和自己满意的成绩来实现，而工作便是实现这一目的的最好途径。

(5)实现自我价值，感悟人生意义

在全身心投入工作的时候，人们可以最大限度地感受到快乐。我们在实现个人理想、抱负和发挥个人能力的过程中，能履行或达到自己的意愿，便是自我实现。自我实现的动力源自内心，人们通过努力开发自身潜力，成为自己所期望的样子。所以我们只要用心去投入，在平凡的工作中也能创造出不凡的成绩。

小案例

小伟的坚守

小伟医科专业毕业后，扎根基层，成为“村民健康的守护者”，从医二十几年，视病人为亲人，不辞辛苦，始终奔跑在乡村第一线，默默守护村中900多户家庭、3600多人的健康。同时，他还积极参与无偿献血。因为工作表现好，小伟获得了领导和同事以及乡亲的肯定和好评，曾多次获得“全国无偿献血奉献奖金奖”“全国卫生系统先进工作者”“全国岗位学雷锋标兵”“中国青年五四奖章”“全国五好家庭”等国家级的多项荣誉。小伟觉得特别欣慰和有意义，在坚守基层中实现了自己的人生价值，因此他为自己从事的职业感到骄傲。

分析：职业不仅是个人获得劳动报酬、谋求生存的手段，还是履行社会职责、为社会做贡献的岗位，更是发挥个人才能、实现人生价值的舞台。我们在认识职业时，不可偏废其中的任何一面。个人需求特别是高层次需求的满足，与个人所从事的职业对社会的贡献紧密相关。但是，由于每个人都有各自的特性，在具体的需求上有不同程度的差异，加之每个人在职业需求上的独特倾向，导致了每个职位存在不同的潜在价值。这对大学生职业价值观的形成和职业生涯的具体规划有重大的影响。

2. 职业是个体在社会关系中的载体

随着社会分工的不断细化，社会财富的分配方式成为职业发展过程中的关键问题。从个体角度来看，个体与职业之间包含以下三个方面的关系。

(1)个人与社会的关系

职业的结构是通过个人参与社会分工来表现的，职业多样性代表个人与社会之间作用形式的多样性。

(2)个人知识技能与创造的关系

通过职业劳动,人们利用专业知识技能创造物质财富和精神财富,以满足自身的需求。

(3)个人工作和生活的关系

人们通过工作的形式,为社会创造出物质和精神财富,在获得报酬的同时也能满足个人物质生活和精神生活的需求。

(三)职业的特征

随着社会的发展和人类的进步,职业的变化十分迅速。即使是同一种职业在同一时期,其活动内容和方式也有相当大的差异。因此,职业的划分具有明显的时代性。在职业数量较少的时期,职业与行业是同义的;如今,职业与行业是两个既有联系又有区别的不同概念。另外,在不同国家和地区,职业的种类和分布又有明显的地域差异。这就要求大学生对职业的特点有相对清晰、完整的认识,以便在进行职业生涯规划时,对自身有比较准确的把握和定位。

职业作为一种特殊的劳动体现,有其自身的特点,其具体特点如下。

1. 社会性

职业是社会发展到一定阶段的产物,在社会分工出现后,各种职业应运而生。可以说,没有社会分工就没有职业的产生。各个职业之间都是相互联系的,没有任何一种职业能独立存在于社会之中,每种职业都处在为社会服务的一个体系中。因此,可以看出,职业具有十分明显的社会性。

大学生可以在入学后与就业指导老师或者在职场工作的亲友交流,了解自己感兴趣的职业在不同组织或者行业中的工作内容和要求。例如:很多大学生对运营工作感兴趣,但与运营相关的职业很多,如市场运营、线上运营、线下运营、新媒体运营、内容运营、销售运营等。每种职业对应不同的部门和工作要求。只要提前了解和学习,就可以提升个人的兴趣、专业和职业的匹配度。大学生应了解求职信息的获取渠道,运用招聘网站获取有关职业的信息,进而锁定目标职位。

因为职业是个人在社会劳动体系中从事的一种活动,所以我们从事某种职业也就参与了某种社会劳动,同时也承担起某种社会角色,为社会提供服务,社会也将在每个人辛勤工作的基础上不断发展和进步。职业的社会性主要体现在以下三个方面。

(1)职业要体现社会功能

即一定的职业对社会的作用,它通过责任、权利、义务体现出来。社会功能强的职业,任职条件高,职业层次也高。

(2)职业要体现社会报酬

即任职者的工资收入、福利待遇、晋升机会、发展前景等。这是一个比较综合的指标。如工资收入高,不一定福利待遇高,也不一定晋升机会多、发展前景广阔。因此,不同的人以不同的认识来评判职业。

(3)职业要体现职业声望

有的职业从业者经济收入高,但社会地位并不高。由于职业声望是人们对职业社会地位的主观反映，因此，不可避免地带有个人偏见并受社会环境、舆论氛围等其他因素的影响，使职业声望和社会地位出现了一定的差异。

2. 经济性

我们从事职业活动并因此获得经济收入，而这个收入通常是我们生活的主要来源，并不是可有可无的，也不是断断续续的。这是职业活动区别于其他劳动（如义务劳动、勤工俭学活动等）的一个重要标志。例如：义工不是职业，而社工就是一种职业。因为义工不领取工资，没有报酬；社工是有偿劳动，领取报酬。志愿者如果不领工资，同义工一样不是一种职业，如有人选择到西部地区去支教，如果他每月领工资，那么他的职业就是教师。

不管是对个人还是对整个社会来说，都需要有一定的经济效益。对于个人来说，职业能给个人带来收入，能维持日常生活的开支并积累一定的经济基础。对于社会来说，每个人各司其职能维持整个社会的有效运转，能够促进社会经济发展，同时又能反过来提高人们的生活水平。所以说，职业具有经济性。

3. 稳定性

判断一种活动是不是职业，需要看它是否具有稳定性。临时、短期的活动都不能称为职业。职业必须是人们在一定时期内从事的同一种工作，具有一定的周期性。不过在当今社会，一些职业随着科学技术水平的发展而不断变化，甚至逐步消失，职业的稳定性较从前有所降低。

4. 统一性和差异性

同一类别的职业，其劳动条件、工作对象、操作内容等都相近或相同，这就是职业的统一性。由于统一性的存在，才会出现行业规范、行业语言、行业协会等，但也会出现行业垄断。而不同职业类别之间则存在着较大的差异性，正如俗语所说的“隔行如隔山”。古代的“三百六十行”发展到今天已是上万种职业，而且随着科学技术的进步和分工的细化，职业的差异还将继续扩大，这是不争的事实。

从职业的特点来看，职业无论对社会发展还是个人生存都具有十分重要的意义，它既可以维持社会的运转，为社会创造财富，又能使个人维持生存、发展个性和实现人生价值。

5. 技术性

每个职业都有其必备的知识和技能。在社会中，没有哪一种职业是不需要知识或技能就能做下去的。尤其是在 21 世纪的今天，全球步入了知识经济时代，职业对高层次人才的需求变得更加旺盛，对从业人员的知识和技能水平要求更高。这更加突出了当今社会职业的技术性这一特点。

所以，大学生要知道，任何一种职业岗位，都有相应的职责要求和专业技术要求。无论今后从事何种职业，都需要具备相应的知识和技术。有些职业所需要的知识和技术比较容易掌握，而有些职业所需的知识和技术则不容易掌握。因此，有的职业所需的知识和技术必须在特定的学校、培训机构获得，而有的却可以在家庭或实践中获得。但是，随着社会的进步与发展，许多职业要求劳动者所具备的知识和技术水平会越来越高，这点是毋庸置疑的。如今，少数学生抱有一种错误的观念——上学是为了锻炼能力，专业知识并不重要。在学校期间对专业知识不用心，到找工作时才发现它们远比想象的重要，然而为时已晚。因此，在校期间必须打好扎实的专业基础，甚至尽可能在专业领域做一些必要和深入的研究。

6. 专业性

如今的社会分工朝着精细化方向发展，对专业型人才的需求增加，同时要求也不断提高，尤其是医生、工程师等对专业知识要求较高的职业。同时，一些传统型职业，看似对知识和技术要求不高，但随着社会的不断发展，它们对专业性也有了一定的要求。例如：现在的环卫工人，不仅需要从事体力劳动，而且需要掌握一定的垃圾分类的相关知识。

7. 群体性

职业具有一定的规模性，且同一职业的从业人员之间存在着一定的联系，从业者通过团队合作来共同完成职业任务目标和承担相应的社会责任。团队内部通过分工合作，明确各个从业人员的岗位职责和工作范围，大家共同朝着目标奋斗，完成职业目标。因此，职业具有群体性。

8. 规范性

每一种职业都有相应的从业规范标准和职业道德要求，即每种职业都对从业人员有专业知识、技能水平和职业能力的要求，并且规定了从业人员的责任与义务，以及需要遵守的职业道德规范。

每一种职业都有其特定的职业规范，这些职业规范或以法律、法规，或以组织章程和有关公约、守则的方式体现出来，或只是一些约定俗成的非正式的规范。无论职业规范以什么方式体现，也不管不同职业的从业者主要遵从哪一类职业规范，任何职业活动都有行为准则可循，职业活动总要受到一定职业规范的约束。

9. 时代性

任何事物都是在不断变化、发展的。新事物不断产生，旧事物不断消亡。职业也同样如此，每个时代都有自己的特色职业，如 20 世纪八九十年代十分热门的寻呼职业，现在已经告别历史舞台了。

10. 发展性

职业的发展性体现在两个方面：一方面，职业是社会化的产物，随着社会的发展而不断变化与发展，社会中出现新技术、新知识和新变革的时候，势必会产生新的职业；另一方面，个人的发展离不开职业的平台，个人将自己的智慧与劳动奉献给职业，通过职业来实现个人价值，职业在变化发展的过程中会对个人不断提出新的要求和挑战，个人则需要提升自身能力来适应这些新的变化。

11. 连续性

职业相对来说必须具有稳定性和螺旋上升性，即明显的连续性。如果一个人的职业生涯出现断层，或者在一个发展良好的职业道路上突然掉转行进方向，这都是职业发展的一种“倒退”。职业的连续性在高级职位的考核中至关重要，不停地跨行业跳槽不一定是好事。

（四）职业环境及职业发展趋势

对职业环境及其发展趋势进行了解和分析，可进一步掌握职业发展趋势和就业形势，从而对职业生涯进行科学合理的调整，最终确立与自身匹配度最高的职业发展方向。所谓职业环境，包括社会环境、行业环境、学校环境和家庭环境四个方面。在对职业环境进行认识与分析的过程中我们会发现，职业环境与就业环境相互关联，这对大学生把握就业环境和就业形势有积极的意义。在大学生的学习和成长过程中，应该逐步养成对职业环境进行探索和预测的习惯，加大对自身的管理力度，使毕业后职业生涯能够健康发展。

1. 职业环境的发展趋势

职业环境指某职业在社会大环境中的发展状况、技术含量、社会地位和未来发展趋势等。大学生进行职业环境分析是为了了解职业发展对职业环境的要求、影响和作用，综合各方面的影响因素加以衡量、评估，并做出正确的反应和判断。

随着社会经济的发展，职业在不断分化的过程中也在逐渐趋于完善，人们的职业期望也呈现出多元化的态势。任何一种职业的选择都要受社会环境、自身素质和其他社会因素的制约。一个人的职业期望要想变成现实，与职业环境和就业环境的实际情况是分不开的。我们所面临的职业环境发展趋势主要包括市场经济竞争激烈、多元经济共同发展、现代化建设任重道远、知识经济初见端倪等四个方面。

职业是社会分工的结果，是人类社会生产发展和生活进步的标志。科学技术等因素引领着社会不断进步，从而使职业的数量、种类、结构、要求也不断发生变化。职业环境主导着职业的未来发展方向，职业市场必将更加专业化和多元化，综合型人才的作用将越来越大，社会分工将朝着精细化的方向发展。

2. 职业的发展趋势

在社会需求的推动下，科学技术和经济在不断地发展变化，新的职业不断产生，而当社会需求不再存在时，过时的职业就会逐渐消亡。随着现代科学技术的广泛应用，职业分工越来越细，种类越来越多，知识、信息、科学技术含量高的现代职业将迅速发展。与此同时，现代职业对从业人员的任职要求也将越来越高。在职业产生与消亡的客观规律作用下，大学生在选择职业类型时不仅要考虑个人职业发展意愿，还要考虑社会需求趋势的变化。职业环境和职业发展趋势是相互影响、相互制约的，我们需要对职业环境做出合理清晰的分析，抓住关键信息，从而对职业发展趋势做出合理正确的判断，这样才能更好地把握未来的就业机会与方向。

大学生对未来职业发展方向的选择，是对未来发展道路的把握。所以，大学生在职业选择的过程中，要用前瞻性的眼光对未来职业的需求和发展进行分析。由于如今的社会发展进入了一个新阶段，人们对创新观念的重视，使得新观念、新知识、新技术井喷式地出现。而国家对于产业结构的调整和供给侧结构性改革的开展，使人们的职业发展又呈现出以下三种新的趋势。

(1)传统职业逐渐消亡,新兴职业不断产生

随着科学技术的不断发展,传统的职业格局发生了巨大的变化。与科学技术有关的职业不断地产生,加上年轻人对新鲜事物的好奇心和对科学技术的追求,使他们对新兴职业有极大的兴趣。反观传统职业,尤其是一些手工产业,精通其手艺需要长年累月的经验积累和沉淀,且随着机械化大批量生产的普及,其效率远远高于人工效率。传统手工技术势必面临被现代技术淘汰的客观现实。

(2)职业的专业化、技术化程度越来越高

从目前的就业情况分析,各个岗位对从业人员的要求越来越严格,过去具备单一技能就能胜任的岗位,现在则需要更多的专业知识与复合技能。究其原因,在于科学技术水平的快速提高,导致出现了许多需要高新知识技术的职业。这些职业对从业人员的要求高于传统职业,而且更加青睐跨专业的复合型人才,加上高新技术产业的相关职业往往需要人们运用自身主观能动性来推动产业发展,人的智力、创新能力、技术水平决定了产业的发展空间和高度。职业对专业化与技术化的需求程度不断加深,要求从业人员具备良好的综合职业能力,从业者需要不断提升自我素质来适应现代职业的需求。

(3)第三产业相关的职业高速发展

如今,以服务业为主的第三产业在产业结构中的比重得到了大幅度的提高。第三产业的大力发展有助于加快经济发展,提高国民经济素质和综合国力。随着第三产业的不断发展,相应的职业规模还会继续扩大,这样不仅能够产生大量的职业与岗位,还能缓解社会就业压力,吸收社会剩余劳动力。

毫无疑问,每个人都有自己的职业理想,这个理想将引导我们做出人生的选择。我们在展望未来职业生涯的时候,首先要进行正确的自我认识,明确自身的生活需求;然后结合实际情况,有针对性地对职业环境进行分析。毕竟每个人在兴趣、爱好、经历、能力、受教育程度、所处环境等方面存在着不同程度的差异。同时,大学毕业生在就业的时候,可以搭乘职业发展趋势的“顺风车”,从事那些适应时代变化趋势的工作,不断完善职业生涯发展规划,在此基础上不断努力,最终取得职业生涯的成功。大学生在对职业目标进行规划和追求时,需要对职业生涯发展趋势有清晰的判断和把握。

职业并不只是一个静态的名词,它是一个动态的寻找与形成的过程。

职业的选择:世界上的职业林林总总,只有选择合适的职业,才能实现职业三要素的平衡及和谐发展,使从事职业的人发挥才能、服务社会、实现自我。

职业的准备:包括就职前的准备(例如:对所需工作技能的学习)、在职的准备(例如:对工作技能的强化和提高)。

就业安置:在职前准备、职业选择后,要尽快地安置在适当的职业岗位上。

职业的适应:在就业后,能够尽快适应职业生活和职业环境,并为自己的职业选择负责。

职业满足:一个人不仅能够适应职业,还能够从职业活动中获得生理、心理、生活、社会等各方面的满足,最终实现自己的职业理想。

职业需要一个人用心地投入和持续地经营。要深入地理解职业的意义与内涵,通过恰当的选择,做好妥善的职前准备,经过就业安置,进入职场后积极进行相关的在职培训。

同时，逐渐适应职业的生活与环境，在不断的调适中，逐渐获得职业的满足感。

在职业寻找与形成的过程中，职业的选择具有关键性，这也是离我们最近的一个任务。做出职业选择如同人生中所面临的一个十字路口，决定何去何从不是一件容易的事。

当我们进行职业选择时，经常会受到自己的“生涯信念”的影响。生涯信念是指我们对自己或对自己在职业世界中未来发展的综合性假设。这种存在于我们内心之中的生涯信念会不断地给我们一种心理暗示，影响我们的职业选择。

我们要特别注意“不适应生涯信念”对我们职业选择的不利影响。例如：王岩喜欢摄影，希望自己从事摄影师的职业，但是她的父母却认为一个女孩去大公司应聘做个文员比较安定。王岩很苦恼，她觉得父母把自己养这么大很不容易，只有依照父母的愿望去做，才不至于让父母失望，所以违心地去做了一名文员。这里，王岩给自己的职业选择设定了这样的条件：我的职业选择必须让父母感到满意。这种信念阻碍了王岩做出适当的职业选择，这就是“不适应生涯信念”造成的影响。其实，我们都知道，父母的心意不一定都符合自己的兴趣和能力，而且在择业方面不完全听从父母的，结果也不一定像王岩所想象的那么严重，如果加强沟通，相信父母是可以理解自己的决定的。

这种“不适应生涯信念”的情况还有很多，除了来自上述的“家人期待”方面，还有来自对职业角色特征的片面和僵化的认识，称为“职业角色刻板印象”。例如：在传统观念中，人们一般认为经商的人一定要口才好、反应快，做管理的人认为自己的选择一定要被所有人认可，如果出错就是给别人添麻烦等。这是一些“以偏概全”的想法在自己的脑海中被扩大和极端化的结果。自己给自己设立了不必要的限制和禁锢，使得在面临职业选择时消极颓丧、畏缩不前。在这种时候，我们应该学会问自己：“为什么非要那样不可？为什么不可能？为什么我会有这样的想法？”从而厘清思路，破除“不适应生涯信念”对自己职业选择的不利影响。

（五）职业心态

心态是一种持久的心理过程，它包括认识、情绪、情感、意志等心理过程。它影响人们的言行和情绪，帮助或阻碍人们知识水平和能力水平的发挥。

每个人都有自己的个人心态，在职业领域我们体现的就是职业心态。例如：篮球运动员们团结合作努力打好每场球，这就是职业心态的一种体现。职业心态由一般性职业心态和专业性职业心态组成。一般性职业心态是共性的，是所有职业都需要的，它包含的内容很丰富：归零的心态、积极的心态、团队的心态、双赢的心态、包容的心态、学习的心态、奉献的心态、服从的心态、竞争的心态、专注的心态、感恩的心态等。专业性职业心态更多的是在工作过程中历练而成的。例如：销售人员的坚持不懈，财务人员的规范严谨等。

1. 大学生不良职业心态的特点及表现

（1）成就动机水平高，但害怕面对现实

成就动机是指想要做好事情的动力，与个人对自己的高要求、高标准有关，与个人具有远大的抱负有关。它对个体的工作、学习有很大的推动作用。大学生有强烈的成就感。在择业中，大学生的追求和憧憬更为强烈，有着希望成功和报效社会的强烈倾向。他们愿意为祖国的繁荣富强贡献力量，有着较高的抱负。不过，现实却有诸多不尽如人意之处，有些大学生害怕面对现实的困难和挑战，缺乏必要的心理准备和应对策略。

(2)择业心理期望高，但缺乏信心和竞争力

期望是同奋斗目标相联系的，是有实现可能性的意向。有些大学生择业心理期望值普遍较高。而面对日益严峻的就业形势，加之用人单位对大学生的要求也在逐年提高，有些大学生缺乏工作经验，有的心理素质差、动手能力差、社会适应能力差，缺乏就业信心，在人才市场中也缺乏竞争力和吸引力。

(3)实现自身价值愿望强，但缺乏艰苦奋斗的心理准备

人生价值所表达的是人们最高的社会需要和价值目标，它表现在人们对人生的追求具有主观能动性上。在自主择业的大环境下，大学生虽然愿意到他们认为能实现自己“价值”的单位去，但缺乏艰苦奋斗的心理准备，只有少部分大学生会选择到艰苦行业、边远山区或基层去。有些大学生虽然也愿为国家繁荣富强做贡献，但有时会过分强调自我价值；有实现自身价值的雄心壮志，但对吃苦耐劳有恐惧感，没有充分做好艰苦奋斗的心理准备，产生恐惧和彷徨，形成强烈的心理矛盾和冲突。

(4)对综合素质重要性的意识强，但自身欠缺且培养不够

就业制度的改革为大学生择业提供了公开、平等的竞争环境，但是这种竞争是十分激烈的，实质上是综合素质的竞争。大学生对综合素质重要性的认识已经十分明确，但是行动力还有所欠缺，在大学期间未必进行过很好的自我培养。

2. 大学生良好职业心态的特点及表现

(1)正视现实

现实是客观的，既有有利于自己的一面，也有不利于自己的一面。应该看到目前我国国民经济正在持续、健康、快速发展，社会为大学生在大城市提供了大量的工作岗位。但同时边远地区、艰苦行业、基层和第一线更急需人才，而有些大学生又不愿意到边远地区、艰苦行业、基层一线去就业。这些都是客观现实，大学生应该正视现实，既不幻想，也不逃避现实。

正视现实还包括正视自身，一个不能正确认识自己的人，不可能把主观愿望和客观现实有机地结合起来。正视自身包括对自己的思想表现、专业学习、综合能力、身心素质等有一个客观的认识。充分的自我认知，有助于将主观愿望与客观实际结合起来，确定恰当的就业目标。

(2)敢于竞争

就业制度的改革为大学生和用人单位提供了“双向选择”的机会，使大学生能够结合自己的专业、爱好、性格、特长、愿望等挑选工作岗位，可以通过适当的途径和方式展示自己、推荐自己。大学生应该珍惜这个机遇，敢于竞争，努力实现自己的抱负。敢于竞争，要有竞争意识。大学生应该有青年人的朝气和锐气，要有敢想、敢说、敢干、有敢为天下先的精神，不能唯唯诺诺、胆小怕事；敢于竞争，要从实际出发，充分考虑到自己的专业、性格、气质、爱好等，扬长避短，发挥特长；敢于竞争，要靠真才实学，而不能靠纸上谈兵，更不能互相拆台或互相嫉妒。竞争应该在互学、互勉、共同进步中进行。

(3)不怕挫折

在求职择业的竞争中,失败在所难免。充分的思想准备,尤其是做好遭受挫折的思想准备,才会成为竞争中的强者。遇到挫折要认真分析失败的原因,是主观努力不够,还是客观条件不具备。认真分析,才能做到心中有数,更好地调节心理,面对职场挑战,不怕挫折,行稳致远。

(4)放眼未来

放眼未来,尽管多数大学生可以通过“双向选择”获得较满意的职业,但要看到不管怎样,择业是自己生活的起点,全身心地投入,才能使自己成长、发展、充实,从而实现人生的目标,实现服务于社会的目的。

要认识到基层是锻炼人的最好地方,基层为大学生施展才华提供了有利条件,也采取了很多吸引人才和有利于人才成长的措施,立足实际,才能有所作为。有理想、有抱负的青年大学生,应该怀着一腔热血,到祖国最需要的地方去建功立业、奉献青春。

随着市场经济的不断发展,人事制度也进行了较大改革,越来越开放,人才流动的机会也越来越多。大学生在首次择业时未成功或未能如愿,还可以有第二次、第三次甚至更多的择业机会,人才市场将会为大学生提供更为广阔的择业前景。

3. 如何培养大学生良好的职业心态

(1)要培养良好的职业意识

所谓职业意识,是指人们对社会职业的认识和评价,它是人们在社会实践活动中产生和形成的,并随着社会的变化和人的发展而发生改变的。良好的职业意识,对指导人们的求职有重要作用。人们在选择职业时必须遵循个体需要符合社会需要之间的原则,即一个人在选择职业岗位时,要把社会需要作为出发点和归宿,以社会对自己的要求为准绳,去观察问题、认识问题,进而决定自己的职业岗位,正确认识自我和认识社会,协调个体需要和社会需要之间的关系。良好的职业意识,要求大学生既要对自己有一个客观而全面的评价(自我意识),又要对社会就业环境有一个冷静而认真的了解和分析(社会意识),正所谓“知己知彼,百战不殆”。

良好的职业意识的形成建立在对以下四个方面问题的正确分析、判断与解答上:

第一个问题是“我是谁”,大学生应该对自己进行一次深刻反思,有一个比较全面、清醒的认识,要把自己的优点、缺点一一罗列出来;

第二个问题是“我想干什么”,大学生要对自己职业发展做一个心理趋向检查;

第三个问题是“我能干什么”,是大学生对自己能力与潜力的全面总结;

第四个问题是“社会环境支持或允许我干什么”(包括主观环境和客观环境)。

明晰了这四个问题,才能使大学生找到适合自己的努力方向。想要求职成功,不仅取决于大学生的自身条件,还取决于大学生对社会的认识和对人才市场的供求情况的了解。社会需要各种人才,每种职业都要有人去做。大学生应当认识到,职业不分贵贱,要用正确的人生观、价值观指导自己择业，使自己更快、更好地适应社会，融入社会。人与社会是双向选择，相互依赖、相互制约的。找到人与社会的平衡点，确立正确的职业意识，才能在择业时有一颗平常心。

(2)要培养积极的竞争心态

积极的竞争心态要求人们对竞争要有正确的认识和评价，要有积极的行为倾向，只有这样在求职过程中才会处于主动地位。由于人们的行为倾向受到对事物的认识和评价的影响，因此对现代社会就业竞争的认识，也影响着人们求职行为的积极性。近几年，面对竞争日趋激烈的就业市场和当前减员增效的社会大环境，求职者必须以积极竞争的心态迎接就业新挑战。有积极进取心态的求职者，珍惜每个应聘机会，在应聘前认真做好准备，主动出击。培养积极主动的竞争意识，还要树立自信心，消除自卑心理；社交场合礼貌待人，消除羞怯心理；加强人际沟通，宽容待人，消除猜疑心理；虚心请教，排除自傲心理。

(3)要培养较强的心理承受能力

人的一生不可能万事如意，遇到一些艰难困苦、挫折和失败，都是在所难免的。大学生大多缺乏社会经验，长期单一的校园生活、一帆风顺的生活轨迹、对未来职业的美好憧憬，使他们在步入社会后会出现心理承受能力差的问题。面对挫折，大学生应当如何增强心理承受能力呢？

第一，应在学习和生活中磨炼意志和毅力，全面地了解社会，客观地分析自己的处境，确立竞争意识，牢记失败乃成功之母，培养豁达开明、乐观向上的人生态度，提高自己对挫折的承受力，客观地评价自己，根据自身素质和社会可能提供的机会，调整就业期望值和职业定向，达到个人心理期望与社会期望的统一。

第二，要培养自我选择和自我负责的独立人格。要认识到，在职业的流动性、变动性、竞争性日益增强的今天，一时找不到理想工作，一时不能胜任工作都属正常现象。从用人单位来看，你是在接受考核：看你的条件是否符合招聘的要求。换个角度看，用人单位和主试人同时也在被你考核：看看他们给的条件能不能吸引你。求职是双向选择，成功与失败都有可能发生，你应当主宰自己的命运。

第三，掌握缓解心理压力的方法。通过理智的发挥，释放内心的压力；通过改变情境的方法，脱离遭遇挫折的情境，使身心得到放松；通过转移注意力的方法，开始新的学习和研究，摆脱挫折感。求职时，如果有不怕挫折、不怕失败、输得起、失败了再干的心态，就会大大增强求职的信心，大大减轻择业的压力。

(六)选择最佳职业的方法

生涯规划的作用是锁定目标，学业生涯规划和职业生涯规划的作用是实现目标。大学生学好职业生涯规划的知识并能够加以应用非常重要。就业指导老师会运用专业测评工具让大学生了解自我，再通过培训帮助大学生做好求职准备；企业辅导老师会重点讲解关于面试的准备工作，帮助大学生更精准地找到适合自己的职业方向。大学生也可以运用以下几种方法来寻找适合自己的职业。

小案例

小张大学时选择的是表演专业，毕业前想寻找与专业相关的实习工作，但是很多影视公司都暂停招人。小张求职处处碰壁，又不想做非本专业的工作。虽然投出的简历都石沉大海，但小张并没放弃努力，而是利用各种渠道积极求职，终于得到了某卫视求职节目的面试通知。她很珍惜机会，认真准备面试，在人力资源专家的帮助下，小张发现自己的表演才华能让自己在短视频领域找到一席之地。随后，职业决策难题来了——她因在求职节目中的良好表现收到了两家公司的入职邀请。两家公司属于不同行业，一家是化妆品行业，一家是食品行业；工作地点不同，分别在北京和天津；公司的发展阶段和规模不同，薪酬也略有差异。该如何选择呢？她开始纠结了……她对这两个行业接触较少，也没有深度研究公司背景，于是陷入了迷茫。后来在人力资源专家的指导下，小张发现自己喜欢挑战性强的工作，倾向于选择一份能让自己时刻学习新知识的职业。最后，小张选择进入化妆品行业，从事的职业是新媒体内容运营，先从创作短视频做起，待市场营销策划能力增强后，有机会再转到市场部。

1. 充分了解所学专业与所选职业的关系

大学生在选择职业时，很重要的一个参考因素是专业是否对口。大学生求职时一般会先针对自己的专业来选择职业，而同一个专业对应的职业有很多种，因此，在求职前大学生需要了解不同职业之间工作内容的差别，以及需要运用什么样的专业知识。

2. 找到职业调研的具体方向

如果想了解感兴趣的职业对就业能力的要求，大学生需要列出哪些是自己感兴趣的职业，有效地搜集信息，并对从业者进行调研，最后结合自身情况进行综合分析。专业、兴趣、能力、市场需求会影响大学生的职业选择。

大学生要了解一个职业可以从以下几个方面展开调研：

(1)职业的具体工作性质(如行政、销售和生产制造等)。

(2)职业类别对应的具体岗位的工作职责范围。

(3)职业任职资格要求(如教育背景、执业资格认证和工作经验等)。

(4)职业对从业者的综合素质要求(如性格特质、形象气质、沟通能力和兴趣爱好等)。

(5)职业的综合福利待遇(如基本薪资、绩效奖金、弹性福利、五险一金、商业险和假期等)。

(6)职业的发展空间(如不同岗位的晋升体系和内部转型机会等)。

(7)汇报上级和部门同事的履历背景等。

全面、准确和有效地搜集这些信息有助于大学生根据自己的实际水平做与意向职业的匹配度分析，对自己的求职定位和面试准备进行合理的计划和目标管理。

3. 获取职业信息

大学生可以通过多种渠道获取与职业相关的信息。大学生可通过以下六种途径获取职业信息。

（1）阅读与职业相关的专业书籍、资料，例如：行业咨询报告，与行业、企业和所选职业相关的视频和音频资料、企业家人物传记等。

（2）利用与就业相关的网络渠道，例如：校园论坛（就业网、校园网）、各大求职招聘网站以及企业官网、公众号、短视频号等。

（3）通过他人推荐获得面试信息，例如：导师推荐、学长学姐推荐、亲戚朋友推荐、企业内部员工推荐等。

（4）通过线下活动或者职场论坛活动获得了解职业的机会，例如：企业组织的参观日、企业高管进校分享和校企联合活动等。

（5）请教专业人士或从业者，例如：通过付费咨询，向职业规划师来获取信息；通过访谈了解不同职业的工作内容和要求；通过不同平台与不同职业的从业者进行职业答疑和访谈交流，了解对方从事具体工作的职业发展和能力素养及待遇情况，并和对方介绍自己的背景、优势和需求，请对方帮助自己分析适合自己的职业；等等。

（6）参与企业实习，例如：在寒暑假和在校学习期间，大学生可以在合理安排好学业的基础上，尝试一些专业对口的实习，通过实习认识更多优秀的职场人，体验职场生活。

4. 获取职业机会

企业人力资源部一般会将招聘信息发布到不同的招聘网站。招聘网站一般会要求企业提供企业介绍、营业执照、职位要求说明书和职位薪酬范围等信息，有的招聘网站还要求提供在职员工的口碑评价。供大学生了解职业机会的网站很多：综合类招聘网站有前程无忧、智联招聘、猎聘、BOSS 直聘等。

技能提升

一、爱德华·鲍亭的择业心理动力理论

早在 20 世纪初期，西格蒙德·弗洛伊德就曾讨论过关于人类动机和本能驱动的问题。爱德华·鲍亭等人以弗洛伊德的个性心理分析为基础，吸取了特质因素理论和心理咨询理论的一些概念和技术，并对职业团体进行了大量的研究，于 20 世纪 60 年代后期提出个人内在动机和需要等动机因素在个人职业选择过程中具有重要作用的结论，人们将其称为“心理动力理论”。

鲍亭等人依据精神分析学派的观点探讨职业发展的过程，将工作视为一种升华，而影响个体职业选择的动力则源于个人早期经验所形成的适应体系、需要等人格结构。它们影响个人的能力、兴趣及态度的发展，进而左右其日后的职业选择与适应。个人在人格与

冲动的引导下，通过升华作用，选择能够满足自身需要与冲动的职业。个人生命的前 6 年决定着他未来的需要模式，而这种需要模式的发展则受制于家庭环境，成年后的职业选择就取决于早期形成的需要，旨在满足个人的这些需要，如果缺少职业信息，职业期望可能因此受到挫折，在工作中会显示出一种婴儿期冲动的升华，一旦个人有自由选择的机会，则必然选择能满足需要而又可免于焦虑的职业。

心理动力理论者的主要观点如下：

(1)社会上所有职业都能归入代表心理分析需要的、分属以下范围的职业群：养育的、操作的、感觉的、探究的、流动的、抑制的、显示的、有节奏的运动等，并认为这一理论除了那些由于文化水平和经济因素而无法自由选择的人之外，可以适应其他所有的人。

(2)注重从个人职业发展的观点以及个人内在因素来探索职业选择，强调发展当事人的自我概念，通过当事人人格的重建来完成职业选择，重视当事人在职业选择中的自主作用。但是，它过于偏向个体内在因素的作用，而忽视当事人所处的现实社会环境方面的因素，未免失之偏颇。职业选择具有很强的个人特征，同时也具有鲜明的社会特征，尤其在我国目前的职业选择方面，社会环境因素起着极其重要的作用，是不可忽视的。

职业分类是工作的类别，而职位名称代表具体的工作。由于不同组织对同一种工作的称呼不同，于是产生了不同的岗位名称，但是职业分类不会因为工作称呼不同而改变。大学生求职要先看该职位的职能分类(统一的职业名称)，再具体分析工作内容以及岗位胜任能力的要求，综合分析自己能否胜任。一般能力分析应结合个人的学历和专业知识、工作技能、个人才干等维度进行。理性分析后所选择的职业会比较理想。

二、行业探索的内容和方法

大学生进行行业分析，主要是为了进行职业定位和能力素质需求分析，一般不需要特别专业。大学生进行行业探索时，一般需要根据自己的实际需求先确定几个目标行业，再从宏观的角度进行信息的搜集、梳理和研究，重点关注行业的环境、现状、发展趋势和对人才的要求。

(一)行业环境分析

行业环境对行业发展的影响巨大。行业环境分析一般使用 PEST 分析法，具体而言就是分析行业所处的政治、经济、社会和技术等环境因素。

1. 政治环境

政治环境主要包括国家的性质和政治制度、政治局势、政府的态度及相关的法律、法规等。我国政治环境良好，对行业影响最大的就是国家的行业发展战略和相关的政策法规。国家的行业发展战略对行业的发展至关重要，它代表一个国家未来经济的发展方向。当前，我国经济已由高速增长阶段转向高质量发展阶段，国家提出了创新驱动、中国智造等国家发展战略，推动互联网、大数据、人工智能和实体经济深度融合。在这些利好政策下，必将出现很多新兴的高新技术行业。国家对一个行业是大力支持、保持稳定，还是限制发展，是大学生在了解行业环境时需要特别关注的。

2. 经济环境

经济环境主要包括国内生产总值、利率、财政货币政策、通货膨胀率、失业率、居民可支配收入、汇率、能源供给成本、市场机制、市场需求等。大学生需要了解行业受经济环境影响的程度，例如，出口导向的行业对汇率特别敏感，容易受到相关因素的影响。

3. 社会环境

社会环境主要包括人口规模、年龄结构、人口分布和文化传统等因素。当前，我国社会正经历消费升级，对产品和服务的品质提出了更高的要求；同时，社会正逐步进入老龄化阶段，这些因素对行业的发展有着重大的影响。大学生需要根据社会整体环境的变化情况，对行业的长期发展做出判断。

4. 技术环境

技术环境主要包括发明创造和新技术、新工艺、新材料的出现以及相关技术的发展和应用趋势。当前，移动互联网技术的快速发展，人工智能、大数据、5G 等革命性技术的快速发展，对行业的发展产生了越来越大的影响。大学生需要关注技术发展对行业的深远影响。

（二）行业现状分析

行业涉及的政策、技术等因素众多，大学生要行业全面的现状比较困难，因此需要抓住行业现状分析的重点。行业现状分析的重点在于分析行业的特点、结构和领军企业。

1. 分析行业的特点

分析行业特点重在分析行业的技术门槛、企业的数量与分布情况、龙头企业和市场竞争等方面。例如：互联网金融行业的特点是技术门槛不高、企业数量众多且扩张迅速、市场竞争激烈；同时，互联网金融行业的监管和法律约束相对较弱，整个行业面临诸多政策和法律风险，企业风险控制能力较弱，容易发生各类风险问题。

2. 了解行业的结构

大学生可以通过构建行业发展图谱来了解行业的结构。即使是非常复杂的行业，大学生也可以根据产业链（一个产品从无到有的全过程），通过拆分子行业来画出行业的架构，准确梳理行业信息。例如，对于半导体行业，大学生可以依据芯片的生产过程了解半导体行业的结构：从最初的芯片设计出发，考虑芯片设计的专利技术、工程软件等；到芯片的生产过程，考虑芯片制造所需要的材料制备、生产设备等；再到制造结束后的封装和测试，考虑相关的技术和设备等。

3. 关注行业领军企业

在各个行业及其细分领域，往往都会存在一定数量的领军企业。大学生在进行行业分析时，应该重点关注行业领军企业的情况（包括企业的排名及排名的标准和依据、近些年排名变化、市场占有率、利润占比等情况），梳理领军企业近1～3年发生的重大事件、标志性决策等信息，阅读财务报表，掌握其主要业务、收入结构、成本结构、员工规模、战略方向、主要风险等信息，理解决策原因和行业发展的趋势。

（三）行业的发展趋势

全球各大专业的国际化咨询公司会为不同行业的企业发展趋势提供行业咨询服务，行业咨询专家对企业战略、项目投资、财务、组织发展、市场营销、法务等业务领域提供问题解决方案。比较知名的咨询公司有埃森哲、贝恩咨询、波士顿咨询、德勤、安永、毕马威、麦肯锡、美世咨询、普华永道、爱维龙媒、华夏基石、和君咨询、北大纵横、正略钧策、百思特咨询和世纪纵横等，这些咨询公司都有各自擅长的业务咨询领域。大学生不仅可以关注企业发布的报告，还可以结合自己的专业和兴趣，尝试在大学期间到咨询公司实习，多角度地了解它们是如何帮助企业以及如何对行业和业务发展进行深度研究和诊断的。

虽然在市场经济环境下，行业的发展主要由市场调节，但国家和地方政府出台的行业发展政策对行业的影响也是非常大的。大学生可以在日常生活中关注新闻媒体中有关产业政策的相关报道，或者研究政府工作报告、经济会议报告等，了解国家和地方政府对该行业的政策，及时掌握行业的发展趋势。

（四）行业对人才的要求

行业对人才的要求是指一个行业在一定时期和一定范围内的人才需求，包括人才的数量和对人才的能力素质要求。了解目标行业对人才的要求非常重要，只有了解了目标行业对人才的要求，大学生才能利用大学时间不断提高自己的综合素质，为毕业后进入相关行业打好基础。

实践训练

一、填制职场角色清单

如果将职场比作舞台，那么请想一想，你希望未来自己在职场的舞台上扮演哪些角色？请在图2-2中一一列出，每种角色都以圆圈表示，圆圈的大小代表你在这一角色上所投入的时间和精力的多少；圆圈与“自己”之间的距离，代表这个角色对于你的重要程度。

思考：

（1）你希望自己未来能够扮演的职场角色有哪些？

（2）你认为哪些职场角色最重要？为什么？

（3）你认为自己未来能够扮演得最称职的职场角色是什么？为什么？

（4）如果为你未来能够扮演的职场角色进行排序，你可能最先放弃的职场角色会有哪些？为什么？

讨论：按照学生个性特点及知识水平，把学生分为若干学习小组（学生个体小组、同桌双人小组、前后或左右双桌四人小组），充分发挥学生思维的创造性，积极开展讨论活动。

我的职场角色清单

图 2-2　我的职场角色清单

二、绘制职业图谱

请与 2～3 位同学讨论你们对职业信息收集的理解，共同制定一张职业信息汇总表。

1. 分别汇总与专业、兴趣相关的目标职业、行业、企业信息。

2. 完成职业图谱（图 2-3）的绘制。

＿＿＿＿＿＿＿＿职业图谱

图 2-3　职业图谱

三、回顾我的职业梦想

从小到大，我们也许都有过不同的梦想，从中可能找到未来前进的方向。不妨利用下面这个游戏来回顾一下：

首先，参考图 2-4，完成图 2-5。请在左边一栏中依次列出你曾经希望从事的职业，时间越近的梦想排在越前面，越早期的梦想排在越后面（数量不限）；然后，在右边一栏中依次列出你比较明显的能力、特长或曾经取得的成就（数量不限）；最后，将左、右两边有关系的方面画线相连（可一对多），即厘清各种梦想是否有相应的能力、特长或成就作为支撑。

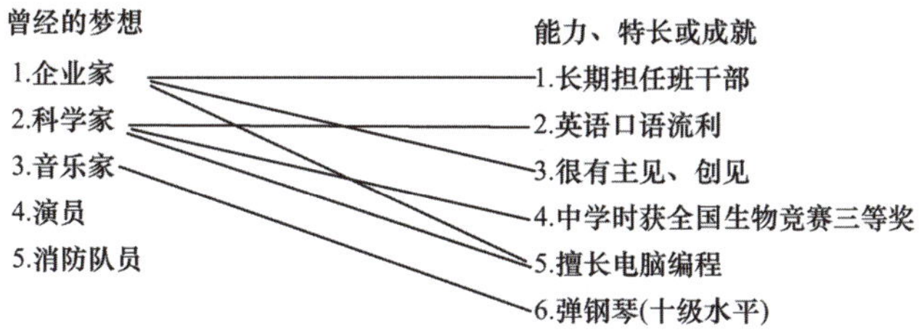

图 2-4　梦想与能力的匹配（案例）

从图 2-4 的案例中可以看出，其中有些早期的职业梦想（如演员、消防队员）缺乏相应的能力、特长作为基础，而另外一些职业梦想（如科学家、企业家）则与个人比较擅长的方面相关，甚至已经小有成就。通常而言，前者更容易消逝，后者更容易保留下来。换句话说，我们的职业梦想，往往会经历一个从“异想天开”到“脚踏实地”的变化。为了最终能让梦想照进现实，你需要培养相应的能力，否则梦想最终会沦为幻想，终将不了了之。

我的职业梦想

曾经的梦想	能力、特长或成就
1.	1.
2.	2.
3.	3.
4.	4.
5.	5.

图 2-5　我的职业梦想

四、分析行业环境

全班学生分为 5 个小组进行讨论，分析行业环境，尝试回答以下问题，并且将最终的讨论结果在表 2-1 中进行记录，最终由教师进行点评。

(1)国家对这个行业的态度是什么？目前有什么样的支持或限制发展政策？

(2)行业对经济环境的各个因素的变化是否敏感？行业是否容易受到某个因素较大的影响？该因素的稳定性和可控性如何？

(3)行业是否适应社会发展的变化？

(4)行业相关的科学技术有何重大发展？行业所对应的客户需求有何变化？其他行业有没有可能通过新的技术引起跨界竞争？

表 2-1 行业环境分析表

因素分析	具体内容
政策环境	
经济环境	
社会环境	
技术环境	

人生在世，除为个人生活企图，更当为国家社会奋斗。

——陈嘉庚

项目拓展

一、案例解析

小柴，地理专业学生，专业基础扎实，本领过硬，顺利拿到毕业证书。他平时利用业余时间制作地理知识短视频进行地理知识科普宣传，在各网站有不错的点击量；也兼职做地理家教，体验不同的人生顺便赚点外快。与此同时，他也积累了一些非本专业的实践经验，大学时期，他就特别注重计算机编程和财务管理相关知识的学习，并且获得了几个不错的金融行业实习的机会，了解了金融领域的从业要求，还通过了全国统一注册会计师考试。他对自己的职业生涯规划是尽量顺利从事本专业工作，即使收入有限，也可以运用金融理财技能帮助自己提升生活品质；如果没有实现愿望，自己在不同金融公司的实习经历(每段的实习期都在 4 个月以上)和专业证书也能让自己进入金融领域。

分析：

小柴属于有规划地做准备的类型。我们可以看出，他的职业素养和学习能力很强，职业价值观排序是个人发展、收入、工作与生活的平衡。他分析问题时非常严谨，实践经历丰富，具有前瞻性的战略布局思维，且愿意为了目标按照计划积极行动。

小柴是一个优秀的、有跨专业实习经验的大学生。首先，小柴在热爱的地理领域取得了不错的成绩，具备发现问题并解决问题的能力。其次，在自己最感兴趣的地理领域，小柴顺利达成毕业要求，业余时间也在做新媒体知识分享，有很强的创新意识。这正是当今职场需要的复合型人才，让自己进可攻、退可守，对自己的职业风险做了有规划的杠铃配置，实现了风险对冲。最后，小柴利用业余时间一直保持学习和实践，3 段 4 个月以上的实习经历足以让他掌握这个行业研究员的基本工作和岗位技能，更何况，他还通过了全国统一注册会计师考试。

二、习题练习

1. 你获得职业信息的渠道有哪些？
2. 你的目标企业？其近 3～5 年的营业状况如何？
3. 你希望选择的职业？
4. 该职业需要的能力(知识学历、工作技能、才干特质)？
5. 你所选择职业的具体工作职责是？

项目总结

一、要点小结

根据本项目的知识与技能要点，绘制思维导图。

认识产业、企业、职业

二、自我评价

学会的有：

____

____

____

____

____

____

需要加强和改进的有：

____

____

____

____

____

____

项目三

提升自我职场的核心竞争力——大学生的职业素养

广大青年要肩负历史使命，坚定前进信心，立大志、明大德、成大才、担大任，努力成为堪当民族复兴重任的时代新人。

——习近平

项目概述

职业素养是当代大学生综合素养和核心竞争力的重要组成部分，对大学生的就业与未来的发展有着至关重要的作用，用人单位在招聘时更加注重大学生的职业素养，而非仅局限于学习成绩与实践经历。在全面提升职业素养之前，大学生要学会从兴趣、性格和价值观等方面进行自我评估，以此结合挖掘自身的优势有意识地、有规划地增强自己的综合能力和职业素养，高效地提升核心竞争力。

学习目标

知识目标

1. 了解兴趣对职业素养的意义。
2. 掌握性格对核心竞争力的重要性。
3. 明确技能、价值观的内容。

技能目标

1. 能够将个人兴趣、性格与将来职业生涯发展相结合。
2. 能够运用霍兰德职业兴趣理论了解自身兴趣类型。
3. 能够运用 MBTI 性格理论制作职业兴趣倾向图。

素养目标

1. 培养学习主动性和创造性，推进个体全面发展。
2. 提升职业潜力，了解自身优势和劣势，不断丰富各项技能。
3. 树立正确的价值观，将个人发展与时代需求相结合。

项目内容

职业素养是实现就业并胜任工作岗位的基本前提。从用人单位的角度来看，职业素养是选聘人才的首要考虑因素，因此，大学生应该从提升自己的专业技能、通用技能和个人素质等方面着手，提高自己的职业素养，提升自己在职场中的核心竞争力。

自我初探园地

1. 毕业时，我应该具备哪些知识和技能？

____

____

2. 在毕业来临之前，我应该参加哪些实践实习？应该具备哪些经验？

____

____

3. 我的性格适合做什么工作？

____

____

4. 如果就业，我理想的工作是怎样的？

____

____

知识储备

大学生提升自己职场的核心竞争力的前提是学会自我评价，自我评价是自我意识的一种形式，是主体对自己思想、愿望、行为进行评价的重要形式，它是人的自我概念的重要内容之一。

自我评价是自我诊断、自我调节、自我完善的过程。一个人只有真正了解自我，明确自己的兴趣、能力、优势、不足，才能够扬长避短，在自己的人生中创造出辉煌的业绩。

“人贵有自知之明。”那么,我们怎样才能达到“自知”呢?如何通过“自知”来及时调整自己内在的不足,以此提升自己在职场中的核心竞争力呢?本项目将从兴趣、性格、能力、价值观四个方面帮助大学生认识自己。

一、兴趣

(一)兴趣的含义

兴趣是指建立在需要的基础上,带有积极情绪色彩的认知和活动倾向,是个人对其环境中的人、事、物所产生的喜爱程度,是个人力求认识、掌握某事物,并经常参与该种活动的心理倾向。当个人对某事物有兴趣时,会对它产生特别的注意力,对该事物感知敏锐、记忆牢固、思维活跃、情感浓厚、意志坚强。兴趣是人们活动的重要动力之一,是活动成功的重要条件。

兴趣以需要为基础。需要分为精神需要和物质需要,而兴趣基于精神需要(如对科学、文化知识等的需要)。人若对某件事物或某项活动产生需要,他就会热衷于接触、观察这件事物,积极从事这项活动,并主动探索其奥秘。兴趣又与认识和情感相联系。若对某件事物或某项活动没有认识,就不会对它有情感,也不会对它有兴趣。反之,认识越深刻,情感越炽烈,兴趣也就越浓厚。

兴趣会对人的认识和活动产生积极的影响。

兴趣具有社会制约性,人所处的历史条件不同,社会环境不同,其兴趣也会有不同的特点。

(二)兴趣与职业生涯的关系

从心理学角度来说,在进行职业选择时,首先需要了解自己的兴趣。例如:有的人喜欢操作,靠他灵巧的双手,在技能操作领域得心应手,如果你硬要把他的兴趣转移到理论知识上来,他就会感到无用武之地。而有的人动手能力差,但是喜欢钻研理论知识。这种兴趣上的差异是职业选择的重要依据。

1. 兴趣可使人的智力潜能得到充分发挥

当一个人对某种事物产生兴趣时,他就能调动起自身的积极性,积极探索,增强克服困难的意志。反之,“牛不喝水强按头”是不会取得好效果的。

小案例

邓亚萍,尽管因为身材矮小,曾经被国家乒乓球队拒之门外,但是出于对乒乓球运动的热爱,她刻苦磨炼自己的球技,最终成为乒乓球领域的佼佼者;刘慈欣,自幼喜欢科幻,凭借对科幻文学的热爱和创作才华,写出了《三体》等脍炙人口的科幻小说,赢得了国内外读者的广泛赞誉。

2. 兴趣可以提高人的工作效率

当一个人对某项工作感兴趣时,枯燥的工作也会变得趣味无穷。兴趣使工作不再是一种负担，而是一种享受。兴趣可以调动人的全部精力，从而提高效率。研究表明，如果一个人对某项工作有兴趣，则能发挥他全部才能的80%～90%，并且长时间保持高效率工作且不会感到疲倦；而对工作没有兴趣的人，只能发挥其全部才能的20%～30%，还容易筋疲力尽。

3. 兴趣是职业成功的重要因素

许多成功人士都有着惊人的相似之处，那就是对自己感兴趣的事非常执着，一旦认定某事，便全身心投入。这是成功的有力保证。一个人如果选择了自己不感兴趣的职业，不仅会被压抑才能，还会很痛苦。所以，选择职业时，不仅要看工资多少、工作地点，最主要的还是要看自己是否有兴趣。

（三）职业兴趣的内涵

职业兴趣是指人们对某种职业活动具有的比较稳定而持久的心理倾向。它是一个人探究某种职业或从事某种职业活动时所表现出来的特殊个性倾向，它使个人对某种职业给予优先的注意，并产生向往的情感。由于兴趣爱好不同，人的职业兴趣也有很大的差异。有人喜欢具体的和实物性工作，例如：室内装饰、园林、美容、机械维修等；有人喜欢抽象和具有创造性的工作，例如：经济分析、新产品开发、社会调查和科学研究等。职业兴趣对职业选择和职业发展都有一定的影响。

选择适合自己的工作，人生才能走向成功，生活才能拥有快乐。

小案例

选择适合自己的工作，人生才能走向成功，生活才能拥有快乐。在《三国演义》中，刘备作为一位重要的人物，他的职业生涯选择和转变与他的人格特质和兴趣有着密切的关系。刘备原本是一个织席和贩卖鞋履的小商人，但他对这种生活并不满意，因为他有着更远大的志向和兴趣——渴望恢复汉室。

在战乱频发的东汉末年，刘备意识到单靠小规模的商业活动无法实现自己的抱负。他擅长结交朋友，如关羽、张飞等，确认了自己在领导和组织上的能力。此外，他吸纳了诸葛亮等杰出谋士，共同规划未来的政治、军事行动。

刘备的转变不仅为他个人带来了巨大的成功和满足感，还极大地影响了三国时期的政治格局。他能够实现自己的抱负，建立一个持续数十年的政权，显示了当个人的职业选择与其兴趣和能力相匹配时，可以产生极大的正面影响。

因此，根据个人的职业兴趣进行职业规划，并通过不断学习和实践来实现职业目标是非常重要的。

职业兴趣，这一源自内心深处的渴望与偏好，如同磁石般吸引着个体投身于特定职业活动或领域中。它不仅仅是简单的喜好，更是个人性格特征、价值观念的深刻体现，以及天赋潜能的自然流露。当个体对某一职业领域充满热爱与兴趣时，这种情感便如同强大的引擎，为职业生涯注入源源不断的动力与激情。因此，根据个人的职业兴趣进行职业规划，并通过不断学习和实践来实现职业目标是非常重要的。

（四）职业兴趣和生涯发展的关系

职业兴趣是个体获得工作满足感、职业稳定性和职业成就感的重要影响因素，已成为职业选择的重要参考因素。

1. 职业兴趣影响职业选择

职业选择对于每一位大学生都具有十分重要的意义。大学阶段是职业兴趣日臻完善和成熟的阶段，它可以为职业选择提供重要的依据。尽管大学生的职业选择受到了多重因素的影响，但在求职过程中，他们常会考虑自己对某方面的职业是否有兴趣，一旦对该职业感兴趣，就会坚定地追求，并为之尽心竭力。

2. 职业兴趣可以使个体提高工作效率，充分发挥才能

兴趣产生的内驱力会形成不断进取的工作精神，在不自觉中推动大学生排除种种困难，激发他们对该职业的求知欲和探索热情，充分调动其积极性，使其积极思考、情绪饱满、想象丰富、智力和体能进入最佳状态，最大限度地施展才华、挖掘潜力，发挥主动性和创造性，最终在职业生涯中获得成功。

3. 职业兴趣增强职业生涯适应性，影响工作满足感和幸福感

广泛的兴趣可以使个体善于应付多变的环境，即使变换工作性质，他们也能很快地熟悉和适应新的工作。如果一个人从事的工作是自己喜欢的，那他就会更愉快，对工作会更有激情，就能全神贯注、富有创造性地完成所从事的工作，更有可能在该工作中获得满足感和幸福感。反之，一个人如果对自己的专业或工作毫无兴趣，即使他聪明能干，也不可能在本专业或本行业中有所建树，更谈不上获得满足感和幸福感。

二、性格

性格是一个人在对现实稳定的态度以及与之相应的行为方式中表现出来的人格特征，受人的价值观、人生观、世界观的影响。这些具有道德评价含义的人格差异，我们称之为性格差异。性格是在后天社会环境中逐渐形成的，是人的核心的人格差异。

东方古语云："积行成习，积习成性，积性成命。"西方也有名言："播下一个行为，收获一种习惯；播下一种习惯，收获一种性格；播下一种性格，收获一种命运。"

微课：
气质类型

（一）性格的分类

心理学家对性格类型进行了如下分类，见表 3-1。

1. 从心理机能上划分，性格可分为理智型和情绪型。
2. 从心理活动倾向性上划分，性格可分为外倾型和内倾型。
3. 从个体独立性上划分，性格可分为顺从型和独立型。

表 3-1 性格类型

性格		表现
Ⅰ	理智型	以理智衡量一切，支配自己的行动
	情绪型	情绪体验深刻，举止行为受情绪左右
Ⅱ	外倾型	心理活动外露，开朗、活泼，善于交际
	内倾型	深沉、文静、反应缓慢，顺应困难
Ⅲ	顺从型	不独立、易受暗示，容易不加思考地接受别人的意见，在危急中易张皇失措
	独立型	独立发现问题，不易受外界因素干扰，按自己的意志充分发挥作用

（二）性格与职业的关系

性格使一个人更加偏爱某一种环境。由于性格的不同，每个人在对不同环境的认知过程中，也表现出不同的个性化风格。从事与自己的性格不匹配的工作，个人的才能就会受到阻碍，会觉得整个工作状态都不佳。能让一个人在某种职业中获得成功的性格，可能会让其在另一种职业中大受挫折。因此，在职业选择中，我们应尽可能充分考虑自己的个性特征与职业要求是否相适应，这样在工作中才能够满足自己的独特需求，发挥自己特有的能力，才能充分利用个人资本，体验到更多的快乐和愉悦。

专业人士认为，在职业生涯发展中，性格比能力更重要。如果一个人能力不足，可以通过培训来提高，经过一定的时间，能力是可以开发出来。但如果一个人的性格与职业或岗位不吻合，要改变起来可就困难了。所以，很多公司在招聘新人时，会将性格测验放在首位，只有性格与职业岗位吻合，才会对其能力进行测验考查。如果性格测验结果显示与职业或岗位不吻合，企业就会不考虑录用。职业心理学研究表明，不同的职业需要具有不同性格的从业者，某一类职业的从业者往往体现出共同的职业性格。

需要告诉大家的是，虽然性格具有稳定性，但不少事实证明，一个人的性格也处于动态变化之中。一个人的一生中，性格可能会在特定的环境下发生改变，我们可以有意识地不断完善我们的性格。

（三）影响职业性格形成的要素

职业性格反映了个体的生活和工作历史，它是人在与周围环境的相互作用过程中逐渐形成的。职业性格是相对稳定的，又是可调适和完善的。个体应了解职业性格是如何形成的，并在生活、学习实践及未来的工作中不断完善，使其更符合职业要求，使自己成为一个合格的从业者。影响职业性格形成的因素主要有自身素养、职业环境和职业实践活动三个方面。

1. 自身素养对职业性格形成的影响

人的外在表现与内心息息相关，内在有什么样的素养，外在就会有什么样的表现。一个人的内心如果非常沉稳，给人的感觉就会十分镇定、冷静而且坦然。内心境界直接决定人的思想，思想决定行动，积极的思想会产生积极的行动。比如个体的内心非常积极，表现出来的就是一种坚持投入和认真。大学生要自觉地分析自己的职业性格，对照职业所需，勇于弥补性格缺陷。

2. 职业环境对职业性格形成的影响

人的职业性格受其所处的职业环境影响，性格特征反映了职业环境对人的性格的要求和期待。职业群体内部的状况及其他职业群体的关系都会对个体职业态度的形成产生重大的影响，如单位的工作性质、经济状况、领导作风、社会地位、规章制度、晋升通道、员工关系、企业文化氛围等。

3. 职业实践活动对职业性格形成的影响

就职业性格形成而言，起主导作用的活动类型会随年龄变化而变化。在学龄前期，游戏活动起主导作用；在学龄期主要是劳动和社会活动起主导作用；成人后，职业活动影响最大，个体在不同阶段从事的职业不同，其中某一种职业活动可能在某一阶段起主导作用。

（四）职业性格与职业生涯发展的关系

1. 适配——帮助个体寻找合适的职位

（1）职业性格与工作匹配：效率高、节能、持久。

（2）职业性格与他人匹配：关系稳定。

个体只有在稳定关系中不断提高效率，在行业中才会有长足的发展。大学生越早探索职业性格越有意义，因为还有机会去适配。

2. 平衡——到其他角色中满足自己的本性

（1）从其他角色补充能量。

（2）丰富业余生活。

（3）获得外界的理解与支持。

3. 接纳——尊重自己和他人，理解自己和他人

（1）职业性格类型本身没有优劣之分，在应对现实的过程中，各有利弊。不要以己之短比他人之长，也不要以己之长比他人之短。

（2）只有相对的适配性，没有绝对的适配性。职业性格和职业兴趣一样，不能直接等同能力，也不能直接等同职位。

（3）大学生要学习接纳自己，理解他人。

4. 完善——不断提高自己的适应能力

大学生要接纳并享受职业性格带来的优势，改变或回避职业性格带来的局限。

（1）如果有选择机会，扬长避短是最好的。

（2）如果结合现实，暂时没有更好的选择机会，就要扬长补短，用能力来弥补。

三、能力

能力是使活动顺利完成的个性心理特征，是指顺利完成某一活动所需的主观条件，能力直接影响活动效率。

（一）能力的分类

1. 一般能力和特殊能力

一般能力是指观察、记忆、思维、想象等能力，通常也叫智力。它是人们完成任何活动

所不可缺少的，是能力中最主要的部分。特殊能力是指人们从事特殊职业或专业所需要的能力，例如：音乐中所需要的听觉表象能力。人们从事任何一项专业性活动都既需要一般能力，也需要特殊能力，二者的发展是相互促进的。

2. 流体能力和晶体能力

流体能力是指在信息加工过程和问题解决过程中所体现出来的能力，它较少受学习和环境的影响，主要取决于个人的先天禀赋。晶体智力则是指获得数学、语文等知识的能力，取决于后天的学习。

3. 模仿能力和创造能力

模仿能力指通过观察别人的行为、活动来学习各种知识，然后以相同的方式做出反应的能力。而创造能力则是指产生新思想和新产品的能力。

4. 认知能力、操作能力和社交能力

认知能力是指人脑加工、储存和提取信息的能力，即人们对事物的构成、性能、与他物的关系以及发展的动力、发展方向和对基本规律的把握能力。它是人们成功地完成活动的最重要的心理条件。知觉、记忆、注意、思维和想象等能力都被认为是认知能力。美国心理学家加涅提出三种认知能力：言语信息（回答“世界是什么”的问题的能力）、智慧技能（回答“为什么和怎么办”的问题的能力）、认知策略（有意识地调节与监控自己的认知加工过程的能力）。

操作技能也叫动作技能、运动技能，是通过学习而形成的合乎法则的操作活动方式。日常生活中的许多技能都是操作技能，如音乐方面的吹拉弹唱，体育方面的球类、体操、田径等。操作技能形成的基本途径是练习。

社交能力是指人们在社会交往活动中所表现出来的能力，如组织管理能力、语言感染能力等都被认为是社交能力。社交能力中包含认知能力和操作能力。

（二）能力与职业生涯发展的关系

1. 适配

大学生在就业前不仅要了解自己拥有哪些能力，还要了解有哪些岗位，每个岗位的基本要求是什么，这样才能找到与自己能力相适配的岗位。

2. 行动

如果发现自己的能力和岗位要求不匹配，大学生就应努力提升自己的技能，即主动学习。

学习分三个层次：专业化（记忆，专业知识技能），职业化（练习，可迁移技能），事业化（内化，自我管理技能）。在学习过程中，大学生应重点关注以下三个问题：

（1）区别专业学习与业余休闲。

（2）加强职业化训练。

（3）积极提升职业素养。

3. 平衡

大学生在努力学习，追求能力与岗位要求匹配的过程中，也要了解平衡的重要性。

（1）工作只是生活的一部分，不是人生的全部。

（2）在工作中，最重要的是获得成就感、满足感。

4. 接纳

大学生要接纳自己当下的状态，接纳自己真实的样子。只有学会悦己，才能更好地迎接职场的挑战。

（三）潜能

潜能是指一个人潜在的能力或能量。它是一种尚未显现的能力，其一旦外化，与活动联系起来并影响活动效果，就会变成显性能力，即通常所讲的能力。能力只是潜在能力外化的极小部分，据科学家研究，如果一个人的潜能被充分发挥出来，他能记忆 50 座美国国会图书馆全部藏书所储存的信息，能熟练掌握 40 种语言。据《自然》杂志 2023 年的一篇报道，人类的语言潜能远超人们的想象，通过科学的激发方法，个体可以在短时间内掌握多种语言，展示了人类大脑在语言学习方面的惊人能力。

我们应当树立这样的信念：人人都有巨大的潜能，人人都能成功。现阶段我们的任务就是认识自己，发现自己的能力并找到自己可以挖掘的潜能是什么，坚定不移地去挖掘它。

职业生涯发展是一个持续不断的过程，在这个过程中我们需要不断地调整自己的方向和目标。只有保持积极向上的心态，不断提升能力，才能在职场中披荆斩棘、勇往直前。

四、价值观

价值观是一种在处理事情时判断对错、做选择和取舍的标准。价值观也可以说是一种深藏于内心的准绳，是在面临抉择时的一项依据。价值观会指引一个人的某些行为，例如：“诚信”的价值观，会让人坦诚、言行一致，勇于向别人说明事情的真相，提升别人对其的信任度；“守纪”的价值观，会让人依规定行事；“关怀”的价值观，会让人关心别人；“自我”的价值观，会使人重视自身的需求。不同的价值观会产生不同的行为模式，进而产生不同的社会文化。

（一）价值观的基本特点

1. 稳定性和持久性

价值观具有相对的稳定性和持久性。在特定的时间、地点、条件下，人们的价值观总是相对稳定和持久的。例如：人们对某种事物的好坏通常有一个看法和评价，在条件不变的情况下，这种看法不会改变。

2. 历史性与选择性

在不同时代、不同社会生活环境中形成的价值观是不同的。一个人的价值观是从出生开始，在家庭和社会的影响下逐步形成的。一个人所处的社会环境、家庭的经济条件和社会地位，对其价值观的形成有决定性的影响。当然，报刊、电视和广播等宣传的观点以及父母、老师、朋友和公众名人的观点与行为，对一个人的价值观也有不可忽视的影响。

3. 主观性

主观性是指用以区分好与坏的标准，是根据个人内心的尺度进行衡量和评价的，这些标准都可以称为价值观。

(二)职业价值观

职业价值观指人生目标和人生态度在职业选择方面的具体表现,也就是一个人对职业的认识和态度以及他对职业目标的追求和向往。价值观测评会有助于职业决策和提高工作满意度。

由于每个人的身心条件、年龄阅历、教育状况、家庭影响、兴趣爱好等方面的情况不同,人们对各种职业有着不同的主观评价。由于社会分工的发展和生产力水平的不断发展,各种职业在劳动性质和内容、劳动难度和强度、劳动条件和待遇、所有制形式和稳定性等诸多方面,都存在着差别。再加上传统思想观念等的影响,各类职业在人们心目中的声望地位便也就有了差异,这些评价最终形成了人的职业价值观,并影响人们对就业方向和具体职业岗位的选择。理想、信念、世界观对职业的影响,集中体现在职业价值观上。

技能提升

一、霍兰德职业兴趣理论

美国学者霍兰德的职业兴趣理论认为人的人格类型、兴趣与职业密切相关。兴趣是人们活动的巨大动力,凡是令人有兴趣的职业,都可以提高人们的积极性,促使人们积极地、愉快地从事该职业,且职业兴趣与人格之间存在很高的相关性。霍兰德认为人格可分为现实型、研究型、艺术型、社会型、企业型和常规型六种类型,如图 3-1 所示。对应的职业兴趣类型及职业选择见表 3-2。

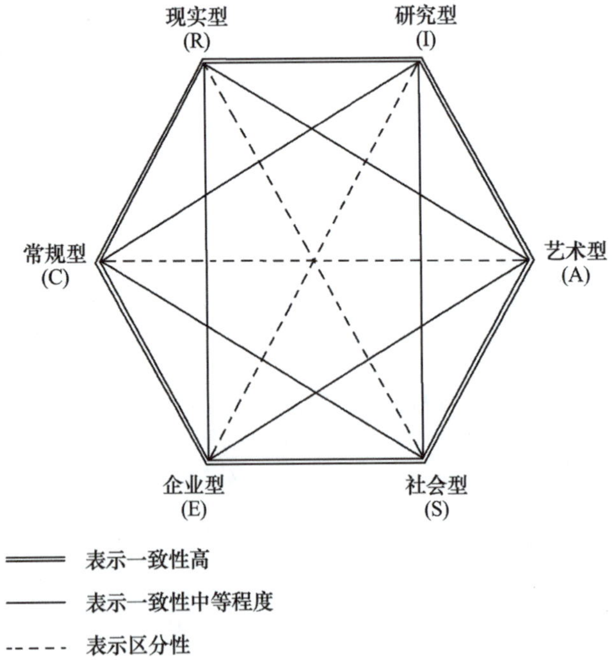

图 3-1　霍兰德职业六角模型

表 3-2　霍兰德职业兴趣类型及职业选择

类型	喜欢的活动	重视	职业环境要求	典型职业
现实型(R)	用手、工具、机器制造或修理东西;愿意从事实物性的工作、体力活动,喜欢户外活动或操作机器,不喜欢在办公室工作	具体实际的事物,诚实,有常识	使用手工或机械技能对物体、工具、机器等进行操作,与"事物"工作的能力比与"人"打交道的能力更为重要	园艺师、木匠、汽车修理工、工程师
研究型(I)	喜欢探索和理解事物,喜欢学习研究那些需要分析、思考的抽象问题,喜欢阅读和讨论有关科学性的论题,喜欢独立工作,对未知问题的挑战充满兴趣	知识,学习,成就,独立	分析研究问题、运用复杂和抽象的思考创造性地解决问题的能力,谨慎缜密,能运用智慧独立工作,有一定的写作能力	实验室工作人员、生物学家、化学家、心理学家、工程设计师、大学教授
艺术型(A)	喜欢自我表达,喜欢文学、音乐、艺术和表演等具有创造性、变化性的工作,重视作品的原创性和创意	创意,自我表达,自由,美	创造力,对情感的表现能力,以非传统的方式来表现自己;自由、开放	作家、编辑、音乐家、摄影师、厨师、漫画家、导演、室内装潢设计师
社会型(S)	喜欢与人合作,热情关心他人的幸福,愿意帮助别人成长或解决困难、为他人提供服务	服务社会与他人,公正,理解,平等,理想	人际交往能力,教导、医治、帮助他人等方面的技能,对他人表现出精神上的关爱,愿意承担社会责任	教师、社会工作者、心理咨询师、护士
企业型(E)	通过领导、劝说他人或推销自己的观念、产品而达到个人或组织的目标,希望成就一番事业	经济和社会地位上的成功,忠诚,冒险精神,责任	说服他人的能力,敢于承担风险,目标导向	律师、营销商、市场部经理、电视制片人、保险代理
常规型(C)	喜欢固定的、有秩序的工作或活动,希望确切地知道工作的要求和标准,愿意在一个大的机构中处于从属地位,对文字、数据和事物进行细致有序的系统处理以达到特定的标准	准确、有条理、节俭、盈利	文书技巧,组织能力,听取并遵从指示的能力,能够按时完成工作并达到严格的标准,有组织、有计划	文字编辑、会计师、银行家、簿记员、办事员、税务员和计算机操作员

经过多年的发展,职业兴趣测验已在教育、培训、企业管理等领域有了越来越多的应用。企业招聘时,通过对应聘者职业兴趣的测试判定其属于哪种类型,由此决定录用后的职位。在企业的日常管理中,如果出现员工和职位不匹配的情况,可测试出员工的职业兴趣,再安排与其职业兴趣相匹配的岗位。霍兰德的职业兴趣理论对于个人就业具有重要的指导作用,已成为众多职业咨询机构的重要工具。

小案例

小高的霍兰德兴趣类型分析

小高，女，19岁，某职业院校学生。在校期间加入学校艺术团，协助团长成功组织文艺会演。小高回忆，她从小就开始学舞蹈，小小的年纪，其他同学都是在嬉闹，而她就经历着很多大人都无法承受的痛苦，那时她特别努力，一个动作反复地去练习，一个劈叉经历极限的拉伸，一个下腰经历无数次的尝试……由于辛苦，很多人都放弃了，而她却依旧乐在其中、坚持不懈。她说："自己在舞台上时，是充满了乐趣的。寒暑假期间多次参加艺术类比赛，并且获得了较高的荣誉。"

根据霍兰德职业兴趣理论可以分析出，小高同学属于艺术型(A)，适合的工作有音乐家、舞蹈家等。

二、MBTI 性格理论

目前，有多种评估工具可以帮你了解自己，其中迈尔斯—布里格斯人格类型测验(Myers—Briggs Type Indicator，MBTI)在人才选拔和培养中运用较多，并且 MBTI 不同于其他的人格测试，它的测评结果中包含职业推荐。MBTI 是建立在瑞士知名心理学家卡尔·古斯塔夫·荣格的研究基础之上的，是由凯瑟琳·布里格斯和伊莎贝尔·布里格斯·迈尔斯共同研制开发的一套性格评估工具，用以衡量和描述人们在获取信息、做出决策、对待生活等方面的心理活动规律和人格类型。

(一)MBTI 的四个维度

下面的练习可以帮助你了解你在 MBTI 的四个维度(图 3-2)上的性格倾向。不过，请注意，做这个练习的目的不是得到关于你的性格的准确描述，也不是得到你的性格适合哪种职业的建议。实际上，对于性格在多大程度上与职业选择或职业幸福感有关这一问题，一直存在不同的看法。例如：一位销售应该具有外向的性格还是内向的性格，有些人可能认为与人打交道，还要推销产品，一定需要外向的性格，但是很多调查发现，一些非常优秀的销售其实具有内向的性格。因此，以下的练习旨在帮助你了解自己的性格特点，并让你深入了解在接收外界信息和人际交流中，你更加倾向的方式以及理解他人的方式。当然，本书也会推荐一些职业，让你的决策有所参考。

在 MBTI 的测试结果中，每个人在每个维度上只有一个性格倾向，如果你是 J 型(判断型)，就不是 P 型(感知型)。需要重点强调的是，你的测试结果为 J 型并不意味着你不具有 P 型特征，只是你的自然反应在大多数情况下具有 J 型的特征。在特殊情况下，你也许会主要呈现 P 型的特征。例如：一位同学是善于规划的 J 型，但他在假期不会提前计划与安排旅游行程，而是说走就走，呈现出 P 型特征。

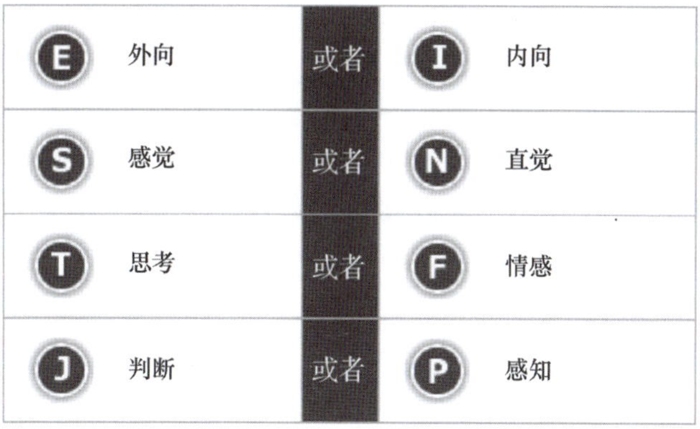

图 3-2　MBTI 的四个维度

（二）性格类型与职业的适应关系

性格类型和职业之间的关系已经得到证实。罗万·贝恩总结了一些研究，发现相当多的管理人员是 MBTI 中的 SF 类型，而很多咨询师是 NF 类型的现象。为此，他进行了一系列调查，其中部分数据见表 3-3。

表 3-3　　四个性格类型和职业分布人数

职业	ST 类型	SF 类型	NF 类型	NT 类型
管理人员	36	41	14	10
学校管理者	34	25	20	17
美术家	4	5	65	26
咨询师	13	20	57	11
人力资源工作者	25	13	26	36
商业心理学家	8	7	38	47

从表 3-3 中，我们看到了性格和职业的相关性，不过，同时也发现任何一份职业都存在四种类型的从业员，只是占比不同。所以，并不能用性格类型来说明职业选择与发展。当人们感到在职业生涯发展中受阻时，除了用 MBTI 提供的线索来审视自己的性格，从而找到改进的方向，转换职业也是一种不错的选择。

迈尔斯同样认为 ST、SF、NT、NF 这四个类型的性格与职业选择的相关性最大，因为它们与工作中的核心兴趣和动机有关。

（1）ST 类型的人关注实际和时效，善于应用全面而详细的资料。很多 ST 类型的人在行政管理、商业分析、技术制造等领域都有优秀的表现。

（2）SF 类型的人倾向于在实践中帮助他人。多数 SF 类型的人喜欢从事健康护理、教育、儿童保育等领域的工作。

（3）NT 类型的人关注理论框架，喜欢挑战。大多数 NT 类型的人喜欢物理、计算机、法律、金融、工程等理论性和技术性强的领域和工作。

(4)NF 类型的人喜欢哲思,具有较强的感染力。很多 NF 类型的人在教育、文学、咨询以及艺术等行业展示着他们的非凡成就。

MBTI 共有十六种性格类型的职业倾向,如图 3-3 所示,仅供参考。感兴趣的话,你可以通过专业的测评机构进行测评,其会给出你的性格类型和相关描述,并且推荐可能的职业。如果希望进一步了解自己的性格和职业倾向,可以预约测评师帮助解读,也可以跟学校职业发展中心的老师谈谈。

ISTJ	ISFJ	INFJ	INFP
管理 行政 会计	教育 健康 服务	咨询 社工 教学	咨询 写作 艺术
ESTJ	ESFJ	ENFJ	ENFP
管理 行政 执法	教育 健康护理	艺术 辅导	咨询 辅导 艺术
ISTP	ISFP	INTJ	INTP
技术 农业 执法	健康 商业 执法	科技 计算机 法律	科技
ESTP	ESFP	ENFJ	ENTP
市场 商业 技术	健康 教学 教练	管理 领导	科学 管理

图 3-3　MBTI 的十六种性格类型的职业倾向

实践训练

一、找出我的霍兰德代码

请阅读表 3-2,在符合自己情况的类型中进行选择,联系日常生活中自己喜欢的活动作出相应判断。对符合自己情况的类型按照最感兴趣的三项进行排列,这有可能就是你的霍兰德代码。

我的霍兰德代码:________ ________ ________

二、选择我最想去的兴趣岛

恭喜你！你获得了一次免费度假旅游的机会，有机会可以去下列六个岛屿的其中一个。唯一的要求是你必须在所选择的岛屿上生存超过半年时间，请你从兴趣的角度选择你最想去的前三个岛屿，并进行排序。

兴趣岛提示：六个岛屿代表的是霍兰德提出的六种类型。当你选择出自己最想前往的三个岛屿，即为你个人的霍兰德代码。现在开始选择吧。

我最想前往的三个岛屿：________ ________ ________

岛屿的名称：____

岛屿的LOGO及含义：________________________________

____

____

____

____

我们岛屿的关键词：________________________________

A岛——“美丽浪漫岛”：这个岛上到处是美术馆、音乐厅，弥漫着浓厚的艺术文化气息。岛民们保留着传统的舞蹈、音乐与绘画。许多文艺界人士都喜欢到这里开沙龙派对，寻求灵感。

C岛——“现代井然岛”：处处是耸立着的现代建筑，标志着这是一个进步的、都市形态的岛屿，岛上的户政管理、地政管理及金融管理都十分完善。岛民们个性冷静保守，处事有条不紊，善于组织规划。

E岛——“显赫富庶岛”：该岛经济高度发展，处处是高级饭店、俱乐部、高尔夫球场。岛民性格热情豪爽，善于企业经营和贸易活动。岛上往来者多是企业家、经理人、政治家、律师等，在岛上享受着高品质生活。

I岛——“深思冥想岛”：这个岛平畴绿野人少僻静，适合夜观星象。岛上有很多天文馆、科技博物馆、科学图书馆。岛民们最喜欢待在自己的小房子里，天天钻研学问，沉思冥想，探究真知。哲学家、科学家和心理学家在这里聚会，讨论学术，交流思想。

R岛——“自然原始岛”：这是个自然生态优良的绿色之岛。岛上不仅保留有热带雨林等原始生态系统，而且建立了相当规模的植物园、动物园、水族馆。岛民以手工制造见长，他们自己种植花果，栽培蔬菜，修缮房屋，打造器物，制作工具。

S岛——“温暖友善岛”：这个岛的岛民性情温和，乐于助人，人际关系十分友善。大家互助合作，重视教育后代。每个社区都能自成一个密切互动的服务网络，处处充满着人文关怀气息。

具体内容如下：

A 岛——艺术型(artistic)

总体特征：属于理想主义者，具有独创的思维方式和丰富的想象力，直觉强烈，感情丰富。

喜欢的活动：喜欢创造和自我表达类型的活动，如音乐、美术、写作、戏剧。

喜欢的职业：喜欢非精细管理的创意类和创造类的工作。如音乐家、作曲家、乐队指挥、美术家、漫画家、作家、诗人、舞蹈家、演员、戏剧导演、广告设计师、室内装潢设计师。

C 岛——常规型(conventional)

总体特征：追求秩序感，自我抑制，顺从，防范心理强，追求实际，回避创造性活动。

喜欢的活动：喜欢固定的、有秩序的活动，如组织和处理数据等。愿意在一个大的机构中处于从属地位，并希望确切知道工作的要求和标准。

喜欢的职业：喜欢有清楚的规范和要求的、按部就班的、精打细算的、追求效率的工作，如税务专家、会计师、银行出纳、簿记、行政助理、秘书、档案文书、计算机操作员。

E 岛——企业型(enterprising)

总体特征：为人乐观，喜欢冒险，行事冲动，对自己充满自信，精力旺盛，喜好发表意见和见解。

喜欢的活动：喜欢领导和影响别人，或为达到个人或组织的目的而说服别人，成就一番事业。

喜欢的职业：喜欢那种需要运用领导能力、人际交往能力、说服能力来达成组织目标的职业，如商业管理者、市场或销售经理、营销人员、采购员、投资商、电视制片人、保险代理、政治运动领袖、公关人员、律师。

I 岛——研究型(investigative)

总体特征：自主独立，好奇心强烈，敏感，并且慎重，重视分析与内省，爱好抽象推理等智力活动。

喜欢的活动：喜欢独立的活动，比如独自去探索、研究、理解、思考那些需要严谨分析的抽象问题，独自处理一些信息、观点及理论。

喜欢的职业：喜欢以观察、学习、探索、分析、评估或解决问题为主要内容的工作，如实验室工作人员、物理学家、化学家、生物学家、工程师、程序设计员、社会学家。

R 岛——实用型(realistic)

总体特征：个性平和稳重，看重物质，追求实际效果，喜欢实际动手进行操作实践。

喜欢的活动：愿意从事事务性活动，如户外劳作或操作机器，而不喜欢待在办公室里。

喜欢的职业：喜欢与户外、动植物、实物、工具、机器打交道的工作内容，如农业、林业、渔业、野外生活管理业、制造业、机械业、技术贸易业、特种工程师、军事工作。

S岛——社会型(social)

总体特征：洞察力强，乐于助人，善于合作，重视友谊，热情关心他人的幸福，有强烈的社会责任感，总是关心自己的工作能对他人及社会做出多大贡献。

喜欢的活动：喜欢与别人合作的活动，帮助别人解决困难。

喜欢的职业：喜欢帮助、支持、教育类工作，如心理咨询员、社会工作者、教师、辅导员、医护人员、其他各种服务性行业人员。

三、选定我的职业发展方向

请运用霍兰德职业兴趣理论、MBTI性格理论进行自我测评，并选择适合自己的职业发展方向。

我的霍兰德职业兴趣类型：________ ________ ________

请根据自身实际情况，描述适合我的霍兰德职业兴趣类型

描述1：

____

描述2：

____

描述3：

____

我的MBTI性格偏好类型：________ ________ ________

____

请根据MBTI的四个维度和MBTI的十六种性格类型及其类型描述，写下你自己的描述语句。

描述1：

____

描述2：

____

描述3：

____

我的职业发展方向(你所考虑的职业至少应当在一定程度上可以允许你表现个人的兴趣和个性)

我考虑的职业1：

____

我考虑的职业2：

____

我考虑的职业3：

____

爱好出勤奋，勤奋出天才。兴趣能使我们的注意力高度集中，从而使得人们能完善地完成自己的工作。

——郭沫若

项目拓展

一、案例解析

小王，25岁，某高职院校毕业，文秘专业，性格内向。小王毕业后，经过学校推荐，进入一家单位当秘书，领导很快认识到小王的性格特征，并尽量安排一些文字工作给她做。

小王在1年的秘书生涯中一直平平淡淡，工作相当安逸，没有什么压力。然而许多事情并非人们所能预测，后来领导退休了，新的领导上任后，他对小王的工作并不认可，他希望自己的秘书能够善于和别人沟通。然而，这些要求和小王的性格特征相差很大，为了保住这份工作，小王只能硬着头皮干，她不得不接待不同的来访者，这对性格内向的她来说很难适应。小王感觉到前所未有的职业压力，她想重新找一份工作。

分析：

秘书的工作任务主要是为上级分忧解难，当代秘书必须具备社交能力。小王的性格文静内敛，比较适合做一些文书工作，而让一向含蓄的小王周旋于不同的人之间是很困难的。

每个岗位都有不同的要求，个人性格和岗位的契合是很关键的，如果你的性格根本不适合干这一行，即使勉强维持，也不会取得长久发展。小王当初安定的生活和不错的薪水，全来自学校的推荐和领导的体谅，一旦这个外部条件发生变化，小王就无力招架了。

要想在工作中取得成就，最紧要的是要发觉自己的职业气质和工作岗位是否契合，不然工作起来难度颇大，即使找到一份薪水不错的工作，也难以发挥自己的主观能动性。

二、习题练习

1. 我发现自己感兴趣的职业领域：

____

2. 我的职业兴趣发展计划：

____

3.请通过网络搜索一份你心仪的职业的招聘广告，在其中找到关于职业技能要求的描述。

(1)我心仪的职业要求的知识技能：

____

(2)我心仪的职业要求的自我管理技能：

____

4.在我的价值观中，对我的理想职业有帮助的有哪些？

5.每个人都有自己的故事，请你通过下面几个问题思考自己的兴趣故事，并明确兴趣故事的主题。

(1)在你成长的过程中，谁是你最仰慕的人？为什么？

(2)请列出你最喜欢的书或电影，并说明里面的哪个角色或者情节特别吸引你。

6.在业余时间，你最想做什么事情？

项目总结

一、要点小结

根据本项目的知识与技能点，绘制思维导图。

兴趣性格与职业选择

二、自我评价

学会的有：

____

____

____

____

____

____

需要加强和改进的有：

项目四

选择适合自己的路
——大学生的职业生涯发展规划

学之广在于不倦，不倦在于固志。

——葛洪

项目概述

职业生涯是一个人一生的工作经历，是人生中最主要和最重要的身心历程，决定着个体追求自我和实现自我的内容。个人在职业、职位的变动及工作理想实现的过程中，需要对职业生涯进行具体的设计，以实现个人职业生涯的合理规划。职业生涯贯穿每个人的生命历程，而职业生涯规划，则是对这一历程的策划、管理与经营。作为职业生涯准备期的大学阶段，学习、生活、社会实践等情况都会间接影响未来的职业发展方向。此时，就需要大学生对自己的职业生涯进行科学且合理的规划。

学习目标

知识目标

1. 了解与职业目标与决策有关的内容。
2. 掌握职业生涯规划与行动计划。
3. 明确职业生涯规划大赛的重要性。

技能目标

1. 能够运用生涯平衡单进行职业决策。
2. 能够制订职业生涯规划行动计划。
3. 能够撰写职业生涯规划书。
4. 能够参加各级大学生职业生涯规划大赛。

素养目标

1. 树立吃苦耐劳、勇于奉献的就业观念。
2. 弘扬劳动光荣、技能宝贵的职业精神。
3. 厚植精益求精、文化自信的精神力量。

项目内容

做好职业生涯发展规划具有十分重要的意义，大学生规划设计好自己的职业生涯，除了能够帮助他们树立正确的人生观、价值观、职业观之外，还可以了解自身特长与能力，帮助他们调整职业期望值，调适择业心理，以便找准适合自己的职位。

自我初探园地

1. 我有清晰的大学学习生涯规划吗？具体怎么规划的？

____

____

2. 我的大学学习生涯目标是什么？

____

____

3. 我的职业目标是什么，我愿意为之竭尽所能，付出最大的努力吗？

____

____

知识储备

微课：
自我经营从大学开始

职业生涯在个人生活中起着重要的作用，它不仅能够保障经济稳定，实现自我价值，还能拓宽社交网络，推动企业和社会的进步，带来职业满足感和个人成长与发展。职业生涯规划显著的作用是有利于引导每个人完成职业生涯发展过程中各个阶段的任务，并为后续阶段发展做出预先策划和准备。大学生能够按计划的时段完成人生各个阶段的生涯发展目标和任务，就是“生涯成熟”的表现。对大学生而言，参照自身的目标完成情况，评估出职业生涯实际的发展状态，并采取行之有效的对策和行动，是职业生涯发展的主要任务。

一、职业目标

人类生活离不开理想与目标。目标是事业的灯塔，指引着前进的道路，它使人们有了明确的奋斗方向；目标是前进的动力，激励着人们不断努力奋斗；目标是人生的精神支柱，支撑着人们在任何困难面前都充满必胜的信心和勇气；目标使人的道德得到升华，使人心胸宽广，目光远大。大学生要对自己的职业目标进行理性思考，着手制订职业生涯规划，为职业生涯规划的实施全面做好综合素质、各项技能的准备，并通过不断努力，实现人生价值。

（一）职业目标的内涵

目标是人们对未来社会、个人职业和个人生活等各个方面的具有实现的可能性的想象和期望，是人们对美好未来的向往与追求。人们对未来从事的工作种类、性质、岗位以及事业上获得成就的向往与追求，形成了职业目标。

职业目标属于社会意识范畴，是一定的社会生产方式、职业地位、职业声望在人们头脑中的反映。职业目标是人特有的思想方法，表现为对自己未来职业生涯的提前规划。职业目标总是与个人的奋斗目标联系在一起，是激励个人奋斗的动力。

（二）职业目标的特征

1. 社会性

提出和设定自己的职业目标，是与社会形态和社会条件息息相关的。现实职业目标取决于现实的社会因素，依赖于现实的社会条件。

2. 时代性

不同时代的职业目标总是受到该时代社会生产方式发展水平的制约，反映了时代的需求，具有源于现实而又高于现实的特点。

3. 阶层性

职业目标是社会意识的一部分，必然受社会不同阶层的意志的影响，不同阶层的职业目标、职业价值等必然反映本阶层的根本利益和要求。

4. 发展性

职业目标的发展性，一方面是随着年龄的增长、社会阅历的增加而逐渐由朦胧、幻想变为现实，由波动变化而趋于稳定；另一方面，随着社会的发展，由于职业演变、职业声望和职业地位的变化等因素，人们的职业目标也会发生变化。

5. 个体差异性

职业目标源于现实，带有明显的个性化特点。例如：自身的政治思想觉悟、道德修养水准及人生观，决定着职业目标的方向；自身的知识结构以及个人的性格、气质、情感、意志等非智力因素决定了职业目标实现的可能性。另外，职业目标还具有性别、身体等生理特性上的个体差异。

（三）职业目标的层次

职业目标可划分为初层次、中层次和高层次。

初层次职业目标往往把职业作为谋生的手段，对于职业发展前景、职业成就等基本没有考虑。通俗一点讲，就是把职业当作“饭碗”。

中层次职业目标通常把职业作为满足个人兴趣、特长的手段，主要关注个人的满足，没有涉及社会理想的境界。

高层次职业目标是把职业作为个人创业、技术创新，最大限度地施展个人才华，为社会和人类的共同幸福做贡献等，是经过周密的思考、需要较长的时间甚至一生的努力才能达到的境界。

（四）职业目标的影响因素

职业目标的形成不是凭空臆想出来的。影响职业目标的因素主要包括：第一，个人的思想觉悟、道德修养水准以及个人的人生观、价值观等决定了职业目标的方向；第二，个人的文化知识与技能水平、受教育程度等决定了职业目标的层次；第三，个人的性格、气质、情感、心态等心理特征以及性别、身体状况等生理特性决定了职业目标实现的可能性。

1. 受社会理想的影响

社会理想是指一定社会的阶级或个人对未来社会制度的追求、向往和设想，包括对未来社会的经济、政治、文化结构的设想和规划。社会理想是时代的产物。老子的“小国寡民”、孔子的“德治为本”、范仲淹的“先天下之忧而忧，后天下之乐而乐”、康有为的“天下大同”等思想都属于反映特定的时代特征、阶级特征和历史发展趋势的社会理想。人是社会的人，社会是人的社会，人的职业目标就是人的社会理想的具体化。

2. 受人生理想的影响

人生观和人生理想直接决定着一个人的职业目标。正如马克思的《青年在选择职业时的考虑》一文中所说：“如果我们选择了最能为人类而工作的职业，那么，重担就不能把我们压倒，因为这是为大家作出的牺牲；那时我们所享受的就不是可怜的、有限的、自私的乐趣，我们的幸福将属于千百万人，我们的事业将悄然无声地存在下去，但是它会永远发挥作用，而面对我们的骨灰，高尚的人们将洒下热泪。”

3. 受生活理想的影响

生活理想是人们对自己未来的生存状况、生活质量、生活要求等的憧憬、设想，它涵盖了我们生活中的方方面面，如家庭、健康和精神需求等；而职业理想是生活理想在职业领域中的具体表现，是我们个人在职业生涯中所追求的目标和愿景。现代文学史上著名的女作家丁玲曾说：“人，只要有一种信念，有所追求，什么艰苦都能忍受，什么环境也都能适应。”近代著名爱国华侨领袖陈嘉庚先生关于理想信念也曾说过：“无论办什么事，都要有坚定的信念，必胜的信心，刻苦的钻研，才能成功。”爱因斯坦在《我的世界观》一文中说：“我每天上百次地提醒自己——我的精神生活和物质生活都依靠别人的劳动，我必须尽力以同样分量来报偿我所领受了的和至今还在领受着的东西。我强烈地向往着俭朴的生活，并且时常为发觉自己占有了同胞过多劳动而难以忍受。”

在一项“影响大学生择业”的调查中，针对“你理想中的职业，其相关因素包括什么”的问题，依据选择(可以有多项选择)人数的多少依次为：“收入”697 人，占 77.8%；“就业地区”499 人，占 55.7%；“发展阶段”488 人，占 54.5%；“职务”306 人，占 34.2%；“声望”269 人，占 30%；“权力”164 人，占 18.3%。

不同的时代有不同的理想，不同的人理想也不同。但总的来说，人的生命是有限的，要使有限的生命更有意义，就必须使人生具有明确的奋斗目标，有高尚远大的理想。有些人开拓进取，充满干劲，无私无畏；有些人精神空虚，过一天算一天，沉迷于享乐，甚至走上腐败犯罪的道路，就是因为他们没有确立正确的人生发展目标，没有树立远大理想。

(五)职业目标的作用

为了更好地理解职业目标的作用，我们不妨打个比方：假如你想在房子旁边盖座小房子。当你确定了盖房子这个目标后，可能就会注意收集砖块、木头等材料。也许用不了多长时间，你就能够把盖房子的材料备齐全了，这样，你的房子就能盖起来了。但是，假如你当初没有盖房子这个目标，你就不会注意收集材料来做准备。也就是说，两个人在同一条路上走，一个有目标，另一个没有目标，其收获肯定大不相同。

职业理想在我们的职业生涯中发挥着十分重要的作用：

1. 职业目标是指引人生之舟的航标

职业目标有助于确定人生发展的目标；职业目标有助于增强人生前进的动力，在自己所从事的职业活动中产生无穷的力量，创造出不凡的业绩；职业目标有利于激励人生价值的实现，无论顺境或逆境都会给人以激励，奋发向前，创造充实、美丽的人生。

2. 职业目标是实现个人事业理想和生活理想的条件

个人的事业理想是个人的职业理想在事业成就大小上的体现；个人的生活理想则体现在自我价值，如衣、食、住、行、休息、娱乐、恋爱、婚姻家庭等方面的实现。职业目标影响个人的职业，而个人的职业收入等因素又直接影响到个人及家庭的经济生活及生活方式等方面。职业目标不可能脱离生活基础。

3. 职业目标是实现社会理想的重要桥梁

职业目标是在社会理想指导下形成的，是对社会理想的具体实践。人们通过从事一定的职业，并以此为依托去实现自己的社会理想。今天，全面建成小康社会，实现中华民族的伟大复兴，是中华民族历史上空前伟大的事业，要靠千百万人的长期奋斗，离开了每个社会成员在各自岗位上的努力和点点滴滴的贡献，这一社会理想都是不可能实现的。

二、职业决策

决策一词就是代表着我们要做出选择或抉择。决策是为了实现特定的目标，采用科学的方式和方法，从多个方案中选择一个合理且相对满意方案的分析和抉择过程。

决策在我们的生活中每时每刻都在发生，小到早上几点起床、准备吃什么，大到想成为什么样的人、选择什么样的生活。有些决策是在日常生活中不知不觉进行的，可能对我们的人生没有什么影响，但有些决策对我们的人生影响却很大，如专业选择、职业选择、婚姻选择等。不同的选择使人有了不同的生活方式和行为习惯，过上不同的人生。那么，我们该如何合理地做出决策？

（一）职业决策的内涵

职业生涯决策的概念最初是从经济学中发展而来的，其含义是指人们对自身职业生涯发展的选择和决定的整个过程。在我国《教育大辞典》中，职业生涯决策的定义是人们根据自身特点和社会需求相应做出合理的职业方向和职业目标选择的过程，内容包括个人价值的探讨、关于自我环境的使用、谋划和决定的过程。因此，职业生涯决策既是一个职业选择的行为，也是一个职业决策的过程。

（二）职业决策的内容

大学生最终要做出适合自己发展的职业决策，或者选择走向职场，或者选择自主创业，或者选择入伍参军，或者选择继续求学深造。当最终走向职场时，每个人都有机会选择不同的职业，以及不同的行业、企业和岗位。职业生涯决策主要包含三个层面的内容：一是选择短期和长期的职业目标；二是选择何种行业、何种岗位；三是选择在哪个城市工作。

1. 定目标

大学生择业前会根据自身的专业水平、综合能力和对薪资的期望值等方面做出全面的分析，做出有利于职业生涯发展的规划目标。大学生择业时，不可悲观，对自身定位过低；也不宜高估自己，对就业期望过高。大学生应树立正确的择业观，秉承着从基层做起、脚踏实地、肯吃亏、能吃苦的态度，逐步积累工作经验，朝着自己的长远目标不断前进，循序渐进地谋求发展。

2. 定岗位

定岗位是为了清晰地认识自己，选择一条合适的路径来达成目标。如果从出发起就方向错误，就会导致偏离目标，陷入迷茫。因此，大学生应该冷静客观地分析内外部因素，切不可随波逐流，应根据自己的兴趣、专业、理想去选择确定未来目标达成的岗位和职业方向。

3. 定地点

大学生在做职业选择之时，也要选定适合自己职业发展的城市起点。我国地域广阔，各地产业布局、经济现状和未来发展前景都有所差异，比如中心城市圈和边远地区、港口城市与内陆城市。不同城市重点发展的产业也各有千秋。例如：厦门的支柱产业有金融服务、商贸物流、机械装备和电子信息；杭州的支柱产业包括文化产业、旅游休闲、金融服务、生命健康、高端装备制造。因此，大学生在选定职业地点时，应根据所选城市的重点支柱产业，结合自身所学专业的匹配度、家庭核心成员居住地等多方面综合考量。

（三）职业决策的原则

苏霍姆林斯基说："志向是天才的幼苗，经过热爱劳动的双手培育，在肥田沃土里将成长为粗壮的大树。不热爱劳动，不进行自我教育，志向这棵幼苗也会连根枯死。确定个人志向，选好专业，这是幸福的源泉。"职业决策不单单是拟订职业发展的方向，还需要对整个职业生涯的发展进行长远的展望。如果职业决策太过随意马虎，职业生涯规划便失去了后续的发展支撑，容易让人丧失奋斗的热情，不利于职业生涯的长远发展。大学生在进行职业决策时，需要考虑的因素有很多，主要应从生存发展的需要，个人的兴趣、能力、价值取向以及社会需求等方面进行综合衡量。总体来说，职业决策的原则有以下四个。

1. 兴趣发展原则

职业生涯规划的核心在于从事自己喜欢的工作。从事自己喜欢的工作，可以有效地将热情转化为兴趣，并最终发展成从事该项工作的长久动力。兴趣是最好的老师。在进入大学开始独立生活以后，每位大学生都会经历不同的学习和成长阶段，这时兴趣和爱好虽然变得十分广泛，但如果缺乏长久的兴趣和长远的计划，当需要选择其中一项作为终身事业时，往往会变得无所适从。所以，在做职业决策时，不仅要选择自己喜欢的职业方向，而且需要主动去培养自己的职业兴趣。

2. 能力胜任原则

职业生涯发展的核心在于从事一项自己擅长的工作。从事任何职业都需要具备相应的职业技能，以满足职业岗位的需要。在制订职业规划时，大学生要认真分析自己的优缺点，同时根据自己的能力特征和个性特点，选择一个自己既喜欢又有能力胜任的工作领域，以便最大限度地发挥个体的价值。

3. 利益整合原则

职业生涯维持的核心在于从事一项收益相当的工作。职业作为个人谋生的手段，其目的在于追求物质和精神上的满足，并最终满足个人的幸福感。而影响一个人理性职业决策的因素，除了兴趣和特长等内在因素外，还涉及职业回报、行业发展状况和发展前景。所以，在进行职业决策时，不仅要考虑个人预期的经济收益，还要考虑精神需求的满足和发展前景等因素，最终在收入、社会地位、职业成就和工作付出之间做出明智的选择，使个人在整个职业生涯的发展过程中获得收益的最大化。

4. 社会需求原则

在时代快速发展的过程中，社会需求随之发生了巨大的改变，新的社会需求不断涌现，旧的社会需求逐渐消亡，这就给职业决策提出了新的难题。大学生在进行职业决策时，能正确地分析社会需求及其发展趋势就显得格外重要。由此可见，职业决策不仅要考虑个人原因，还应该结合时代背景进行分析和判断，以达到择世所需的目的。因此，选择既满足社会需求又符合时代长远发展的职业方向，是职业生涯规划和职业决策的关键所在。

部分大学生在职业选择的方向上有很大的随意性，若太过偏重于工资待遇等物质利益方面的因素，在职业适应性上往往会出现不同程度的问题。所以，大学生应该根据社会对人才的要求，在职业生涯发展的过程中，把兴趣和技能作为自我提升的重点，以便对自身的职业生涯有精准的定位，这也是提高个人职业决策能力的重要途径之一。

（四）职业决策的理论与模型

决策是一个过程，而非做出决定的一瞬间。决策的过程存在着种种不确定性，大学生该何时做出决策、怎样做出决策呢？如何帮助决策者做出决策？由于职业决策本身具有复杂性，决策过程和涉及环节也相对长，加之不同的学者持有不同的研究立场和研究成果，因此职业决策的理论也呈现出多元化的特征。

1.职业生涯决策过程理论

职业生涯决策过程理论注重描述职业决策的整个过程，并特别强调个人职业生涯抉择的复杂性和独特性，将职业生涯决策过程按照活动发生的顺序分为两个不同阶段，七个环节。其中第一阶段为选择前期，即预期阶段，包括探索期、具体期、选择期和沉淀期；第二阶段为选择后期，即调试阶段，包括入门期、重整期和统整期。

（1）预期阶段

①探索期。人们开始面临一些职业生涯发展的选项：选择什么专业、选择什么学校、选择什么职业、要不要进行职业转型等。通常在这个时期，人们的情绪波动最大，因为原本稳定的生涯状态被打破，人们开始对自己的内心进行拷问：自己到底喜欢什么、能力够不够、外界怎么看、自己想要的是什么……

②具体期。在这个阶段，各种选择不断明确，各种选择的优缺点也逐渐明朗。相比探索期，人们的情绪波动减少，暂时性的决策开始出现。不过，变化还可能发生，最后的决定还未形成。

③选择期。在这个阶段，重要的选择已经做出，人们下定了决心。

④沉淀期。做出选择后，人们并没有马上采取行动，而是会经历心理上的沉淀期。人们会经历患得患失的情绪阶段，甚至回到原点重新审视自己的决定。不过，经历这个时期后，人们就进入调试阶段。

（2）调试阶段

做完了决定并不代表完成了职业生涯决策，还要经过实践阶段，也就是调试阶段。

①入门期。在这个阶段，人们正式跨入一个新的生涯环境，旧有的思维习惯和行为习惯等仍然主导着人们的行事风格，因此人们可能与新的生涯环境格格不入。旧经验与新经验常常起冲突，人们要时时做调整。一个人的决定能否贯彻下去，入门期往往是关键期。

②重整期。在这个阶段，人们发生了蜕变，产生了新的思维习惯和行为习惯，融入了新的环境。

③统整期。到了统整期，人们逐渐适应环境，在环境里游刃有余。

现实生活中的这几个阶段并不会完全按照以上顺序发生，其发生也没有时间限制。

以上生涯决策过程强调人的独特性与主动性。人们在决策的过程中，对自己越了解，就越会相信自己，越能容忍焦虑，也会进行反思，分辨旧经验中哪些需要剔除、哪些需要调整、哪些需要升级，最终提高认知，变得成熟自信。

研究发现，当经历了一系列的探索和选择，到了最后下定决心的阶段时，人们在情绪上可能会患得患失。已经选择的目标的缺点开始被放大，优点被忽视，而与之竞争的目标的优点开始明显起来，缺点分量减轻，这种情绪被称为“二度挣扎”。如果这种情绪持续出现，决策就会回到原点。这是一种正常的认知过程，决策的反复是可以被接纳与允许的。

2. 职业决策策略理论

有人可能会想，有没有最好的或者令人最满意的决策？巴里·施瓦茨提出了最优化决策和满意型决策两种决策策略。最优化决策是指一个人在决策中精益求精，力求找到最佳选择，获得最优的结果；而满意型决策是指个体在决策中寻求足够好的选项，获得自己满意的结果。

（1）两者的差异

最优化决策需要决策者了解所有选项以及每个选项带来的收益和损失，比较后再选出最优选项。这在现实中是难以实现的，因为人们所处的环境是复杂的，同时人们的信息加工能力也是有限的，所以人们很难穷尽选项，并提前预知优劣。满意型决策是指决策者做选择之前，在心中明确自己可接受的满意条件，一旦达到满意的条件就可以做出决策。所以人们要对决策选项有自己的满意标准，对陆续出现的选项进行评价，从而做出适时的选择。

（2）两者的优劣

最优化决策者依赖外部的信息源。例如：在找工作的过程中，追求最优化决策的大学生会更积极地搜索信息，希望得到更多的机会，但要避免因完全依赖外界信息而忽略自己的需要和能力的情况，从而节约时间和精力。

满意型决策者虽然不会产生过度的选项搜索行为，但是需要更多时间探索自己的满意标准。例如：追求满意型决策的大学生在寻找职业目标时，会不断地确认自己的标准，真正做决策时投入的时间不多。满意型决策者应该注意的问题是，搜集信息时应更加投入，避免因信息不足造成决策结果不理想。

大学生应该综合两种决策策略的优点，既要通过日常的学习实践和调研努力搜集和分析信息，又要结合自身的兴趣、能力等特质定位自己的目标，做出短期和中期的决策，并在决策后的行动中做适当调整。

3. 从 SOS 模型看决策的影响因素

小案例

宜然是法学院的一名毕业生。她对自己的未来有很多规划，希望寻找一份有助于发挥自身创造性的待遇良好的工作。一开始，她计划在互联网领域寻找工作，她很喜欢产品经理的职位，认为这个工作能够让自己的想法最终变成现实。同时，她凭借自己的专业背景和较高的综合素质，很快拿到在律所的实习转正机会。律所的领导找她谈话："你的专业对口、综合素质高，如果能在这个领域多积累，会发展得越来越好。"父母则认为工作稳定更重要，建议她考公务员。于是，她听从了父母的建议，考上了公务员。

在一系列的求职过程中，宜然有时很困惑：哪份工作更加符合自己的想法？哪份工作更利于自己的长期发展？

SOS是self(自己)、others(他人)和situation(情境)三个英文单词的首字母组合。其中，自己包括自我意识、自我认知、自身感受和内心诉求等；他人包括团队、组织、同学、家庭成员、朋友等；情境包括政治、经济、社会、行业与技术发展等环境因素，也包括不同的职场环境、不同的任务、不同的企业和部门等。如果将决策的关注范围想象成一个圆，并且将自己、他人和情境分别放进这个圆中制成饼图，就可以通过自己、他人和情境所占的比例来发现存在的问题。有的人过于关注自己，对他人和情境认识不足，在求职过程中，可能会因不断碰壁而感到挫败；有的人对他人和情境考虑得过多，而忽略了个人的部分，做出选择后会产生一些不良情绪，如后悔和自责；有的人过多关注外界环境的负面信息，看不到自身的优势和他人的支持，导致情绪低落和难以行动。因此，大学生在决策时可以通过自己在这三个方面的关注度发现自己的非理性信念或者盲点，进而调整态度和采取行动。

人们往往希望通过做出好的决策来获得好的结果，但好的决策和好的结果有时并不是一回事。我们只能通过把握决策的关键因素来使决策更加有效。

(1)区分好的决策与好的结果

好的决策往往带来好的结果。不过，由于现实条件的复杂性和情境的变化性，决策和结果并不是因果关系。塞翁失马的故事生动地展现了环境的复杂性会导致的结果难以预料的现象；有时事件的发生看似是好的，却产生坏的结果；有时事件的发生看起来是坏的，结果却很好。人们在职业生涯里，经历的变化和面对的环境的复杂性较大，因此，好决策并不总是带来好结果，好决策只能让好结果发生的概率更大。虽然人们无法完全掌控结果，但是人们可以把握决策，因为，决策是一个过程。在做出一项重要决策时，我们能做的就是掌握正确的方法，并且使自己充分地考虑不确定因素，在决策过程中更积极地、冷静地看待它们。

(2)有效决策的八个关键因素

美国管理学顾问约翰·S.哈蒙德在《决策的艺术》中提到有效决策有八个关键因素：

①着力解决正确的决策问题。仔细辨明要决策的问题，认清问题的复杂性，避免无根据的假设前提和有可能限制选择的偏见。

②详细说明决策的目标。决策是通往目的地的一条途径。认清自己的需要、兴趣、价值观、担忧和恐惧、期待，会使人们更加明确决策的方向。

③提出创造性的备选方案。备选方案代表了自己能选择的措施，做决策时需要从至少三个备选方案中选出最令自己满意的那个方案。

④理解决策的结果。询问自己，备选方案在多大程度上满足了实现目标的需要。仔细评估每一种备选方案可能带来的结果，有助于找到那些与目标最相符的方案。

⑤权衡各方面的利弊。不同目标往往相互冲突，决策就是在鱼和熊掌之间做出取舍。不存在最优的方案，不同的备选方案代表不同的目标组合。

⑥澄清不确定性。不确定性使选择变得困难。人们正视不确定性，判断不同结果的可能性，并评估可能的影响，可以让决策变得可行。

⑦认真考虑自己的风险承受力。由于决策的不确定性，结果可能会和预期的不一致。理智地考虑自己的风险承受力，能使决策过程更加顺利、更有效率。

⑧考虑关联的决策。今天是昨天的继续，明天是今天的延伸。做出有效决策的关键在于分离出并解决眼前的问题，同时收集必要的信息来解决那些将要发生的问题。

实际上，人们可能兼具各种决策风格，但是人们往往在做重要决策时呈现出同一种决策风格，而每一种决策风格都有自己的优点和缺点。例如：直觉型决策风格的人听从内心的声音、相信自己的判断，不过有时会因为内心的偏见而得到与预期不符的结果。了解自己的决策风格有助于察觉他人和情境的变化，并随着它们的变化及时改变决策风格来迎接新的职业生涯挑战。

（五）决策目标的设定

决策的目标是什么？实际上，任何决策都是为要实现的目标服务的。大学生如果希望做出更优质、更满意的决策，就需要探索和明确自己的目标。

在设定目标时，大学生可以思考以下问题。

（1）我能把需要解决的问题转化为具体的目标吗？

（2）我想达成的目标有时间限制吗？

（3）我能具体表述出目标吗？

例如："我如何能够考上研究生"是一个需要解决的问题，可以转化为具体的目标："我读研究生可以让我实现追求……的目标，满足我对未知世界的好奇心，能让我自由地选择希望探索的方向和内容。我希望探索的领域是……研究……做出……达到……在读研期间，第 1 年学习……第 2 年……然后……最终可以实现……那么，我要为读研究生做的准备有……"当问题转化为目标时，行动会更有动力。

目标是指引我们获取生活中想要得到的东西的路标。很多大学生会给自己设定一个非常宏大的目标，例如：“未来我要成为行业内的专家。”这个想法很好，但是比较适合作为长期目标。我们在设定目标时，要避免简单笼统，要把长期目标、中期目标和短期目标区分开。长期目标以我们所期望的结果为终点，内容具体明确，期限较长，需要长期的努力才有可能达到，往往能够拓展人生的局限性。而中短期目标是更加具体的、容易衡量的，我们可以通过一些具体的操作步骤达到。中短期目标对帮助我们树立责任心和产生行动是至关重要的，很多高效率人士在设定中短期目标的时候喜欢运用 SMART 原则。

SMART 原则由以下五个英文单词的首字母组成。

specific：具体的、明确的。目标应当具体、明确，例如：“我要找到某某公司的某某工作”。

measurable：可量化的。目标应当可测量，表现为数据化、行为化，例如：“我要在一个月内投出 20 份简历”。

attainable：可达到的。目标应当可实现，最好还要有一定的难度。

relevant：有相关性。一个目标应当与其他目标具有一定的关联，例如：“选择了××公司的××工作就意味着要在该公司的所在地生活”。

time-bound：有时间限制的。目标应当设定截止日期，例如：“到 7 月 30 日，我要写出一份简历初稿”。

例如：你想以学好英语为目标，可用 SMART 原则确定目标。长期目标可以是：“我想在一年内(到 12 月 31 日)能够顺畅地读懂英文杂志上的文章。”短期目标可以是：“下周我要找到合适的学习课程、老师，每周阅读英文杂志 5 次，每次阅读半小时。”中期目标可以是定期检验学习的阶段性成果。

三、职业生涯规划与行动计划

“凡事预则立，不预则废。”规划是必需的，尤其是对职业的规划。通过自身的努力获得良好的成长、满意的收入和一定的社会地位，取决于职业规划的质量和在规划引导下的具体行动，这是关系到日后生存和发展的重大课题。因此，我们需要掌握职业生涯规划与行动计划的内容，为职业生涯的规划厘清思路，寻找合理的发展方向。

(一)职业生涯规划概述

大学生个人职业生涯的良好发展，离不开最初的个人定位，以及对自己整个职业生涯的规划和根据该规划所进行的努力。

职业生涯规划是指个人结合自身条件和现实环境，确立职业目标，选择职业路线，制订相应的培训、教育和工作计划，并按照规划实施具体行动，完成职业目标的过程。职业生涯规划的基本内容包括：设定职业生涯目标、明确职业意向、分析职业素质、决定职业选择，如图 4-1 所示。

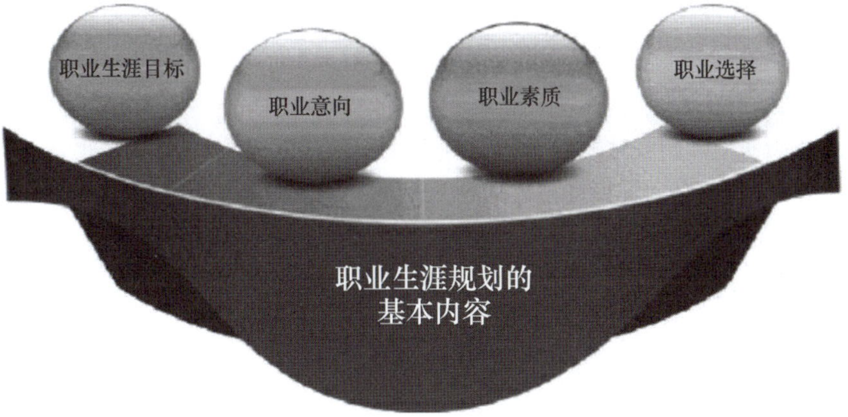

图 4-1 职业生涯规划的基本内容

目标定位是职业生涯规划的第一步，只有确立了明确的目标和发展方向，才能实事求是地朝着目标努力。大学生由于长期处于校园中，不能真实体验到职业环境，这就导致目标的设定偏理想化。因此，要特别提醒大学生，目标设定要恰到好处，保证目标明确、具体，不能因为追求宏大而不切实际。同时，职业目标与环境联系紧密，可随各种因素变化而发生变化。因此，在整个职业生涯规划的过程中还需要时刻关注内外环境的变化，调整步伐，不断地修正目标，使自己立于不败之地。有效的职业生涯规划不是简单制订一个宏大目标就可以了，而是要制订一个切实可行的目标，并且根据环境、个人情况变化而适时地调整修正。大学生制订职业生涯规划，可以减少自己在人生道路、前途选择上的徘徊犹豫。

小案例

灵活就业成就职业生涯规划

刘明是××职业院校计算机专业的毕业生，他立志在计算机行业里做出一番成绩。毕业时，为了照料生病在床的母亲，作为独子的他选择离开大城市，回到家乡，在当地找了一份工作。直到两年后母亲身体恢复健康，刘明辞掉了工作，来到大城市投靠同学，经过几番周折，最终找到了与计算机相关的工作，当了程序员，后来成为部门领导，并将父母接到了大城市。

刘明因为家里的原因（所处环境）放弃了最初的职业生涯规划，然而当又有新的选择时，他又重新践行原来的职业生涯规划，在不停地修正过程中完成了自己的职业生涯规划。

（二）职业生涯规划的原则与常见问题

职业生涯规划对于人生道路的发展具有重要意义，只有设计出合理的、可行的大学生职业生涯规划，才能使我们离目标越来越近。大学生在制订职业生涯规划时，除了要遵循相应的原则外，还应避免导致职业生涯规划失败的常见问题。

1. 职业生涯规划的原则

正确的职业生涯规划能够使大学生顺利步入职场并走向成功。因此，大学生在制订自己的职业规划时，必须把握并遵循职业规划的原则，科学地制订个人职业生涯规划。

(1)目标导向原则

职业生涯的发展，首先从选定目标开始，以目标为导向是大学生进行职业生涯发展规划的首要原则。在职业生涯发展上，只要不放弃目标，每一次挫折、每一次失败都是有价值的。

在进行职业生涯规划的过程中，目标的设定十分重要。一般而言，职业生涯目标的制订原则如下。

①目标要明确。目标要有针对性，主要解决的问题要明确。

②目标要具体。目标可以有具体的衡量标准，如实现目标的准确期限、有关的约束条件等。

③目标要系统。全面考虑规划目标在生涯发展中的主次、先后关系，建立起层次结构分明的目标体系。

④目标要切实可行。目标应依据个人的能力、所处环境、某些不确定因素的影响等来制订，避免制订一些不太现实的目标。

(2)相适应原则

随着社会的发展，职业岗位的数量和需求也会随之改变，有的新兴行业出现了新的岗位，也有的岗位可能会自然消亡。因此，在制订个人职业生涯规划时，一定要分析社会需求，必须把社会需求与个人愿望有机结合，这样才能顺利实现自己的职业目标。

微课：职业生涯规划的核心思维——匹配原则

(3)相匹配原则

应将个人职业规划与个人专长相结合，实际上就是要在规划职业生涯时，充分发挥自身优势，人尽其才，物尽其用。每一个行业，对从业者都有共性的能力素质要求，或是在某一专项上有高规格的要求，例如：跨境直播行业对外语听说能力有要求。大学生要对自身能力与素质进行充分分析后再正确地确定职业目标。

一般来说，大学生的专长与专业关系密切，因此个人规划与个人专长相匹配的评判标准之一就是——职业目标与专业对口，但也并非绝对，例如：有学法律的同学，擅长管理；有学会计的同学，擅长营销。因此，要从自身实际出发，找出自己的专长，以专业代替专长，一味局限在所学专业对应的行业里来确定自己的职业生涯目标有时会适得其反。

大学生在择业时要结合市场需求和个人专长，适时进行择业调整，做好职业规划。大学生经过三至四年的专业学习，最理想的就业是能够选择既喜欢又能够专业对口的职业，但也会存在专业与职业相冲突的情况，此时，大学生首先要明确自己的价值观和目标，以便更好地做出决策。大学生在校学习期间不仅要学习专业知识，还可以选择各种辅修课及校内外实践活动来提升自己的综合素质，因此，大学毕业生可以综合考虑自己的兴趣并结合自身的特点和优势，来寻找既能够发挥个人专长，又能够在一定程度上发挥专业优势的职业。同时，也要保持开放的心态和积极的态度，不断学习和提升自己的能力，为自己的职业发展打下坚实的基础。

（4）相结合原则

职业生涯规划中的相结合原则主要包括：抽象与具体相结合、确定性与非确定性相结合、质化与量化相结合、实力与挑战相结合、自己的主见与他人的意见相结合。

①抽象与具体相结合。在进行职业生涯规划过程中，有些地方要抽象、模糊，有些地方则要具体、清晰。例如：战略考虑可以抽象，但具体措施则必须清晰。

②确定性与非确定性相结合。一般来说，在职业生涯规划过程中，职业生涯的大方向是确定的，而实现职业生涯最终目标的具体方法、途径、手段等则相对灵活。

③质化与量化相结合。在职业生涯规划过程中，某些问题需要通过质化和量化相结合的方式才能实现最终目标。例如：职业方向、最终的职业目标就应注重质的规定性。而具体目标的实现时间、实现手段、实现形式等，则必须量化，以便随时了解实践状况，从而进行修正或强化。

④实力与挑战相结合。职业生涯目标的抉择是以自己的实力为依据的，即自己的最佳才能、最优性格、最大兴趣等条件，否则设定的目标就很难实现。作为大学生，设计的职业生涯目标应高于本人的实力，这样才能最大限度地发掘自己的潜能，取得更大的成功。

⑤自己的主见与他人的意见相结合。自己的职业生涯规划当然应该有自己的主见，这样才能积极、主动地实现自己的目标。但是大学生的人生观、价值观等都还未完全形成，单凭自己能力来完成职业生涯规划还有一定难度，此时，大学生应该认真听取他人的意见，这样有助于更全面地掌握信息，更深入地分析问题，以最小的偏差做最正确的决策。

（5）实践性原则

个人职业生涯规划的目的在于指导自身的职业实践，如果没有积极的实践，规划本身就会变得毫无意义。确定了什么样的职业目标，就应为之不懈努力。坚持个人规划的实践性原则，在制订规划时就能客观地审视内外条件、清醒地认识自我、敏锐地感知社会需求，从而“量身定做”切实可行的职业规划。

2. 职业生涯规划的常见问题

大学生对于职业生涯规划并不陌生，但作为一个新生事物，大学生普遍存在缺乏科学规划职业生涯的问题。大学生在职业生涯规划方面存在的问题主要表现在以下四个方面。

（1）职业生涯规划意识淡薄

当代大学生普遍缺乏自我规划意识，不能针对自身所处的具体情况制订科学、合理的职业生涯规划。大学生一方面对工作岗位充满了向往，另一方面又缺少理性的思考与规划，即使制订了职业生涯规划，也会因为对就业形势的严峻性预估不够，而缺乏竞争意识和紧迫感，不能准确确定职业发展的方向，从而导致制订的职业生涯规划缺乏竞争性、科学性和针对性，最终影响了大学生职业生涯规划的实际效果。

除此之外，大学生学业规划的模糊也导致了职业意识的淡化。部分大学生填报志愿时很少考虑自己的兴趣、爱好和特长；进入大学后，部分大学生没有明确的学习目标，很少进行学业规划，也就不能为将来的职业生涯发展奠定良好的基础。

(2)职业价值取向有偏颇

有些大学生把对自己职业和前途的长远期盼转化为对薪酬待遇、工作地点、环境条件、休假制度等具体条件的要求，他们更加注重的是职业的经济价值，而忽视了职业的理想价值所在。当理想与现实错位时，大学生就会择业困难。

2016 年 4 月 26 日，习近平在知识分子、劳动模范、青年代表座谈会上讲道："青年的人生之路很长，前进途中，有平川也有高山，有缓流也有险滩，有丽日也有风雨，有喜悦也有哀伤。心中有阳光，脚下有力量，为了理想能坚持、不懈怠，才能创造无愧于时代的人生。"因此，大学生要客观分析目前的就业形势和自身实际，切忌眼高手低。大学生不要怕从基层干起，无论什么样的工作岗位，只要有好的表现，用人单位都会给予一个发展空间，满足大学生对职业生涯目标的追求。

(3)自我认识不足

大学生自我认识不足是职业生涯规划不准确的重要原因之一。充分地认识自己是大学生进行科学职业生涯规划的前提。在认识自我的过程中，大学生一定要清楚自己想要什么、想成为什么样的人、自己能做什么、自身的优势和弱点有哪些等，如图 4-2 所示。这些问题看上去比较容易，回答起来却并不简单。

大学生对自我的认识往往并不全面，对事物的观察和思考容易理想化，不能准确地评价自己的优势与劣势。当所定的目标与现实相差太远，就会产生自责、自怨，甚至自卑的心理，从而不能正视择业过程中的不合理现象，无法承受挫折和失败。

对自我认知的不足会导致错误的职业规划，而绝大部分大学生很难找到与错误的职业规划相匹配的工作，从而失去很多理想的就业机会。

图 4-2　自我认识不充分

(4)缺乏对职业生涯规划的认识

职业生涯是一个动态的发展过程，大学生在每一阶段对职业的认识、理解乃至终极目标的实现都会有所不同，应随着自身的成长，循序渐进、动态地调整职业生涯规划。

职业生涯规划的"动态过程"主要体现以下四个方面：

①大学阶段与学业规划紧密结合。部分大学生凭感觉、随潮流规划职业，与大学生

活、学习目标脱节，职业目标就成为空想，学习也无动力。

②多个阶段规划的融合。大学生活的每一阶段都能体现学业规划与职业规划的紧密结合。有了学业才会有职业，这个道理很简单。水滴石穿，积少成多，多项学业的进步，终将促成职业目标的实现。

③社会实践体现职业能力。有的大学生为了增加职业经验，选择了不同的兼职项目，如家教、促销员、营销员等；另一部分大学生则选择考证来增加择业“分量”，认为证书就代表能力，如驾驶证、教师证等。总体来说，大学生社会实践活动缺乏围绕职业定位的方向性，耗费大量的时间和精力，却收效甚微。

④及时反馈机制。大学生正处于根据对自身世界和外在世界的认识、评价、借鉴、深化从而指导实践的过程之中，初入大学制订的职业生涯规划、实践路径与实际情况会不断产生偏差，需要大学生及时反馈、调整，并通过有效的机制予以保障，这就需要大学生有较强的自制能力和自我约束能力。

（三）职业生涯规划的主要内容

职业生涯规划，实质上就是指个人和组织相结合，根据自己的职业倾向，确定最佳的职业奋斗目标，并为实现这一目标做出行之有效的安排。职业生涯规划通常包含以下内容：

1. 基本信息：包括姓名、规划年限、年龄跨度、起止时间。
2. 职业方向及总体目标。
3. 社会环境分析：包括对经济环境、法律环境、政治环境、职业环境的分析等。
4. 行业和企业分析：包括对即将从事的行业的分析，若有目标企业，可分析该企业的制度、企业文化、领导人、企业产品和服务、未来发展领域等。
5. 自身条件及潜力测评结果。
6. 对自己职业生涯影响较大的一些人的建议。
7. 目标分解及目标组合。
8. 自身实际情况与实现目标之间的差距。
9. 缩小差距的方法及实施方案。

（四）职业生涯规划的方法

一份好的职业生涯规划可使制订者客观分析环境，充分认识自己，并且通过树立的目标选择适合自己的职业。职业生涯规划的制订也是有章可循的，下面介绍制订职业生涯规划的方法。

1. SWOT 分析法

SWOT，即 strength、weakness、opportunity、threat 四个单词的首字母缩写，是一种检查个人技能、能力、职业、喜好和职业机会的科学分析方法，最早由美国旧金山大学管理学教授提出。它通过分析内部环境中个人的优势与劣势，以及外部环境中的机会与威胁，从而制订出有依据的职业生涯规划。

使用 SWOT 分析法进行职业生涯规划，应遵循如下基本步骤：

(1)正确评估自己的优势和劣势。

(2)找出职业机会和威胁。

(3)列出自己未来五年内的工作目标。

(4)列出未来五年内的工作计划。

2. 5What 分析法

5What 分析法是许多专业职业咨询机构和心理学专家进行职业咨询和职业规划时常采用的方法,它是一种归零思考法。5What 即五个问题,分别介绍如下:

(1)What are you?

对自己进行一次深刻的反思,同时把自己的优点和缺点都列出来并进行分析。内容可以包括自己的专业、动手能力、思考能力等方面。

(2)What do I want?

每个人在不同阶段的兴趣和目标有可能不一样。在追问的过程中,找到自己最终想做的事情,从而形成自己的终身理想。

(3)What can I do?

职业定位的依据是个人能力,职业发展空间的大小则取决于个人潜能的大小。通过追问发现自身的不足及差距,将理想中的职业生涯规划逐步转化为现实。

(4)What can support me?

环境包括客观环境和主观环境,其中客观环境包括当前的经济发展、人事政策、企业制度、企业文化等;主观环境包括同事关系、领导关系等。将两者结合起来才是真实的环境,通过追问,清楚地认识到在该环境下我们可以做些什么。

在做职业选择时,一定要注意考虑客观环境和主观环境两方面的因素,不能只考虑其中一个方面,否则无法将一切有利于自身发展的因素调动起来,从而影响自身的职业发展。

(5)What can I be in the end?

通过前面四个问题的回答就会从中找到对实现职业目标有利和不利的条件,选出不利条件最少的、自己想做而且又能够做的职业目标,就是自己"最终的职业目标"。

除了以上两种常见且有很强科学性的职业生涯规划方法外,人们通常还会使用测试法(即通过已有的测试题目,测试自己的职业趋向)、平衡单法(主要是对比各种职业生涯规划的优缺点,选择可实施的职业生涯发展规划)等方法来进行职业生涯规划。

3. 大学生职业生涯愿景模型法

"愿景"原本是企业战略管理的概念,概括了企业的未来目标、使命和核心价值,是企业最终希望实现的图景。而职业生涯愿景模型建立的目的,是在基于价值观、个人形象、知识与技能的核心内容上,尽可能地让每位大学生发挥长处、弥补不足,使个人在机会的把握、技能的增长、形象的管理等方面逐步重合于职业生涯愿景,最终实现职业生涯目标。

(1)个人愿景的内涵

个人愿景是发自内心的、真正最关心的、最热切渴望达成的事情。当为了达成个人愿景献出无限心力时,它就会变成一种自然的、发自内心的强大力量。

个人愿景的内容包含物质上的欲望，有关个人健康、自由方面的欲望，以及对某领域知识的贡献等，这些都可以成为人们心中真正愿望的一部分。总的来说，个人愿景主要包括如下几个方面的内容：

①个人健康。对于自己的健康、身材、运动及其他与身体有关的事情，你有什么期望？

②自我形象。希望成为什么样的人？如果可以变成自己所期望的那种人，你会有哪些特征？

③职业状况。你理想中的职业状况是什么样的？你希望通过自己的努力发挥什么样的影响力？

④家庭生活。在你的理想中，未来的家庭生活环境是什么样的？

⑤物质财产。你希望拥有哪些物质财产？物质财产达到多少自己才会满意？

⑥人际关系。你希望与同事、家人、朋友及其他人保持哪一种关系？

⑦个人休闲。在个人的学习、旅游、阅读或其他的活动领域中，你希望创造出什么样的成果？

(2)个人愿景的建立

每个人都有自己的愿景，但在很多情况下，人们对自己的愿景往往是模糊的，或者是误解的，这样就会造成盲目行动，离期望越来越远。因此，对于每个人来说，建立个人愿景的重点是厘清个人愿景，具体可以分为如下三步：

①想象实现愿景后的情景。(假如你得到了梦寐以求的职位，那么……)

这是什么样的情景？你怎样来形容它？你的感觉如何？这种感觉是不是自己真正想要的？

②形容个人愿景。(想象你正在实现你一生中最渴望达成的愿望，这些愿望会是什么？)

这些愿景包括自我形象、物质财产、个人健康等，如回顾自己在中小学时代、高中毕业时、大学毕业时、参加工作后及现在的个人愿景，其中，哪些愿景已经实现，哪些还未能实现，其原因又是什么。

③检验并弄清楚愿景。(检视你写下来的个人愿景所组成的清单，从而找出最接近你内心深处的层面。)

如果你现在就可以实现愿景，你会接受它吗？假如你现在已经实现了愿景，这愿景能为你带来什么？

四、职业生涯行动计划

(一)职业生涯行动计划的内涵

大学生在确定了职业生涯规划目标后，就必须制定计划和采取行动。一切没有行动的目标和计划都是纸上谈兵，必然无法取得学业和事业上的成功。大学生的职业生涯行动，是须真真切切地能够落实的具体行动措施，主要是指大学生为达成自己的初期职业目标，在大学期间应在专业学习、学科(技能)竞赛、实践训练、技能提升、社会实践、实习等方面采取的措施。

小案例

晓玉的职业生涯行动计划

××××职业技术学院跨境电商专业的晓玉，一直以宣传国风、弘扬传统文化为己任，早早地明确了自己的职业愿景是做不一样的跨境电商美工师。为了达成自己的职业生涯目标，她在专业技能提升、团队合作能力和实践经验积累等各方面制订了详细的实施计划。

1. 在校学习生涯行动计划

晓玉根据所设定的在校短期目标之后，从学历提升、专业技能、实践较强、人际交往等多个维度制订了详细的实施计划，并高效执行，如图 4-3 所示。

图 4-3　晓玉的实施计划

2. 职业生涯行动计划的调整

职业生涯行动计划的调整是一个持续不断的过程。晓玉根据个人成长的预测、未来市场环境可能的变化等因素，对自身在校期间、职场初期和职场中后期三个阶段进行了评估审视，并制定了可调整的职业规划，如图 4-4 所示。

在校阶段	职场初期	职场中后期
• 顺利从目前就读的学校毕业	• 成功进入德文创工作	• 找到适合自己的公司进行学习
• 继续专升本	• 实习成功转正	• 成功在各类岗位上学习
• 考取英语四六级证书	• 继续研究美工行业潮流趋势	• 成功得到能力锻炼后，准备自己建立工作室
• 提升电脑ps操作技术，进一步了解跨境电商美工以及跨境运营师需要的人才要求	• 结识相关行业的专业人士，以此获得更多发展渠道。	• 在业内取得一定成就，或是美工行业作品出圈

在校阶段	职场初期	职场中后期
• 调整方案	• 调整方案	• 调整方案
• 四级失败则会继续报名，直至成功	• 若没有进入相关企业则会进入更适合的公司进行工作实习	• 在岗位上努力晋升到能力得到锻炼
• 专升本失败则会利用成人自考代替	• 转正失败，则会从自身找不足	• 不断尝试创业

图 4-4　晓玉的职业生涯行动计划的调整

晓玉制订了详细的职业规划行动计划后，严格按照目标和计划执行，目前已成为一名品学兼优的优秀学子。在专业技能层面，晓玉获得了跨境电商B2B运营证书，参加中华青年平面设计大赛等多项赛事并获得了国赛二等奖等二十余项奖项；在团队合作能力层面，晓玉当选学生会主席并组织举办校内活动40多场，积极参加了各项志愿活动和社会实践活动；在实践操作层面，晓玉积极承接社会服务，为浮古三维公司等10余家企业提供了界面设计、企业策划方案等30多次的业务。

（二）职业生涯行动计划的意义

对职业生涯进行科学、合理的规划，并着手开展行动计划，有助于大学生顺利地踏入社会，进入职场，谋求职业发展与事业成功。职业生涯活动将会伴随我们的大半生，因此，职业生涯规划与行动计划具有特别重要的意义。

1. 形成积极向上的人生观

许多刚踏进大学校门的新生，不知道该以什么样的态度面对大学生活，也不知道自己的人生目标是什么，至于自己身上所肩负的人生责任更是无从谈起。因此，大学生应该以科学的方法来正确地、全面地认识自我，了解社会需求，找出自己的发展方向与目标。

一个人只有了解自己的需要和追求后，才能确定自己的人生目标，有了目标才会有健康向上的人生态度。人不仅有基本生存需要，而且有爱、归属、尊重与自我实现的需要，后者的满足有赖于个体的社会化。其中，自我实现的需要可以理解为“事业有成，功成名就”，而事业有成一定是建立在正确的职业选择与发展基础之上的。因此，大学生应以职业发展为切入点，通过追求职业与事业的成就，实现高层次的自我实现的需要，从而形成积极向上的人生观。

2. 明确职业发展方向

在制订职业生涯规划与行动计划前，大学生要对个人的专业特长、性格特征、待人接物的能力、擅长的技能等做充分、全面的分析，这样可以帮助自己进行正确评估，准确定位，明白自己更适合从事什么样的工作，自己将来有可能在哪些方面获得成功。逐渐厘清职业生涯发展的方向，形成较明确的职业意向后，提升自己的职业生涯自主意识和责任，为今后的事业发展做全面长远的打算。

3. 促进学习实践的自主性

当人有了目标之后，就会想着要向这个目标努力，并且相信自己能够实现它。大学生的职业生涯规划目标是自己制订的，主动性更强，相应地也应主动制订自己大学阶段的学习和能力培养计划，不断充实自己，完善自我，使整个大学阶段的学习和生活由被动变为主动。如果大学生毕业后想去政府机关工作，那么在大学期间就要主动加强自身的政策理论水平修养，加强个人口头表达能力和文字处理能力的训练；如果毕业后想从事营销工作，则应注重培养自己的市场分析及预测能力和应变能力等。在努力达到目标的过程中，就应集中精力、心无旁骛地投入其中，建立起一种自我激励机制，即使遇到困难和挫折，也能全力以赴地去克服，真正从内在方面来激励自己不断前进，不断发展。

4. 增强就业核心竞争力

当今社会，到处充满着激烈的竞争。好工作不是依靠运气得来的，对大学生而言，它是多种因素共同作用的结果。影响大学生就业的因素包括学校品牌、专业与社会需求、学生自身因素（如个人综合素质、就业观念、就业技巧、家庭背景等）、学校就业指导工作的质量等。其中，个人素质、就业能力与技巧是大学生本人能够控制的。

科学地规划职业生涯并且与行动计划相结合，能够引导大学生正确认识自身的个性特质、现在与潜在的资源优势；激励大学生增强自己的竞争意识，更加注重自身素质和创新能力的提升，从而增强就业的核心竞争力。

5. 奠定职业成功的基础

有效的职业生涯规划与行动计划可以帮助大学生重新对自己的价值进行定位，并使其持续增值，能够引导大学生评估个人目标与现实之间的差距，学会运用科学的方法、采取可行的步骤和措施，不断增强自己的职业竞争力，最终实现职业目标。

大学生要想拥有成功的事业，实现自己的人生价值，就需要按照规划，有步骤、有计划地去实施，为自己的人生发展储备能量，创造机会。

（三）职业生涯行动计划的基本步骤

职业生涯规划是一个长期的、连续的过程，需要有一套完整的步骤来确保规划的顺利完成，包括客观认识自我、评估职业环境、设定职业生涯目标、制订行动计划并实施、评估与反馈等步骤。

1. 客观认识自我

在制订职业生涯规划前，每一位大学生都应明确“我是一个什么样的人”“我将来想做什么”“我能干什么”等一系列的问题。自我认识的目的是更好地了解自己。只有认识了自己，才能对自己的职业做出正确的选择，才能选定适合自己发展的职业生涯路线。自我认识的内容包括自己的兴趣、特长、性格、学识、技能、智商、情商、思维方式及社会中的自我等。

2. 评估职业环境

职业生涯环境的评估，主要是评估各种环境因素对自己职业生涯发展的影响。每个人都处在一定的社会环境之中，或多或少都会与社会这个大环境发生关联。因此，在制订个人职业生涯规划时，要分析环境的发展变化情况、自己与环境的关系、自己在这个环境中的地位及环境对自己提出的要求等。只有充分了解了这些环境因素，才能在复杂的环境中避害趋利，使自己的职业生涯规划具有实际意义。

3. 设定职业生涯目标

职业生涯目标的设定是职业生涯规划的核心。一个人事业成功与否，很大程度上取决于有无正确、适当的目标。没有目标就不知道自己应走向何方，只有树立了目标，才能明确奋斗方向。大学生应在选择专业之后，再进行职业生涯目标的设定。按目标时间的长短可以分为短期目标、中期目标和长期目标。

（1）短期目标：一般为1～2年。短期目标又分日目标、周目标、月目标和年目标。

（2）中期目标：一般为3～5年。

（3）长期目标：一般为5～10年。

职业生涯目标应具有一定的挑战性，同时也要符合自身的性格特点，顺应环境的发展趋势。通过一段时间的学习，确定了自己的大学生涯发展方向，未来职业生涯目标的设定也就水到渠成了。

4. 制订行动计划并实施

一旦确定职业生涯目标，行动便成了关键的环节。没有行动，目标就难以实现，更谈不上事业的成功。这里所指的行动，是指落实目标的具体措施，主要包括工作、训练、教育、轮岗等方面的措施。

小案例

黄同学的职业生涯规划行动实施方案

××职业技术学院海洋生物学院食品加工专业黄同学，从小受其父亲的影响，立志成为一名食品雕刻师。因此，他在报考××职业技术学院时，毅然选择了学校省级双高专业群中的食品加工专业。入校后，他跟随学校国家级海洋生物创新师资团队，追随行业大师，不断提升自己的专业能力和食品雕刻技术；利用学校设备资源优势，对传统材料进行研究和改良，申请多项专利；积极参加大学生创新创业大赛，多次获得省级奖项。黄同学的职业生涯规划行动实施方案，见表 4-1。

表 4-1 黄同学的职业生涯规划行动实施方案

目标与计划	具体实施方案
语言表达能力	学会共情，保持爱心； 参加各类志愿者服务，提高沟通能力； 开展社会服务，深入特教，开展实践教学； 指导学弟、学妹参加职业技能竞赛
基础专业能力	选修美术与设计学，进行专业的技能设计训练； 与中国雕刻大师进行食品雕刻专项技能进修； 参与社会性质的技能竞赛
创新能力	追随行业大师； 利用学校设备资源优势，对传统材料进行研究和改良，申请专利； 参加创新创业大赛并获奖
管理与多媒体能力	担任学生干部，参与学生管理工作； 创建自媒体账号，成立个人工作室； 带领团队，成立并管理面塑团队； 带领团队下乡为留守儿童教学
实践能力提升	进入校企合作单位，开展实习实践； 与行业协会合作办展； 与大师合作共创作品； 参加各类非遗传统文化展

5. 评估与反馈

影响职业生涯规划的因素很多,有的影响因素是可以预测的,而有的影响因素则难以预测。因此,要想使职业生涯规划行之有效,就必须不断地对职业生涯规划进行评估与修正。一般修正的内容包括职业的重新选择、人生目标的修正、实施措施与计划的变更等。

此外,也可以只对某个阶段性目标的实施路径进行修正,或者对理想的发展目标进行更改等,但这一切都应符合客观现实的需要。

(四)大学生实现职业规划与行动计划的必备措施

职业生涯发展规划一般有知己、知彼、抉择、目标和行动五个要素,一旦确定自身的职业生涯目标后,就应根据职业生涯规划,一步步完成职业生涯目标。在实现职业生涯目标的过程中,面对各种问题,应采取必要的措施来帮助目标的实现。

微课:
分解与调整——如何制定合适的职业生涯目标

1. 确定与分解目标

职业生涯目标包括人生目标、长期目标、中期目标和短期目标,它们分别与人生规划、长期规划、中期规划和短期规划相对应。一般来说,我们首先应根据个人的性格、气质、价值观、所学专业及社会的发展趋势来确定自己的人生目标和长期目标,然后将人生目标和长期目标进行分解,最后根据当前环境和情况制订中期目标和短期目标。

通常来讲,人生目标可能过大,对于很多人来说很难在一定时期内实现。但是中期、短期的目标是较容易制订的,比如制订 10 年、5 年、3 年、1 年目标以及 1 月、1 周、1 日目标。通过由小到大,将目标进行分解,实现长期目标,继而最终实现人生目标。

在校大学生,由于知识结构尚不完善,观念变动较大,因此需要灵活的职业生涯目标规划方式,制订可实施的未来发展目标、大学期间学习目标、学年目标、学期目标等。另外,一些大学也提出了"学业生涯规划",让大学生制订自己大学期间的学习和能力目标。

2. 总结与调整计划

由于社会的变化和一些不确定因素的存在,人的个性也是在不断变化的。比如,兴趣、能力、价值取向等,这些是随着外部环境的变化和自身的学习体会而不断改变的。因此,在职业生涯目标实施的过程中,可能会出现与最初的规划有所偏差的情况,这时应当对职业生涯目标与规划重新进行评估,然后做出适当的调整,以更好地符合自身发展和社会需要。总结与计划是个人对自己、对社会不断认识的过程,是最终实现职业生涯规划的有力手段。

对于在校大学生而言,周期性总结同样重要,它可以修正大学生当前计划的偏离,但应注意未来的长期计划是综合考虑各方面的因素做出的决定,在没有确定长期目标,或是有重大偏差时,不应该三心二意,随意改变原定计划。

3. 评估与分析

每个人的性格从某种意义上决定了他更适合从事的职业,如果大学生能够清楚地了解自己,将有利于更好地选择职业,更准确地做出职业定向。

五、全国大学生职业规划大赛

为贯彻落实党中央、国务院关于高校毕业生就业工作的决策部署，落实《国务院关于印发“十四五”就业促进规划的通知》(国发〔2021〕14 号)精神，加强高校生涯教育和就业指导，增强大学生生涯规划意识，指导其及早做好就业准备，促进高校毕业生高质量充分就业，教育部于 2023 年 9 月至 2024 年 5 月举办了首届全国大学生职业规划大赛。

从高校层面，要努力将大赛打造成强化职业生涯教育的大课堂、促进人才供需对接的大平台、服务毕业生就业的大市场。通过举办大赛，更好地实现以赛促学，引导大学生树立正确的成才观、就业观和择业观，科学合理规划学业与职业发展，提升就业竞争力；以赛促教，促进高校提高大学生职业生涯教育水平，做实做细大学生就业指导服务；以赛促就，广泛发动行业企业和高校参与赛事活动，推动人才供需有效对接，全力促进高校毕业生高质量充分就业。

从学生层面，要通过大赛提升自我职业生涯规划的意识、主动积极参加实习实训活动、走进企业感受职场环境和增强职业生涯规划能力及自身综合素质，化“被动”为“主动”，不断提高就业创业能力。

举办全国大学生职业规划大赛，不仅有利于推动职业生涯规划知识的普及，引导广大大学生树立正确的成才观、就业观，更能促进大学生科学合理地安排学习与生活，营造快乐学习、健康成长的浓厚氛围。

(一)参加全国大学生职业规划大赛的意义

在当今快速发展的社会中，职业生涯规划变得越来越重要。对于大学生来说，参加职业规划大赛不仅可以帮助他们更好地规划未来的职业发展，还可以提升自身能力和竞争力，拓展人脉资源，了解职业世界。

1. 增强职业生涯规划意识

参加职业规划大赛能让大学生有紧迫感，增强职业生涯规划意识。在比赛中，大学生需要对自己的兴趣、优势、价值观等进行深入分析，并设定明确的职业生涯目标以及实现这些目标的行动计划。通过这样的过程，大学生可以更加清晰地认识到自己的优势和不足，从而在未来的学习和工作中更好地发挥自己的潜力。

2. 增强创业意识

参加职业规划大赛，能让大学生有新的目标，不拘泥于简单的找工作，还能走出一条自己的创业之路。在比赛中，大学生可以了解更多的创业信息和行业趋势，学习到成功的创业经验和案例，从而激发自己的创业热情和勇气。同时，他们还可以结识更多的创业者和企业家，拓展创业资源，为未来的创业之路打下基础。

3. 提升综合能力

参加职业发展规划大赛可以锻炼大学生的综合能力，包括自我分析、环境分析、目标设定、行动计划等能力。这些能力对于大学生的未来职业生涯发展非常重要。在比赛中，大学生需要不断地进行自我反思和调整，以找到适合自己的职业方向和发展路径。同时，他们还需要对外部环境进行深入分析，了解行业趋势和市场需求，以制订更加切实可行的创业计划和行动方案。这些能力的锻炼和提升可以为大学生未来的职业生涯发展打下坚实的基础。

比赛充分调动了大学生们的积极性，为大学生们搭建了求职就业的实战平台，更好地实现以赛促学、以赛促就，引导大学生树立正确的成才观、择业观和就业观，合理规划职业道路，并按照自己绘制的职业生涯规划蓝图，敢想敢为、善作善成，创造属于自己的精彩人生。

首届大学生职业规划大赛主题为“筑梦青春志在四方，规划启航职引未来”，吸引了952万学生报名参加。

（二）全国大学生职业规划大赛的内容

1. 赛事内容

大学生职业规划大赛主要是考查学生职业发展规划的科学性和围绕实现职业目标的成长过程，通过学习实践持续提升职业目标的达成度，增强综合素质和能力。大赛主要分为主体赛事和同期活动两个部分。主体赛事包含学生赛事的成长赛道和就业赛道，以及大学生职业发展与就业指导课程教学赛道。每个赛道均分别设置了高教组和职教组。

(1)学生成长赛道

①赛事目的：考查全日制低年级在校大学生是否能够科学性地进行职业生涯发展规划和能够围绕实现职业目标的成长，通过学习实践持续提升职业目标达成度，增强综合素质和能力。

②参赛对象：主要面向全日制中低年级大学生。高教组面向普通本科一、二、三年级学生，职教组面向职教本科一、二、三年级学生和高职(专科)一、二年级学生。

③比赛材料：选手在大赛平台(网址：zgs. chsi. com. cn)提交以下参赛材料：

a. 生涯发展报告：介绍职业发展规划、实现职业目标的具体行动和成果(PDF 格式，文字不超过 1 500 字，如有图表不超过 5 张)。

b. 生涯发展展示(PPT 格式，不超过 50 MB；可加入视频)。

④比赛环节：成长赛道设主题陈述、评委提问和天降实习 offer(实习意向)环节。

a. 主题陈述(8 分钟)：选手结合生涯发展报告进行陈述和展示。

b. 评委提问(5 分钟)：评委结合选手陈述和现场表现进行提问。

c. 天降实习 offer(3 分钟)：用人单位根据选手表现，决定是否给出实习意向，并对选手做点评。

⑤奖项设置：成长赛道设置金奖 50 个、银奖 100 个、铜奖 150 个以及若干单项奖、优秀指导教师奖。

(2)学生就业赛道

①赛事目的：考查临近毕业学生的求职实战能力、个人发展路径与经济社会发展需要

的适应度、就业能力与职业目标和岗位要求的契合度。

②参赛对象：主要面向全日制高年级在校大学生。高教组面向普通本科三、四年级（部分专业五年级）学生和全体研究生，职教组面向职教本科三、四年级学生和高职（专科）二、三年级学生。

③参赛组别：就业赛道设高教组和职教组，每组均设5个分赛道。其中，针对企业职能岗位，设产品研发、生产服务、市场营销、通用职能分赛道（按相近行业分小组）；针对公共服务岗位，设公共服务分赛道。

④比赛材料：选手在大赛平台（网址：zgs. chsi. com. cn）提交以下参赛材料：

a. 求职简历（PDF 格式）。

b. 就业能力展示（PPT 格式，不超过50MB；可加入视频）。

c. 辅助证明材料，包括实践、实习、获奖等证明材料（PDF 格式，整合为单个文件，不超过50 MB）。

⑤比赛环节：就业赛道设主题陈述、综合面试、天降 offer（录用意向）环节。

a. 主题陈述（7 分钟）：选手陈述个人求职意向和职业准备情况，展示通用素质与岗位能力。

b. 综合面试（8 分钟）：评委提出真实工作场景中可能遇到的问题，选手提出解决方案；评委结合选手陈述自由提问。

c. 天降 offer（3 分钟）：用人单位根据选手表现，决定是否给出录用意向，并对选手做点评。

⑥奖项设置：奖项设置就业赛道设置金奖50个、银奖100个、铜奖150个以及若干单项奖、优秀指导教师奖。

2. 赛事安排

（1）参赛报名

一般来说，全国大学生职业规划大赛的报名时间是在每年的9月份至第二年的1月份。比如，首届全国大学生职业规划大赛的报名时间是在2023年9月20日至2024年1月31日。参赛选手通过全国大学生职业规划大赛平台（以下简称大赛平台，网址：zgs. chsi. com. cn）或指定通道进行报名，在大赛平台登录页面可下载学生操作手册。

（2）校赛省赛

2023年首届全国大学生职业规划大赛的校赛选拔和省赛推荐时间定于2023年9月至2024年3月。各省及各校组赛部门都要按照要求设置省级和校级管理员，大赛组委会会分配相应的账号给各省和各校进行管理并查看信息。各地省赛组织工作应会在3月中下旬前完成。

大赛平台成长赛道设生涯闯关功能，就业赛道设职业适配度测评功能，参赛选手可根据需要选择参与。

（3）全国总决赛

全国总决赛的时间一般安排在次年的4月或5月。参加总决赛选手通过现场比赛决出各类奖项。

3.评审标准

(1)成长赛道评审标准(表4-2)

表4-2　成长赛道评审标准

指标	说明	分值
职业目标	1.职业目标体现积极正向的价值追求,能够将个人理想与国家需要、经济社会发展相结合; 2.职业目标匹配个人价值观、能力优势、兴趣特点; 3.准确认识目标职业在专业知识、通用素质、就业能力等方面的要求,科学分析个人现实情况与目标要求的差距,制定合理可行的计划	20
行动成本	1.成长行动符合目标职业在通用素质、就业能力、职业首先等方面的要求; 2.成长行动对弥补个人不足的针对性较强; 3.能够将专业知识运用于成长实践,提高通用素质和就业能力; 4.成长行动内容丰富,取得阶段性成果	40
目标契合度	1.行动成果与职业目标的契合程度; 2.总结成长行动中存在的不足和原因,对成长计划进行自我评估和动态调整	30
实习意向	现场获得用人单位发放实习意向情况	10

(2)就业赛道评审标准(表4-3)

表4-3　就业赛道评审标准

指标		说明	分赛道分值				
一级指标	二级指标		产品研发	生产服务	市场营销	通用职能	公共服务
通用素质	职业精神	具有家国情怀,有爱岗敬业、忠诚守信、奋斗奉献精神等	35	35	45	45	45
	心理素质	具备目标岗位所需的意志力、抗压能力等					
	思维能力	具备目标岗位所需的逻辑推理、系统分析和信息处理能力等					
	沟通能力	具备目标岗位所需的语言表达、交流协调能力等					
	执行和领导能力	能够针对工作任务制定计划并实施,具备目标岗位所需的团队领导、协作、激励和执行能力等					
岗位能力	岗位认知程度	全面了解目标行业现状、发展趋势和就业需求,准确把握目标岗位的任职要求、工作流程、工作内容等	20	20	15	15	15
	岗位用途能力	具备目标岗位所需的专业能力、实习实践经历、解决实际工作问题的能力等	25	25	20	20	20
发展潜力	—	职业目标契合行业发展前景和人才需求	10	10	10	10	10
录用意向	—	现场获得用人单位提供录用意向情况	10	10	10	10	10

(三)学会撰写大学生职业生涯规划书

大学生参加全国大学生职业规划大赛的必备能力之一是要会撰写职业生涯规划书。职业生涯规划如同夜晚中的北斗七星,指引着我们前进的方向,让我们清晰地辨别自己要达到的彼岸。大学生职业生涯规划书是指大学生在明确自己的职业目标和方向后,通过系统规划,制订的一份详细、全面的职业发展计划。这份规划书通常包括自我认知、职业探索、目标设定、行动计划以及评估调整等部分，旨在帮助大学生更好地了解自己的优势、兴趣和发展潜力，明确自己的职业目标，并制定可行的行动计划，以实现职业梦想。

1. 职业生涯规划书的撰写原则

撰写职业生涯规划书时，我们需要遵循一系列精心设计的原则，以确保其内容既富有前瞻性又充满实际意义。以下是几个关键的撰写原则，它们能让我们的职业生涯规划书更具深度和广度。

（1）清晰性原则

首先，我们在撰写职业生涯规划书时，职业目标一定要是明确清晰的，这是我们做好职业生涯规划的根本所在，清晰性对于规划书来说也是至关重要的。其次，我们描述实现职业目标所要采取的具体措施和步骤，也应当避免使用模棱两可的措辞。一个清晰明确的职业生涯规划书不仅能让读者快速地了解我们的职业前景、行动计划和预计未来的成效，也能够让我们自己非常笃定地走向未来的职业生涯发展之路。

（2）一致性原则

我们的职业生涯规划书的每个部分都是前后相连、环环相扣，一致性是我们必不可忽视的重要原则之一。我们在制定主要目标和分目标之时，务必要做到相互衔接、协调有序、形成前后紧密连接的发展路径。同时，目标和措施之间也是要相互呼应，达成一致。

（3）激励性原则

不论是我们在选定职业生涯目标，还是设定详细举措时，我们应当充分地考量自己的兴趣、专长和性格，选择那些能够让自己永远保持活力、激发内心热情的目标。人的一生是漫长的，一个让我们充满激情的目标，能让我们在前进的道路上不管遇到多少艰难险阻都能坚持到底，永不轻言放弃，而这股力量一定是来自我们内心深处的热爱。

（4）量化性原则

为了实现具体的执行效果，量化性原则同样必不可少。在规划书的各个阶段，我们需要尽量使用具体的数字或指标来量化我们的目标。这些量化指标将帮助我们更清晰地了解自己的进展情况，及时发现和解决问题，确保我们的规划能够按照预期的方向顺利推进。同时这些可量化的指标也能够帮助我们随时掌握执行情况，可以及时发现问题并进行调整优化。

2. 职业生涯规划书的撰写结构

职业生涯规划书一般分为三种常见格式。一是表格式。这种格式相对比较简单，相当于是完整的规划书的实施计划表，可用于日常提示。二是条列式。这种格式虽然具有规划书的主要内容，但多是一些简洁的描述，没有具体的分析内容和相关支撑材料。三是综合式。这种格式是我们主要采用的完整的职业生涯规划书。综合式职业生涯规划书通常包含以下八个主要部分，每个部分都有其特定的目的和内容。

（1）引言

在职业生涯规划书的开头，我们需要一个简短的引言来介绍自己的职业目标和规划的背景。我们可以简要说明为什么需要制定这个规划，以及希望通过这个规划实现什么目标。

(2)自我分析

自我分析是职业生涯规划的重要部分,我们主要从以下四个方面来进行。

①兴趣与爱好:描述你的兴趣、爱好和特长,这些将有助于你确定你可能喜欢的工作领域。

②价值观:明确我们的价值观,以便可以找到与自己的价值观相符的工作或职业。

③技能和经验:列出自己已经具备的技能和经验,以及希望进一步发展的技能。

④优势和劣势:识别我们自己的个人优势和劣势,并思考如何改进你的劣势。

(3)环境分析

除了自我分析之外,我们也要对影响职业选择的相关外部环境进行系统的分析,主要从以下四个方面来进行。

①家庭环境:如家庭的经济状况、父母的职业观、家人期望等。

②学校环境:如学校知名度、专业学习、校企合作资源、实习实践平台等。

③社会环境:如当下的就业形势、就业政策、竞争情况等。

④职业环境:如对口行业或者所选目标行业发展趋势、岗位职责要求、地域发展前景等多维度的影响因素。

(4)职业目标

在自我分析的基础上,我们可以根据外部环境综合考量并设定自己的职业目标。这些目标应该是具体、可衡量和可实现的。我们可以设定短期目标(如获得某个职位或技能)和长期目标(如在某一领域内成为专家或领导者)。

(5)职业路径规划

在职业目标确定后,我们需要规划一条实现这些目标的职业路径。这包括确定自己可能需要获得的进一步教育、培训或工作经验,以及希望在未来几年内实现的里程碑。

(6)行动计划

行动计划是实现职业目标的具体步骤。我们需要制定一个详细的计划,包括将如何获得所需的教育、培训和经验,以及将如何跟踪和评估自己的进展。

(7)风险评估与应对

职业生涯规划中也需要考虑可能的风险和挑战。我们要识别可能影响你实现职业目标的因素,并制定相应的应对策略。

(8)结语

在职业生涯规划书的最后,我们可以简要总结自己的规划,并强调我们对实现职业目标的决心和承诺。

职业生涯规划书的结构并非固定不变的,我们可以根据自己的特色、需求等方面进行合适的调整与优化。最重要的是职业生涯规划书的结构能够让受众对我们有更加清晰和生动的认知,能够科学地帮助我们实现自己的职业生涯发展目标。

3. 职业生涯规划书的撰写技巧

(1)封面

职业生涯规划书的封面是我们留给读者的第一印象,封面的美观、好坏决定了读者能否以一种愉悦的心境来阅读我们的职业生涯规划书。

①注重封面设计。职业生涯规划书的封面设计应追求简约而不简单，可以淡蓝色或浅灰色的背景色作为基底；在封面显著位置，可以采用一款现代感十足的、加粗且富有艺术气息的字体，将“职业生涯规划书”这几个大字优雅地呈现出来，字体颜色选择深蓝色或黑色，以确保与背景色形成鲜明的对比，使标题更加醒目，并设置在封面中央。

②巧用封面元素。首先，可以在封面的左上角或右上角，放置一张精心挑选的个人职业形象照。这张照片应展现出你的专业精神和个人风采，可以是正式的商务照或经过精心修饰的职业装照片。照片的大小和位置应适中，以避免喧宾夺主或显得过于突兀。其次，在照片的下方或旁边，使用清晰易读的字体写上你的姓名和制作这份职业生涯规划书的日期。这些信息对于识别文档的归属和时效性至关重要，因此应放在醒目的位置，并确保字体大小和颜色与背景色相协调。

③设计整体风格。整体风格应追求简约而不失专业感，以体现职业生涯规划书的重要性和正式性。为了增加封面的视觉吸引力和个性化特点，可以添加一些与职业相关的设计元素。例如，如果你计划进入金融行业，可以使用行业标志或金融符号作为装饰。这些设计元素不仅能丰富封面的视觉效果，还能传达出你对职业的热爱和追求。在布局上，应注重各个元素的协调和平衡，避免过于拥挤或空旷的感觉。通过精心设计的封面，你不仅可以为自己的职业生涯规划书增添一份独特的魅力，还能从众多的求职材料中脱颖而出，给用人单位留下深刻的印象。

(2)目录

目录是整个职业生涯规划书的大纲，起到指导阅览、检索步骤的作用。根据目录，读者能够对职业生涯规划书有个简要的了解。目录的格式没有统一的标准，我们可以根据自己的风格来制作，也可以选择相对传统的模式，采用文档的智能目录自动生成。但最重要的是要做到一目了然、结构清晰。

小案例

职业生涯规划书目录

一、引言

1.1　背景介绍

1.2　职业生涯规划的重要性

1.3　个人职业目标概述

二、自我认知

2.1　性格分析

2.2　兴趣爱好与特长

2.3　价值观与职业追求

2.4　职业技能与经验评估

三、职业环境分析

3.1　行业发展趋势

3.2 目标职业分析
3.3 竞争态势分析
四、职业目标设定
4.1 短期职业目标(1～3 年)
4.2 中期职业目标(3～5 年)
4.3 长期职业目标(5 年以上)
五、职业发展策略
5.1 教育与培训规划
5.2 工作经验积累
5.3 人际关系与网络建立
5.4 职业素养与领导力提升
六、风险评估与应对
6.1 可能面临的风险
6.2 风险应对策略
七、实施与监控
7.1 行动计划
7.2 监控与调整
八、结论
8.1 对职业生涯规划的总结
8.2 对未来的展望

(3)正文

①引言:包括自己对职业生涯进行规划的缘由、背景和总体目标等内容,整段内容要言简意赅。

②主体:这是规划书的重点部分,主要包括自我与环境分析、方案设计与实施、评估与调整等部分。

自我与环境分析部分要对自我兴趣、性格、价值观、专业能力等多方面进行自我优劣势的分析,并从家庭、学校、社会、行业四个维度展开环境分析,客观地进行评估自己的职业机会,找出职业生涯规划目标与现实情况的差距所在。

方案设计与实施部分要根据实际情况,设计相对科学合理的解决方案,制定清晰可行的职业目标,做好长期目标和短期目标的融合发展,不断通过每一个短期目标的达成最终实现长期目标。在此部分中,务必做好目标的分解与组合,这也是职业生涯规划书的重中之重。实施计划要根据不同阶段的目标制定计划,并注重彼此之间的递进关系。

评估与调整是确保职业生涯规划如期推进的常规措施。在撰写过程中,要重点写明在计划实施中可能遇到的阻碍以及解决的方案和备选方案,特别要写清楚在不同阶段的备选方案,确保备选方案是与职业生涯目标有一定紧密的关联性。

案例作品

摄制有温度，用爱影未来——活动摄影师

学生简介

吟涛，××××职业技术学院信息工程学院数字媒体应用技术专业2022级学生，担任班委及院校新媒体干部；曾获国家奖学金、市陈嘉庚奖学金、校一等奖学金；参与第十四届福建省大学生职业生涯规划大赛就业赛道，图4-5为其参赛作品封面。

图4-5　参赛作品封面

“闽海之滨，有我集美乡，山明兮水秀，胜地冠南疆。”他出生于集美大社，从小深受嘉庚文化熏陶，曾就读于集美××小学、××中学，嘉庚先生的“诚毅”二字始终陪伴着他成长。他善于将所学知识与专业实践结合，入学至今学年综测专业排名第一，同时积极参加院校各项文体实践活动(图4-6)。

图4-6　参加文体实践活动

进入大学后，他加入了院校新媒体团队，参与重大活动和赛事的拍摄工作，多幅摄影作品收录于院校公众号等网络媒体平台。他拍摄的作品曾在中国网—海峡频道、海峡导报强国号上发表，《时空对话 文脉赓续》这组作品在福建省第七届大学生艺术节摄影作品中荣获三等奖。他积极参加社会实践活动。2023年暑假，他参与

“匠心传梦”三下乡团队，深刻领悟工匠精神的内涵，并将制作的纪录片上传平台，传播工匠精神的魅力。他坚定地表示，要将这种精神融入自己的创业园店铺中，他带领学生团队成功承接了××××职业技术学院首届就业创业体验周、清华学梓十周年庆典等项目的拍摄工作。

在校外，他有着两家传媒公司的实习经历，弥补了他在技术上非专业科班出身的短板，并且通过实习，精进了他的通用素质能力，能更好地用拍摄作品弘扬世间之真善美，传播心底之灵魂音。

学生职业梦想

成为一名知名的活动摄影师。

学生职业行动计划

（一）短期行动计划（表 4-4）

表 4-4　短期行动计划

序号	目标与计划	具体实施方案	计划完成时间
1	具备数字媒体专业素养	每周按要求计划学习专业课程以外的后期处理，了解各软件的功能及基础，多了解数字媒体行业发展； 参加学校组织的各种活动能力和比赛； 锻炼随机应变能力和解决问题的能力	（大一到大二学年） 2022 年—2023 年
2	掌握基础的行业软件	参加计算机二级考试（一级已达成）； 获得数字营销 1+x 证书（已完成）	（大二到大三学年） 2023 年—2024 年
3	工具技能技巧	每周末进行拍摄活动； 关注互联网论坛，参加互联网商业沙龙，积极参加技能培训，并在培训中结交朋友	（大一到大三学年） 2022 年—2024 年
4	提升各项技能增加项目经验	学好每个专业课程，多研究课外知识； 多参加项目拍摄，积累项目经验按时超量完成自我布置任务； 多学习交流，参加各项技能竞赛； 打造自己的王牌拍摄团队	2022 年—2025 年

（二）中长期行动计划（表 4-5）

表 4-5　中长期行动计划

序号	目标与计划	具体实施方案	计划完成时间
1	进入公司担任摄影助理的岗位任职	掌握各项专业技能，并且在空余时多看媒体、经济相关的书籍；工作之余同样重视自己的事业；每日关注行业发展情况；积极学习参与公司培训	毕业实习一年到两年内 2025 年 2027 年
2	提升互联网思维，扩展人脉与资源	多结交客户、同行之间取长补短	毕业实习一年到两年内 2025 年 2027 年
3	提升影像拍摄专业能力，以及与客户沟通的能力	熟悉从业的软件等；每日锻炼专业能力	毕业工作两年到三年内 2027 年—2031 年
4	在公司提升自己的管理领导能力，商务洽谈能力	扩展业务，开发潜力赛道，能够从工作本身挖掘数据，学习利用各种新软件，优化产品关键词，提高业务能力，锻炼丰富的行业应用能够满足绝大部分的客户要求	毕业工作两年到三年内 2027 年—2031 年

学生职业发展成果

1.与厦门××××影视有限公司共同摄制了微电影《我和我的学习》，从剧本到分镜、拍摄、剪辑、后期全程参与，如图 4-7 所示。视频发布后在 bilibili 平台的同类视频中排名第三。

图 4-7　参与微电影《我和我的学习》拍摄

2.大学期间，在融媒体部门开展与厦门市摄影协会会长的外拍活动，图片供稿校公众号超 50 篇，参加“强国有我”征文比赛荣获省一等奖，图 4-8 为其荣誉证书。

荣誉证书

吟涛　同学：

在参加教育部关工委举办的2021—2022学年“新时代好少年·强国有我”主题教育征文、演讲和朗诵福建省成果展示交流活动中，经评审，你的征文作品荣获一等奖。

特发此证，以资鼓励！

福建省教育系统关工委“新时代好少年”主题教育活动组委会

二〇二二年

证书编号：F2022×××××××××

图 4-8　荣誉证书

3.作为项目运营负责人，参与拍摄项目展示视频，荣获厦门市高校创新创业一等奖、中国国际大学生创新大赛国赛三等奖。

4.拍摄的《时空对话 文脉赓续》作品荣获福建省第七届大学生艺术节三等奖，获得了海峡导报、学习强国平台的报道。

5.加入好友创办的××视觉工作室，精通专业技能，通过口碑推广的方式，签约 12 位长期客户，例如：厦门××、××户外营地等，提供了 60 余场的活动拍摄。独自负责清华学梓十周年庆典摄制，受到大家的一致好评。

6. 目标职业自我能力评价(表 4-6)

表 4-6　　目标职业自我能力评价

项目	具体内容
知识技能	1. 摄影摄像专业知识:中职、大学期间学习数字媒体技术,具备摄影摄像的基础知识和技能,通过课上实操以及课外项目实践,进一步增强技能; 2. 摄影摄像相关软件:Lightroom、Adobe Photoshop、Adobe Premiere Pro、Adobe After Effects; 3. 数字媒体相关证书:自媒体运营(中级)、数字建模(初级)
可迁移技能	1. 沟通协调能力:多次主持活动比赛,表达流畅,能够临场发挥,应急处理事情; 2. 组织管理能力:担任班干、学院干部,参与学校的学生管理工作,召开各级部门会议,组织开展学院活动比赛; 3. 创新创业能力:参加创青春、互联网+等各项创新创业比赛并获得多个奖项,在校期间进行了自主小型创业; 4. 团队协作能力:组建学习小组进行课程复盘总结,带领小组获得技能竞赛一等奖
自我管理技能	1. 独立自主:能够独立解决学习以及生活中的问题,自主拍摄活动,组织研学等; 2. 积极向上:乐观开朗的性格使我一直保持着积极向上的生活态度,不断学习,不断进步; 3. 吃苦耐劳:普通家庭出身的我,从小就有着吃苦耐劳的品质,敢于面对自身不足并能做出调整

学生参赛感悟

大一入校,我们学校开设了职业生涯规划课程,这对于我个人的发展和成长起到了至关重要的作用。在课程学习过程中,我更加深入地了解自己,包括我自己对于摄影的热爱、我坚定的职业梦想以及我目前技能方面的短板等。这些让我明确了大学期间的学习目标,并产生了强大的学习动力。这份坚定而执着的学习和职业目标,对于当时还是新生的我来说是十分难能可贵的。

2023 年 9 月,我积极参加了学校组织的大学生职业规划大赛,并取得了第一名的好成绩; 11 月份,我被推荐参加第十六届福建省大学生职业规划大赛。整个备赛阶段正好处于我的大三求职就业期,在指导老师的辅导下,我全面复盘分析了我的优势和劣势,评估了我所制定的短期和中长期的职业目标,更加明确了自己离所选择的职业道路越来越近了。在老师的指导下,我学会了如何在简历和求职信中突显自己的优势以及如何在面试中展示自己的优势和技能。此外,在整个比赛中,我不仅懂得了如何建立和维护专业人脉关系,也更清晰地了解了自己的职业目标,这对于我未来的职业发展起到了至关重要的作用。

最终,我参加了第十六届福建省大学生职业规划大赛现场决赛,在展现自己的同时,也让我在毕业季能够直接接到 3 家企业的 Offer。规划好大学学业目标和职业发展目标是我们每一位大学生一定要在大一做好的工作。

技能提升

一、了解自己的职业决策类型

通过前面的学习，我们已经对职业决策的类型有了一定的认识，但也许你还不清楚自己的职业决策类型。请完成下面的小测试，以便深入了解自己的职业决策类型。

课堂活动　　职业决策类型测试

【测试说明】　请根据自己的个人特质和实际情况，客观地对以下问题作答。若符合，得 1 分；不符合，则为 0 分。回答结束后，请将分数填入职业决策类型得分表(表 4-7)中并进行统计汇总。

1. 需要做决定时，会多方搜集资料。　1(　)　0(　)
2. 经常凭自己的感觉做事。　1(　)　0(　)
3. 做事时，喜欢有人在旁边，以便随时商量。　1(　)　0(　)
4. 遇到需要拿主意的事情时，便会感到紧张不安。　1(　)　0(　)
5. 通常将搜集的信息进行比较分析，列出可供选择的方案。　1(　)　0(　)
6. 时常会改变自己做出的决定。　1(　)　0(　)
7. 发现别人与自己的看法不同时，不知该怎么取舍。　1(　)　0(　)
8. 做事总是瞻前顾后，经常拿不定主意。　1(　)　0(　)
9. 会衡量各个方案的利益得失，判断出最适合的选择。　1(　)　0(　)
10. 经常仓促地对事物进行判断。　1(　)　0(　)
11. 做事时，不太喜欢独自想办法。　1(　)　0(　)
12. 遇到难做决定的事时，就会把它扔在一边。　1(　)　0(　)
13. 决定方案后，会开展必要的准备去做好它。　1(　)　0(　)
14. 决定之前，一般不会有任何?　1(　)　0(　)
15. 很容易受到别人意见的影响。　1(　)　0(　)
16. 觉得做决定是一件痛苦的事。　1(　)　0(　)
17. 会参考其他人的意见，综合自己的想法来做决定。　1(　)　0(　)
18. 容易不经慎重思考就做决定。　1(　)　0(　)
19. 在被催促之前，不打算立即作出决定。　1(　)　0(　)
20. 处理事情经常犹豫不决。　1(　)　0(　)
21. 经过深思熟虑，能得出一套明确的行动方案。　1(　)　0(　)
22. 通常情况下，自己对事物的判断是很准确的。　1(　)　0(　)
23. 常让父母、师长或朋友给自己提供意见。　1(　)　0(　)
24. 为了躲避做决定的痛苦过程，会让事情不了了之。　1(　)　0(　)

表 4-7　　职业决策类型得分表

决策类型	理想型		直觉型		依赖性		犹豫型	
得分项	1		2		3		4	
	5		6		7		8	
	9		10		11		12	
	13		14		15		16	
	17		18		19		20	
	21		22		23		24	

（资料来源：许秀娟，刘雅．大学生职业生涯规划．2 版．北京：人民邮电出版社，2019．）

职业决策类型测试结果分析

二、排除决策的阻碍——非理性信念

当受到某种非理性信念的影响时，人们会给自身的发展制造障碍，从而影响职业成功。

心理治疗师阿尔伯特·艾利斯在 1955 年提出非理性信念的概念，指出非理性信念的三个主要特征是绝对化的要求、过分概括化和糟糕至极的想法。在职业生涯中，人们常常持有不同程度的非理性信念。例如：因为看到某些互联网企业员工加班的新闻，就认为互联网企业的所有员工都需要加班；又如，在职场中看到某些人际冲突，就认为职场人际关系都是复杂的；再如，遇到求职挫折，就认为自己很差劲。这些信念使得人们的思想变得固化、无事实依据、不合逻辑，并且让人产生负面情绪，进而影响人们的行为及结果。

非理性信念是在个人成长过程中，受个人经历、他人和媒体等的影响逐渐形成的。由于这些信念是在不知不觉中产生的，因此，其存在于人们的深层次思维中，不易被觉察。在生涯决策的过程中，大学生可以通过有意识地认识常见的非理性信念，排除决策中的障碍，从而获得更好的职业发展和更多的选择机会。下面列出了常见的与职业生涯发展相关的非理性信念。

（1）计划赶不上变化，做职业生涯规划是没有用的。

（2）专业人士会告诉我，什么样的工作适合我。

（3）一定有一个更好的职业选择，我要一直找，直到找到。

（4）别人都知道自己喜欢什么样的工作，只有我不知道。为什么我这么差劲？

（5）只有做到了我想做的，我才会快乐。

（6）我所做的工作要符合我所有的标准。

（7）我所做的工作必须得到别人的赞赏。

（8）这份工作不适合女生/男生。

（9）我一定遭遇了职场歧视。

（10）学历越高越能找到好工作。

（11）我是普通大学的毕业生，肯定没有名校毕业生优秀。

(12)只要自身优秀就能找到好工作。

(13)专业不对口，我不会找到好工作。

(14)我在采取行动之前，必须有十足的把握。

(15)一旦我选择了某个职业，就很难改变了。

以上非理性信念，主要的不合理之处在于绝对化的要求、过分概括化和糟糕至极的想法，在语言上常常使用“一定”“必须”“所有”等表述方式。在现实中，人们很少意识到自己在使用这样的思维方式。对于非理性信念，我们首先可以在自我对话中进行一定的调整。比如可将“我所做的工作必须得到别人的赞赏”改为“我希望自己所做的工作得到别人的赞赏，但如果不能得到别人的赞赏，我也能接受”。在接受的基础上，我们可以静下心来思考别人的赞赏对自己意味着什么、别人的赞赏为什么对自己很重要等。考虑完这些以后，我们可能发现原来是自己对这份工作不认可，导致自己特别需要外在的认可。认识到这一点后，我们就可以在决策和行动上采取更加有效的措施，而不是陷入情绪的泥沼而难以自拔。有些非理性信念已经根深蒂固，这时候就需要我们求助专业人士，如职业咨询师。

三、做好自己的职业决策

微课：
SWOT职业生涯决策

我们每个人在做职业决策时，会受到多方面因素的影响，有来自外部环境的影响以及自身兴趣、技能等多维度影响，同时，父母、亲朋好友的意见也会影响到我们的职业决策。作为一名应届毕业生，我们身处人生重要的十字路口，该如何做出相对科学客观的职业决策呢？

生涯决策平衡单能够帮助我们通过赋值量化把面临的选择进行分数化，帮助我们更有条理地、客观地、具体地看待每一个选项。决策平衡单是一个很通用的管理工具，接下来主要讲述生涯决策平衡单的使用步骤。

（一）确定职业选项

确定职业选项是一个深思熟虑的过程，它关乎我们未来的职业道路和人生发展。我们在运用决策平衡单之初，需要详细列出所有潜在的职业选项。我们所罗列出来的职业选项是必须经过详尽研究的，确保每个选项都是实际可行的，并且与我们的决策目标紧密相关。不要遗漏任何可能的选项，以免在后续步骤中遗漏重要的选择。

（二）识别关键考量因素

明确哪些因素对于个人的职业生涯决策具有关键性影响。这些考量因素可能涵盖兴趣、价值观、目标及个人偏好等。同时，我们要尽可能选择可以量化或明确评估的因素，以确保评估结果的“可衡量性”。这样才能更准确地评估各选项的表现，为决策提供有力支持。

（三）评估各选项的优劣

针对每个职业选项，需在各个关键考量因素上进行细致的优劣评估。此过程通常涉及为每个因素设定一个评分范围(如－5分至5分)，其中－5表示该选项在该因素下表现最差，5表示表现最好。打分过程需要客观公正，尽可能避免主观偏见和情感因素的影响，可以参考相关数据、案例和经验来给出更准确的分数。

（四）加权计算综合得分

依据各选项在各个因素上的得分，结合各个因素的权重（重要性），计算每个选项的综合得分。在分配权重时，我们需要仔细权衡每个因素的重要性。权重代表了该因素在我们的决策中所占的比重，因此分配权重需要根据实际情况和判断来进行。我们可以使用百分比或者分数来表示权重，但无论如何，权重的总和必须为100%或者1（以分数形式表示）。

（五）排序优先级

根据综合得分的高低，对职业选择进行优先级排序。综合得分最高的选项为当前推荐的优选方案。如果两个选项的得分非常接近，我们可以考虑其他因素（如直觉、经验等）来做出最终选择。

（六）反思与调整

在做出决策后，进行反思以确认决策是否满足预期目标。如果决策结果与我们的期望存在偏差，我们可以重新检查评估标准和权重，看看是否有需要调整的地方。同时，也可以根据实践经验和反馈来不断完善自己的决策平衡单，以提高其准确性和有效性。

以上步骤中，如果我们认为自己列出的考虑因素比较多，不妨从以下四个方面进行分析。

（1）自我物质方面的得失：收入、对健康的影响、专业知识等；

（2）他人物质方面的得失：家庭经济、父母健康、与家人的相处时间等；

（3）个人精神方面的得失：职业兴趣、成就、压力等；

（4）他人精神方面的得失：父母、朋友等的幸福，社会福祉。

观察图4-9，通过对“自我和他人”“物质和精神”这两个维度的思考，我们可能对自己应考虑的因素有了比较理性的分析，但还需要进行一定的增加、删减或者修改。

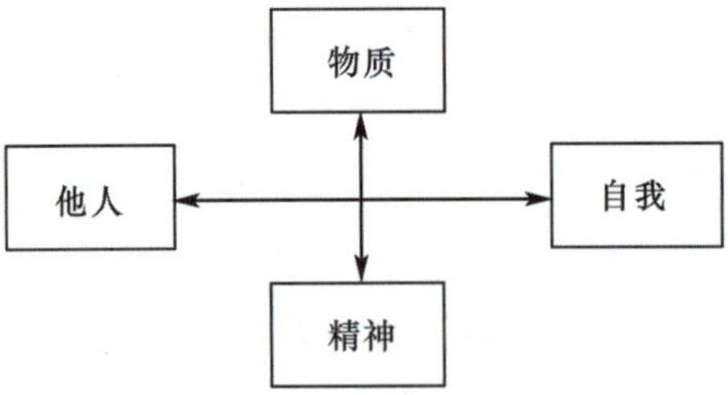

图4-9 “自我和他人”维度与“物质和精神”维度

在评估的过程中，我们可以酌情删减分数很低或者差异不大的选项，集中精力来思考和分析冲突较大的选项。如果我们在评估过程中出现了最佳选项同分的情况，这时，我们应该重新检验和考虑各因素的权重比，这些往往会影响到最终的结果。

学会使用生涯平衡单后，如果觉得打分比较困难，那么首先需要明确打分困难的原因。例如：是自己对客观信息了解不足，还是自己因处于不良情绪之中而不愿做职业选择？针对以上情况，我们要做的不是打分，而是停下来认真思考。实际上，使用生涯平衡单得出的排序结果很重要，填写的过程也很重要。因为列出重要选项、考虑因素、给各个因素分配权重以及给各选项打分的过程本身就是在帮助我们厘清自己的思路，更好地进行自我觉察。这样一个仔细思索和反复推敲的过程，更能够帮助我们做出适合自己的最终决策。

小案例

晓玉的生涯决策平衡单

表 4-8 为晓玉的生涯决策平衡单。

表 4-8　晓玉的生涯决策平衡单

考虑因素		权重	选择一 跨境运营助理		选择二 跨境美工师	
			分数	小计	分数	小计
个人物质方面的得失	收入水平	5	3	15	3	15
	专业发挥	5	2	10	5	25
	工作稳定性	3	4	12	4	2
	发展前景	4	3	12	4	16
	生活舒适度	3	3	9	3	9
个人精神方面的得失	价值感	4	3	12	5	20
	独立性	4	4	16	4	16
	性格适应	4	4	16	5	20
	安全感	2	3	6	4	8
他人物质方面的得失	家庭经济改善	5	4	20	4	20
他人精神方面的得失	促进社会进步	4	3	12	4	16
	家人幸福感	4	3	12	3	12
总计			152		189	

实践训练

一、制定我的大学学习生涯目标(图 4-10)

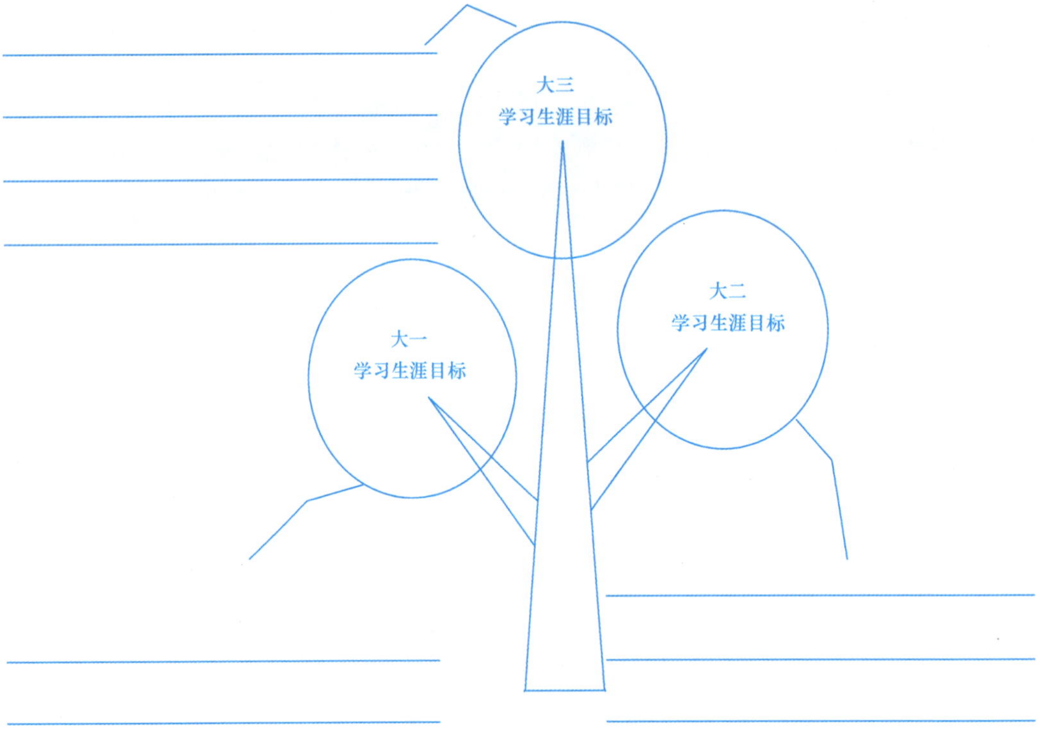

图 4-10 我的大学学习生涯目标

二、绘制我的职业生涯决策平衡单(表 4-9)

在做职业选择时需要考虑的因素太多,难以取舍,怎么办?我们可以运用决策工具——生涯决策平衡单。它是在生涯发展方向选择和职业决策中被经常使用的工具。生涯决策平衡单的使用步骤如下。

步骤一:列出所有的职业选项;

步骤二:列出选择一份职业时考虑的因素;

步骤三:分析各个考虑因素的权重分数(可以为 1~5 分);

步骤四:给每个选项打分(可以为 −5~5 分);

步骤五：加权并评估选项。

表 4-9　　我的职业生涯决策平衡单

<table>
<tr><td colspan="2" rowspan="2">选项</td><td colspan="2">生涯选项一</td><td colspan="2">生涯选项二</td><td colspan="2">生涯选项三</td></tr>
<tr><td colspan="2"></td><td colspan="2"></td><td colspan="2"></td></tr>
<tr><td>考虑因素</td><td>权重
(1～5)</td><td>分数
(－5 至 5)</td><td>小计</td><td>分数
(－5 至 5)</td><td>小计</td><td>分数
(－5 至 5)</td><td>小计</td></tr>
<tr><td rowspan="5">个人物质
方面的得失</td><td></td><td></td><td></td><td></td><td></td><td></td><td></td></tr>
<tr><td></td><td></td><td></td><td></td><td></td><td></td><td></td></tr>
<tr><td></td><td></td><td></td><td></td><td></td><td></td><td></td></tr>
<tr><td></td><td></td><td></td><td></td><td></td><td></td><td></td></tr>
<tr><td></td><td></td><td></td><td></td><td></td><td></td><td></td></tr>
<tr><td rowspan="5">个人精神
方面的得失</td><td></td><td></td><td></td><td></td><td></td><td></td><td></td></tr>
<tr><td></td><td></td><td></td><td></td><td></td><td></td><td></td></tr>
<tr><td></td><td></td><td></td><td></td><td></td><td></td><td></td></tr>
<tr><td></td><td></td><td></td><td></td><td></td><td></td><td></td></tr>
<tr><td></td><td></td><td></td><td></td><td></td><td></td><td></td></tr>
<tr><td rowspan="2">他人物质
方面的得失</td><td></td><td></td><td></td><td></td><td></td><td></td><td></td></tr>
<tr><td></td><td></td><td></td><td></td><td></td><td></td><td></td></tr>
<tr><td rowspan="2">他人精神
方面的得失</td><td></td><td></td><td></td><td></td><td></td><td></td><td></td></tr>
<tr><td></td><td></td><td></td><td></td><td></td><td></td><td></td></tr>
<tr><td colspan="2">总分</td><td colspan="2"></td><td colspan="2"></td><td colspan="2"></td></tr>
</table>

> 中国人民自古就明白，世界上没有坐享其成的好事，要幸福就要奋斗。
>
> ——习近平

项目拓展

一、案例解析

小陈家境不太好，一心想要改变家中的困境。通过自己的努力学习，小陈如愿考上了理想的大学。一进学校，小陈就暗下决心："我一定要努力学习，找一份好工作，让家人过上幸福的生活。"

小陈以优异的成绩和良好的沟通能力，在大二时就被任命为班长兼学生会副主席，但在学校活动中，表现得过于急躁，时常会和同学发生争执，引起同学们的反感。不久后，干部改选，小陈落选了。他含着泪水回想过去，我哪里做错了？我该如何做？小陈没有忘记自己进校时暗下的决心，他不能让家人失望，更不能让自己失望。他总结教训，继续按照自己的目标默默努力着，认真学习每一门功课，从不放弃任何一个学习的机会，期末成绩年年名列前茅。除此之外，小陈还积极参加学校举办的各项活动，每次活动结束，他都会主动留下来打扫卫生，最后一个离开。寒暑假期间，小陈还会积极参加各种校外实习工作，并于2023年在当地举办的软件设计大赛中获得一等奖。后来，由于小陈的出色表现，学校直接将他推荐给北京某软件公司，并顺利与该公司签订了《就业协议书》。小陈用自己的实际行动，改变了命运。

分析：

认真做好规划，就能改变命运。小陈在大学阶段合理地规划自己，并将规划付诸行动，最终改变了自己的命运。一些大学生在学校里没有目标，常常感到迷茫，就是因为没有下定决心好好规划自己的时间和生活，大学生活也因此浪费了。大学生应该摒弃不好的习惯，有计划地规划大学期间的学习和生活目标，并努力进行实践，才能使大学生活更加有意义、更加充实。

二、习题练习

1. SWOT分析法是什么？

2. 请按照职业生涯规划书的写作格式和要求制订一份个人职业生涯规划，并广泛收集来自同学、辅导员、父母和亲友的意见进行修改完善。

3. 为什么要参加职业生涯规划大赛？能够为自己带来哪些变化？

4. 参加职业生涯规划大赛，需要做哪些准备？

5. 画一幅"完整我"的自画像。

项目总结

一、要点小结

梳理本项目的知识与技能要点，绘制思维导图。

职业生涯发展的重要性

二、自我评价

学会的有：

需要加强和改进的有：

项目五

做好职业前期准备——大学生的实习实训

一切真知都是从直接经验发源的。

——毛泽东

项目概述

诗人萨迪曾说:“有知识的人不实践,等于一只蜜蜂不酿蜜。”他强调了实践对于知识分子的重要性。大学时期是个极其特殊和重要的阶段,它既能丰富深化你的学识,又能让你提前触摸到这个社会,是个体形成世界观、人生观、价值观的重要时期。因此,大学生在学习知识的同时,还需要进行一些实践活动,来学习课本上没有的知识,从而丰富自己的见识和阅历。

学习目标

知识目标

1. 了解与校园实践有关的内容。
2. 掌握校外实践的内容。
3. 明确专业实习实训的重要性。

技能目标

1. 能够做好实习实训前的心理准备。
2. 能够梳理实习实训前的知识与专业技能。
3. 能够具备一定的创新思维与创新能力。

素养目标

1. 培养实事求是、严肃认真的工作态度。
2. 培养勤奋好学、精通专业的工作作风。
3. 培养善于思考、敢为人先的创新精神。

项目内容

许多刚出校园、稚气未脱的大学生最缺乏的就是实践经验，他们在大学生活中，要么重学习轻实践，沉浸在校园开放式的学习氛围里；要么尝试过一些实践活动，却没有总结反思实践活动带来的经验，使得自己的提升有限。不过，值得欣慰的是，现在各院校越来越重视开展大学生的实践活动，这在很大程度上能够培养学生的实践能力，但最重要的还是我们自己要去积极主动地参与，这样才能在内外因素的共同作用下，让自己更加迅速地成长起来。

自我初探园地

1. 我感兴趣的校园实践活动有哪些？

2. 我会选择校企合作的实习实训场所还是去其他单位开展实习实训？选择的原因是什么？

3. 我参加过的校外实践活动中，哪一项活动令我印象深刻？为什么？

4. 如何协调好校外实践与课程学习的时间？

知识储备

微课：
技能学习知多少

参加实习实践对在校大学生有非常重要的意义。一方面，实习实践有助于丰富在校大学生的实践经验，更好地将理论联系实际，从而促进大学生学有所成和学以致用。实习实践可以帮助大学生更直观地了解市场主体的运作方式，有利于学习如何在社会中与不同的人合作完成工作任务，学习如何解决实际工作中的问题等。大学生通过实习实践积累的经验，是实现理论联系实际的必要途径。另一方面，参加实习实践有助于大学生建立职业联系，增强就业竞争力，为长期职业生涯发展打下坚实基础。大学生可以借助实习实践机会更好地了解自己的职业兴趣和职业生涯发展需求，更清楚地认识自己的优势和不足之处，以便规划进一步的学习和完善职业生涯发展计划。

许多用人单位也非常重视求职者的实习实践经历，并将其视作解决实践问题能力的重要标志。

一、校园实践

校园实践，作为大学生涯中璀璨夺目的一环，是学生们将理论知识转化为实践经验的宝贵桥梁。它不仅为学子们铺设了一条通往现实世界的道路，更让知识的种子在实践的土壤中生根发芽，茁壮成长。同时，校园实践也是大学生通往职业的窗口。大学生通过丰富多彩的校园实习实践活动，能够深入体验职场的环境和节奏，触摸到行业的脉搏与温度。在这个过程中，大学生能够将课堂所学的知识应用于实际场景中，解决具体问题，为未来的职业生涯规划打下坚实的基础。

（一）校园实践的活动类型

校园实践的活动类型丰富多样，涵盖了社会、专业、创新、艺术等多个领域。大学生参加各类校园实践活动不仅能够为自己提供广阔的发展空间和丰富的锻炼机会，还能培养自己的社会责任感、创新精神和实践能力。校园实践的活动主要分为四大类型：

1. 学科竞赛活动

学科竞赛是大学生在校期间应该尽量参加的一项校园实践活动，这有助于培养学生创新实践的能力和增强实际解决问题的能力，以此提升大学生的专业技能素养和综合创新能力。2024 年 3 月 22 日，中国高等教育学会发布《2023 全国普通高校大学生竞赛分析报告》，分析报告中共有 84 项赛事被列入了竞赛清单，主要可以分为本科高校的学科竞赛、职业院校的职业技能竞赛和创新创业竞赛三大类。

（1）学科竞赛

学科竞赛主要是面向本科高校的一项重要竞赛（高职院校学生也可以参赛），这类竞赛通常是由各政府部门、高校或学术组织等机构来承办，涵盖了各个学科领域，如数学、计算机科学、艺术设计、人工智能等。在竞赛中，学生需要运用所学知识，结合创新思维和实践能力，完成一系列的任务或挑战。这些任务可能包括解题、设计、制作、表演等，要求学生具备扎实的理论基础、灵活的思维方式和良好的团队协作精神。

（2）职业技能竞赛

职业技能竞赛是面向职业院校的一种重要实践活动，旨在通过比赛的形式促进职业院校学生的技术技能的提升和发展。这些竞赛通常涵盖各个行业和领域，如制造业、服务业、信息技术等，既能测试参赛学生的专业技能、实际操作能力和解决问题的能力，也能培养职业院校学生的精益求精的工匠精神。

（3）创新创业竞赛

创新创业竞赛主要包含中国国际大学生创新大赛和“挑战杯”中国大学生创业计划大赛等各级创新创业类大赛。创新创业竞赛能够培养学生的创新精神和创业能力，学生们通过跨学科知识的融合，能够接触到最新的创业理念和商业模式，运用自己的专业研究和技术创新解决行业、产业中的核心痛点和难点，不仅能够培养大学生的创新思考、解决问题的能力，还能培养其团队协作和领导组织能力。

2. 大学生社团活动

大学生社团活动是校园生活中丰富多彩的一部分，它们不仅为学生提供了展示自我、锻炼能力的平台，还促进了学生之间的交流与合作。这些活动涵盖了学术、文化、艺术、体育、科技等多个领域，大学生可以根据自己的兴趣爱好、专业特长选择相应的社团，参加各种实践活动。比如在专业类社团中，同一领域的大学生可以围绕专业知识展开讨论，共同参与指导老师的科研课题，与目标一致的同学一起进步一起成长；在兴趣类社团中，如街舞社团、演讲社团等，拥有共同爱好和特长的大学生会聚集在一起，展现和寻找属于自己的光芒。

此外，大学生社团更是锻炼个人能力与团队协作精神的平台。在社团活动的策划与执行过程中，大学生需要学会如何与他人有效沟通、协调资源、解决问题。这些经历不仅能让他们的组织能力、领导才能和团队协作能力得到显著提升，更能让他们学会如何在压力与挑战中不断成长和进步。

3. 志愿者实践活动

志愿者实践活动是一种基于自愿、无偿、利他和社会责任的原则，旨在为社会和他人提供帮助和服务的活动，是培养大学生社会责任感和奉献精神的重要途径。学校鼓励学生积极参与各类志愿者实践活动，如扶贫助学、环境保护、老年人陪伴等。在志愿者实践活动中，大学生能够深入基层、了解社会现实，体验社会需要。大学生通过为他人提供帮助和服务，不仅能感受到助人的快乐，还能培养无私奉献的精神和团队合作能力。

4. 实习实训活动

实习实训活动是提升学生专业技能和实践能力的重要途径。学校与众多企业和组织建立合作关系，成立产业学院、协同产业班等，共享共建校内实训基地，为大学生提供丰富多样的实习实训项目。在校内实习实训过程中，大学生在校企双师的带领和指导下将所学知识应用于真实的企业项目中，通过不断尝试和摸索，逐渐掌握专业技能和实际操作方法。这种经历不仅能让大学生更加明确自己的职业方向，还为其未来的就业创业奠定了坚实的基础。

大学生在校期间应该做好学业生涯规划，充分利用课余时间积极参加各类校园实践活动，以此来培养和提升自己的综合素质和实践能力，这不仅是为自己未来的职业生涯打下实践基础，也是能够增强自己的责任感和团队合作精神。

（二）校园实践的选择原则

校园实践为大学生的成长成才发挥着独特的作用，它凭借丰富多彩的文化、科技、竞赛等活动和“热情、团结、自由、兴趣”的精神受到大学生的喜爱，并成为校园生活的热点。校园实践不仅是一个活动平台，还是一群志同道合的青年广结益友的地方。大学生选择校园实践活动的时候应该把握以下原则。

1. 兴趣导向原则

大学生在选择校园实践活动的过程中，应该进行深入的自我分析，精准定位那些既能激发其内心热情又能发挥其个人优势的实践活动。只有遵循内心所爱，大学生才能在实践活动中展现出坚韧、活力和价值。

2. 成长导向原则

除了以兴趣为导向，大学生在选择校园实践活动时，也要考量是否能够让自己快速成长。校园实践活动基本是利用课余时间来参加，因此，大学生应选择能够让自己在专业知识、技能操作、团队协作等方面取得成长和进步的校园实践活动。在校园实践活动中，大学生不仅能够灵活运用理论知识，还能发现问题、探索新的领域，与社团成员共同创新思考、提供解决方案，从而促使大学生在校园实践活动中成长。

3. 生涯发展导向原则

每个学生所规划的生涯路径是不尽相同的，因此大学生在选择校园实践活动时应结合各自的职业生涯目标和职业生涯规划来选择。如其短期目标是专升本，那在选择校园实践活动时应更倾向于选择专业类社团、学科竞赛（职业技能竞赛）或者创新创业竞赛等；如其短期目标是毕业对口就业，那可以根据自己的个性特征、能力特长、专业水平等情况，选择加入各类实践类社团、职业技能竞赛、实习实训活动、社会实践活动等。

在选择校园实践活动时，大学生要充分结合个人兴趣、成长成才、生涯发展等方面的因素，做出最适合自己的选择，并在活动中收获知识、技能和成长，为自己的未来奠定坚实的基础。

二、校外实践

有一位毕业生在盘点自己大学生活的得与失时写道："大一时，我们不知道'不知道'；大二时，我们知道'不知道'；大三时，我们不知道'知道'。"大学生在大一的时候就像进入了桃花源，懵懵懂懂爬山、稀里糊涂过河，可以说无知者无畏；在大二的时候开始觉醒，知道自己的不足，开始选择要走的路；在大三面临就业的时候，才知道自己知道的甚少。

如果我们有一台时光机能够让每一名大学毕业生再上一次大学，相信他们一定会比现在做得更好，在大学里找到并坚守梦想。正如古人所云："有志者事竟成。"

为了研究实践教育对人才成长方向的影响，清华大学曾面向 4 000 名校友开展问卷调查，问卷结果表明，大学生在学习以外投入精力最多的方面影响其日后的成长。如果将大学生在学习以外参与的一些活动视为实践教育（包含科研活动、学生工作、社会实践、社团活动四类），那么可以说大学的实践教育影响人才成长。大学对学生的培养主要体现在对大学生基本素质的培养，而大学生在大学期间的实践积累还会在一定程度上影响其在社会上的表现。也就是说，在大学期间善于开展科研活动的大学生，在社会上会有学术方面的优势；在大学期间投入较多精力从事学生工作的大学生，在社会上会有岗位晋升方面的优势；在大学期间较多地参与社会实践的大学生，在商业方面表现得比较好。

这充分说明了大学生在校期间参与的实践活动的内容会直接影响其日后成才的方向，参与实践活动的质量、数量对其日后的职业生涯发展道路会产生深远影响。换言之，如果大学生立志从事某一方面或某一领域的工作，在大学时就应该注意培养这方面的能力。同时，大学要尽量使大学生能够在大学期间参与多种活动，争取在大学期间解决影响大学生一生发展的目标选择问题。从这个研究来看，大学生在大学期间参加校内外的实践活动意义重大。

(一)校外实践的活动类型

校外实践被很多大学生看作踏上职场的第一步，校外实践经历也成为大多数求职者简历中的“必填项”和企业眼中的“加分项”。校外实践能够帮助大学生培养实践能力，了解各种工作流程、技能和职场文化，提前为自己的职业生涯发展做好规划。校外实践可以分为以下四大类：

1. 校外社会实践

大学生社会实践是指大学生在学校结合其培养目标，以学校为依托、以社会为舞台，开展的接触社会、了解社会、服务社会，并从中接受教育、培养综合素质的一系列有组织、有计划活动的总称。社会实践是大学生了解社会、了解国情、增长才干、奉献社会的重要渠道。通过社会实践，大学生可以更加密切地接触社会、增强社会责任感。

社会实践在内容上可以划分为公益服务型实践、职业生涯发展型实践和社会调查研究三个大类。

(1)公益服务型实践

公益服务型实践等同于志愿服务，是指大学生为增进邻里、社区、社会的福祉而进行的非营利、不支酬、非职业化的行为，其特点是易操作、有收获。

根据服务的内容和对象，公益服务型实践可分为社会服务(扶贫济困、扶弱助残等服务，支教宣讲，公共场所及大型活动服务)与生产劳动(工农业生产活动、环卫清洁公益劳动)、“三下乡”活动和“四进社区”活动等。

(2)职业生涯发展型实践

职业生涯发展型实践是指大学生为了提升自身职业素养，结合自身专业学习开展的一系列参观、实验、发明、实习等理论联系实际的、参与式的认识和实践活动，其特点是“知职业，促学习”。

职业生涯发展型实践与时代人才需求和学生个人发展规划紧密结合，一般包括学习参观(除学校教学计划外，大学生自主安排深入企事业单位生产一线的学习、参观、体验等实践活动)、科技发明、挂职锻炼和预就业实习等类型。

(3)社会调查研究

社会调查研究是指大学生运用科学的方法，系统、直接地收集有关社会现象的真实情况，并对所得资料进行整理、分析，科学地阐明社会的状况及其变动规律的认识活动。社会调查研究不是为了调查而调查，大学生需要掌握系统的社会调查方法体系。没有创新意义、重复前人已有的调查或采用不科学的方法的调查就失去了其所含有的价值和意义。

2. 校外生涯人物访谈

校外生涯人物访谈是指大学生通过与一定数量的职场人士(通常是感兴趣职业的从业者)交流而获得关于一个行业、职业和岗位信息的一种职业探索活动。我们鼓励大学生走出校园，走进行业、企业，通过访谈 2～3 名职场人士的过程主动探索职业和岗位，积极获取目标职业信息，这既是一种有效的职业体验行为，也是一种校外实践活动的形式。

(1)生涯人物访谈的意义

一方面，生涯人物访谈可以帮助大学生了解自己感兴趣的职业的相关信息，包括入职标准、核心素质要求、晋升路径和被访者的职场感受等。另一方面，大学生可以借助被访者的生涯决策和职场感受发现自己的不足，修正自己的职业规划。此外，大学生通过生涯人物访谈可以结识职场人士、积累自身的职业人际资源。

(2)如何进行生涯人物访谈

为了达到更好的效果，大学生可以按照以下步骤进行生涯人物访谈。

①寻找生涯人物。结合自己的兴趣、技能、职业价值观、教育背景和职业知识列出未来可能从事的3～5个职业，在每个职业领域寻找3位以上的在职人士作为生涯人物(亲人、老师、朋友均可)。生涯人物的职业应是自己感兴趣的，每个职业领域的生涯人物应既有初入职场的人士，也有工作了一定年限的人士。访谈前，搜集并熟悉生涯人物的信息。

②设计访谈。问题的设计要结合自身实际情况，以便从被访者那里获得对自己有效的信息。问题以封闭式为主，要尽量切中关键、通俗易懂。访谈问题示例如下：

• 您能简单介绍一下您的职业吗？您在目前这个岗位上每天都做些什么？

• 您这个岗位最看重职员哪些方面的素质呢？或者说，这个岗位需要什么样的特殊技能？

• 您刚进公司从事什么工作？从事这份工作之初，您对这份工作满意吗？您觉得这份工作适合您吗？

• 您参加工作之后又做了哪些努力？或者说您又着重培养过哪些特殊技能？

• 您本科毕业就参加工作，当时是怎么考虑的呢？为什么没有考研？如果现在让您重新选择，您会怎样选？

• 您毕业找工作的时候，为什么选择这家公司？

• 有人说国有企业压力小而且工作稳定，但是有人认为私营企业发展潜力大，您怎么看？您是否想过跳槽到一家很有发展潜力的小公司？

• 您现在有没有短期目标或者一些人生目标？

• 贵公司对××专业毕业生的需求量大吗？主要看重毕业生的哪些能力？

• 您认为我们学校的大学生和其他学校的大学生相比有什么优势和不足呢？

• 对刚刚走上工作岗位的大学生，您有哪些建议？

• 您认为担任班干部对以后的工作帮助大吗？

③预约生涯人物。预约生涯人物可以通过多种方式，比如打电话、发微信或QQ消息、发电子邮件、写信等，其中电话预约效果最好。在进行电话预约时，大学生应该首先简单介绍一下自己，说明自己的身份，然后说明访谈目的以及进行采访需要的时间(通常20～30分钟)，最后征求访谈对象的意见，确定对方是否接受访谈以及访谈的时间、地点和方式等。大学生在预约生涯人物时要注意礼貌，并做好相关内容的记录。

④采访生涯人物。采访生涯人物时，大学生应进行简短的自我介绍，面谈时视情况对谈话进行录音或书面记录。采访要守时，不要浪费他人时间。

⑤加工分析信息并撰写访谈报告。根据访谈内容，大学生对照之前自己对该职业的认识，找出主观认识和客观现实之间的偏差，确定自己是否适合这一行，是否具备相应的能力、知识和素质，进而详细制订大学期间的学习、生活、工作计划并撰写访谈总结报告。如果访谈结果与自己之前的认识出现严重脱节，就有必要进入另一个职业领域开展新一轮的生涯人物访谈。

3. 校外认知实习

认知实习是大学生了解职业世界的有效途径之一。很多大学生在参加工作一段时间后通常会产生这样的困惑：运用自身学习的专业知识不能充分处理工作中面临的各种问题；目前的工作跟自己大学所学的专业不对口，感觉发展前景不理想等。出现这种困惑的原因是大学生在校学习期间没有充分认识自己的专业和相关行业，往往临近毕业才开始考虑工作问题。要想深入认知自身专业和相关行业，仅仅在校园中学习理论知识是不够的，要积极到职业世界中进行实践。大学生利用认知实习并结合生涯人物访谈，可以促进专业所学与社会实际需求相结合，有助于进一步深入、全面、多方位了解所学专业。

当前一些大学生存在理论知识较丰富，但是实际工作能力不足的问题，这就造成了当前大学生求职与企业招聘之间的不匹配。大学生要不断提升自身的职业素质，进一步满足社会发展的需求。适应能力和职业素养在职业生涯发展中占据非常重要的地位。认知实习能锻炼大学生的职场能力，是许多大学生走进职场、融入社会前的一场热身活动。

那么，认知学习需要注意什么？

(1)提前规划，聚焦目标

大学生在寻找一份认知实习时，应该思考这样几个问题："我未来希望从事的职业是什么""我的专业对口的领域有哪些""我想从事的工作岗位是什么"，基于这些问题再寻找一份与自己未来想要从事的职业相关的认知学习，这样才有助于探索职业世界、解决职业困惑。例如：一名机械专业的大学生未来想进入汽车制造行业，可以将认知学习目标锁定在学校当地的汽车企业。

(2)做好调查，搜集信息

大学生在确定认知实习目标后，要做好背景调查和信息搜集，通过网络搜集、生涯人物访谈等方法了解目标企业。例如：想进入某企业实习，首先要了解这家企业每年什么时间招聘实习生、通过怎样的方式招聘实习生、在实习生选拔上看重哪些能力，全面搜集信息后，提前做好各方面的准备，争取在应聘中脱颖而出。

(3)尝试完成角色转换

在进行认知实习时，大学生要尝试把自己当成一个真正的职场人士，以职场人士的标准来要求自己。在认知实习过程中，不能早退、迟到，应遵守企业的工作纪律。在工作过程中，深入了解企业的用人要求，将理论与实际相结合，熟悉真实的工作环境，奠定良好的人际关系和人际交往基础，进而提升自己的适应能力和人际交往能力。此外，在从学生到职场人士的转变过程中，大学生将会遇到很多在校园中从未遇到的问题。在应对和处理这些问题的过程中，大学生应逐渐克服自身的不足，培养较强的心理素质，不断提升情绪管理能力。

(4)实实在在找一份“工作”

从校园内走向校园外,大学生可以结合专业和自身特点,像找工作一样实实在在地找一份认知实习。职场环境不同于校园环境,大学生在职场中要遵循工作规则与流程,按时按点上班,保质保量地完成工作任务,这个过程有助于提升自己的时间管理能力。大学生虽然在校园里学习了很多理论知识,但在工作中会遇到很多书本上没有的问题,这就需要大学生不断加强自我学习,提升学习能力。

(5)做好总结,完善自我

在认知实习的过程中,大学生不断深入职业世界、了解工作的相关信息,需要经常对一段时间内的收获和感悟加以总结归纳,将其进一步内化为自身的能力素质,不断提升自己各方面的能力,不断充实和完善自我。

(二)校外实践的对策建议

习近平总书记在重庆师范大学看望同学们时曾说过:“同学们四年寒窗,以后要走向社会。我们的各级政府要重视、解决好大学生就业问题;我们的学校要为大学生就业提供指导;我们大学生也应端正择业观念,精准定位;在社会的广阔天地大显身手,到基层去,到边远地区去,到社区去,到农村去,到军营去! 志存高远的青年一代,立志要高,但起步要低,一定要脚踏实地,在基层摸爬滚打后,终会脱颖而出。”这句话表明了,作为大学生不仅需要在校园生活中认真学习专业知识,还需要进行深入社会生活、社会环境、社会基层的校外实践活动。然而,我们发现目前大学生在进行校外实践活动的时候还存在诸多问题,对此,我们提出了以下几项对策:

1. 大学生应主动参与内容丰富的校外实践活动

目前虽然大学生校外实践活动的内容多样化,但是大学生所选择的校外社会实践活动总体比较单一,大多集中在课外家教和社会调查项目上。因此,大学生应主动参与多种多样的校外实践活动,认识与了解校外实践活动与培养自身综合素质和职业能力的关系,从而让大学生更加积极地参与到校外实践活动当中,而非跟风参与或是为了完成学校、老师布置的任务。

2. 大学生应树立正确的校外实践活动目标

习近平总书记在清华大学考察时说过:“广大青年要肩负历史使命,坚定前进信心,立大志、明大德、成大才、担大任,努力成为堪当民族复兴重任的时代新人,让青春在为祖国、为民族、为人民、为人类的不懈奋斗中绽放绚丽之花。”大学生在进行校外实践活动的时候,应当树立一个活动目标。大学生应该树立起以服务社会为主的正确目标,这是对自身价值观体系培养与构建的正确方向。与此同时,大学生应当兼顾其他方面,如提升自我的职业能力、增加工作经验等,这些对大学生就业时增加自身竞争优势具有很大的帮助。

3. 大学生应主动参与校外实践活动的实施体系评价

目前大学生对实施体系评价存在普遍参与度不高的情况,如何解决这个难题,离不开政府、学校等的组织与支持。从政府、学校、大学生这三个方面而言:政府会通过政策引导和资金投入等手段,鼓励企业单位积极参与到大学生校外实践活动中来,为大学生校外实践活动提供机会;学校发挥自己在大学生校外实践活动中的主体作用,积极引导大学生树立正确的校外实践活动认知,同时做好和用人单位的沟通工作,建立合作培养人才机制,建立与学校相匹配的实习基地;大学生应该增强自己的意识,主动去尝试各种校外实践活动,主动参与而非被动或是抱着完成任务的心态去进行校外实践。

三、专业实习实训

大学生专业实习实训是高等教育实践教学环节的重要组成部分。高质量的专业实习实训不仅能帮助大学生初步掌握本专业领域内的实践技能和管理知识,还能促进课堂理论学习和实践能力培养的有机结合。

(一)参加专业实习实训的意义

很多用人单位非常关注大学生的专业实习实训内容。通过专业实习实训,大学生完成从学到用的转变,有助于在未来的职业发展中实现知行合一。

1. 增强大学生的职业适应力

大学生步入职场后,会有一段时间的适应期。专业实习实训能够帮助大学生尽快适应从高校学生到职场人的身份转变,从思想和态度上尽快融入职场,从而取得良好的表现,获得更多升职和进步的机会。专业实习实训能有以上作用,主要原因有三个:一是大学生专业实习实训单位会以职场人的标准来要求大学生,能够使大学生从心态上提前适应职业环境,尽量减少大学生对职场环境的陌生感;二是通过在实习单位与人沟通和交流,大学生从思维和观念上逐步从校园向职场转变,能够从一名职场人的角度去思考问题;三是通过专业实习,大学生在待人处世的风格和行为上逐步适应职场的要求,减少进入职场后所需要的学习和适应时间。

2. 锻炼并提升大学生的综合能力和素质

大学生在专业实习实训的过程中,要承担一定的工作,与实习单位的领导、员工及客户进行交流,有机会锻炼和提升自己的写作能力、表达能力和逻辑思维能力。同时,大学生在专业实习实训过程中参与活动,开展工作,可以锻炼组织能力和协调能力,能够培养良好的时间管理能力。这些综合能力和素质对大学生求职就业而言至关重要。

3. 帮助大学生养成良好的习惯

大学生拥有很多自由掌控的时间,但缺乏来自教师和家庭的监督,自控能力不强的大学生容易养成诸如不注重仪容仪表、没有时间观念、马虎大意等不良行为习惯,这些不良行为习惯在大学生的求职就业过程中会产生负面影响,不利于大学生的顺利就业。专业实习实训在帮助大学生养成健康、良好的思维习惯和行为习惯方面发挥着积极的作用,能够帮助大学生在毕业求职、就业过程中少走弯路,顺利就业。

4. 有效促进大学生学习专业知识

大学生在专业实习的过程中,有机会将自己在课堂上所学到的理论知识应用到实际的生产和经营实践中，能够切身感受到课堂所学专业理论知识的实际作用和价值，增强专业认同感。在这个过程中，大学生也能够深刻体会到自己的知识储备与职业要求之间的差距，从而激励自己在日后更加勤奋、刻苦地学习专业知识，对其专业学习起到很好的促进作用。扎实的专业知识储备将为大学生的顺利求职与就业奠定良好的基础。

5. 帮助大学生明确奋斗目标

在学业与就业压力下，大学生容易产生迷茫的情绪，不知道自己今后的出路和奋斗方向，而专业实习实训给了大学生接触社会、了解社会的机会。在专业实习实训过程中，大学生通过承担一定的工作，能更好地认识自己，正确全面地看待自己的优点和缺点。同时，大学生能够更加清晰地了解职场对求职者能力和素质的要求，从而在今后的学习中，更加有针对性地提高自己的素质和技能，以便在毕业后顺利实现自己的职业目标。

（二）做好专业实习实训的准备

专业实习实训对于毕业生的就业之路而言，无疑是一座坚实而璀璨的桥梁，这座桥梁巧妙地连接了学生时代的理论学习与步入社会后的实际工作，为即将踏入职场的年轻人铺设了一条从书本到实践的平稳过渡之路。

在专业实习实训过程中，大学生将学会如何在快节奏的工作环境中保持冷静与高效，如何在复杂的人际关系中寻找合作与共赢的契机。每一次的任务挑战，都是对自己独立思考能力、问题解决能力、沟通协调能力以及团队协作能力的一次全面考验。而这些能力，正是现代职场对人才的基本要求，也是毕业生在求职市场上脱颖而出的重要砝码。因此，大学生在校期间要提前做好专业实习实训的规划和准备，从而使我们深入体验专业对口的工作岗位，为未来的就业打下坚实的基础。

1. 充分利用资源找好实习实训岗位

（1）利用亲友资源

大学生可以尝试绘制一张家族职业树状图，看看亲戚朋友所从事的职业中是否有自己感兴趣或和自己的专业相关的，请他们帮忙引荐。这样做一方面可以提高就业成功率，另一方面还可以和这些亲戚朋友请教一些实习的注意事项，以便自己在实习时可以学到更多的东西。

（2）利用校友、老师资源

有些大学生是通过主动拜托老师或积极联系学长学姐找到实习和工作机会的。老师桃李满天下，在专业领域有很多资源优势。学长学姐也是非常重要的人脉资源，即使他们不能直接推荐工作或实习机会，他们的职场经验也是值得借鉴和学习的。

（3）利用讲座、会议活动的机会

一般情况下，每学期都有学界名人、行业专家到学校开设讲座，学校承办的一些高水平的学术交流活动也会出现行业专家、学界名流的身影。大学生根据自己的专业情况、兴趣爱好或职业目标有选择地听取讲座，或作为志愿工作人员参与会议活动服务，主动创造认识他们的机会。大学生可以做好讲座或活动主题的资料收集、整理工作，精心准备两到三个问题，主动向专家请教，争取深入交流的机会。

(4)利用社交网站或专业性论坛

大学生可以在知乎、微博、豆瓣、简书等公开的平台发表自己对一些专业热点问题的见解,或在一些专业人士的文章下发表评论。但是,这要求大学生具有一定的文字功底,并且对专业问题有比较深刻的认识。

(5)利用实习生资源

大学生可以和已经在实习或实习过的同学认真交流,汲取他们寻找实习实训机会的经验。如果他们在实习实训单位得到上级的赏识,当实习实训单位缺人时,他们推荐的朋友也有更大的概率进入该单位。

(6)利用学校就业机构资源

每个学校都有就业机构,并且大多建有就业网站,大学生多关注其中的校园招聘信息,就会发现有很多可以直接利用的机会。就业机构工作人员也会有许多相关的资源,大学生可以礼貌询问,快速发现一些潜在的就业机会。

(7)参加招聘会或借助招聘网站等

政府相关部门举办的人才招聘会,各高校、院系组织的招聘会等都是可以直接利用的渠道。另外,类似智联招聘、前程无忧等网站上也有很多实习机会。

2. 抓住实习实训机会提升职业能力

技能的形成是一个从不会到会、从不熟练到熟练、从初级到中级再到高级的循序渐进的过程。因此,专业实习实训也讲究循序渐进。

(1)抓住校内实训的机会练技能

校内实训一般是在"边教边学、边学边做"中实现教学和实训的,能够有效培养和提升大学生的基本技能。积极进行专业技能的实训,在真实或模拟的生产环境中完成生产与实训任务,能够让大学生更好地掌握综合操作技能,进而具备校外岗位实习能力。现在很多应用型大学或职业院校都有订单式人才培养模式,大学生要利用好这样的机会,实现零距离就业。校内生产性实训基地引入企业真实的工作情景、文化氛围和管理模块,有助于大学生职业素质和职业道德的形成,为他们顺利走上工作岗位和可持续发展奠定基础。

(2)抓住岗位实习的机会长本事

在岗位上磨炼,可以使理论知识在实践操作中融会贯通,实践技能在理论知识的指导下有效提升,进而提升大学生的职业能力和职业素养。实习生既是院校的学生,又是实习单位的员工,应该接受学校与实习单位的双重管理,同理,实习生也有权得到学校和实习单位的双重指导。一方面,实习生要按照学校关于岗位实习的制度设计,带着学习任务或设计项目进入实习单位,有目标、有步骤地完成既定的实习模块的学习任务;另一方面,实习生还要遵循实习单位对岗位员工的实际要求,包括工作纪律、工作任务、工作标准等方面的要求。

3. 利用岗位实习实现对口就业

岗位实习是大学生在完成专业基本课程后进入职场前的一次重要的演练。它对学生综合运用知识、提升应用能力和综合素质、培养职业意识、提升就业能力等具有重要的作用。大学生通过岗位实习可以提前接触工作,知道自己还有哪些不足,哪些是学校没有教而自己需要学习的。大学生通过岗位实习会更加明确职业方向，在面临就业选择时就不会感到迷茫。

大学生在对口岗位实习实训中既要积极展现自己的专业能力和综合素养，也要谦逊地向企业导师和前辈请教和学习。如果大学生在实习时表现优秀，实习单位会希望其能留下来工作；在双向选择和彼此满意的情况下，我们可以与实习单位签订就业协议，实现对口就业。如果我们毕业之后不选择实习单位作为就业单位，那这段岗位实习的工作经验同样也能让我们增强就业竞争力，找到心仪的对口就业岗位。但大学生要谨记，虽然岗位实习的经历能让我们在毕业时具有短期的相对竞争力，但对口就业一定要考虑人岗、能岗的匹配，务必脚踏实地做好职业生涯的规划，做好就业岗位的合理选择，坚定地朝着自己的职业生涯目标努力奋斗。

（三）制订专业实训计划

学校与职场、学习与工作、学生和职员之间的差异是巨大的。专业实习实训可以让大学生了解、适应它们之间的差异，并开始角色的转变，使自身能够适应工作、社会的需要，为将来离开学校、融入社会与职场生活做好准备。可见专业实习实训对大学生是十分重要的，因此我们需要明确实习的价值，在了解其重要性的基础上，结合自身的情况和条件，制订相应的实习计划。

1. 明确专业实习实训的价值

专业实习实训是大学生在步入职场生活前，理论与实践的最佳结合点。通过专业实习实训，大学生能够发现自身对于理论知识的掌握程度，能够修补自身薄弱与印象不深的环节，巩固提高所学的专业理论知识；还能在专业实习实训中发现课本中未提及的东西，扩大自己的知识面，加深对原有理论基础的理解和消化。同时，专业实习实训还能让大学生更加全面地认识和了解自己所感兴趣的某一行业或领域，并思考自己与该行业或领域的契合度。

（1）将课本上的知识与行动进行转化，发现自身不足

通过专业实习实训，大学生能够把在课本上学到的知识运用到实际的操作中去，在具体的实践过程中发现自己的问题，再反过来补充和巩固所学知识。就好比学数学一样，原理记得再牢固，公式背得再熟练，若不勤于做题练习，也依然无法掌握该公式原理的用法。对于大学生而言，专业实习实训是一个很好的查漏补缺、检验自身的机会。

（2）加深对职业的了解，为自身角色的转变做准备

通过专业实习实训，大学生可以了解自己选择的职业生涯发展方向是否符合自身各方面的素质，能够深入了解某一行业或企业的文化氛围，能够知晓自身与该行业或企业用人要求之间的差距，还可以明白自己是否真正喜爱这个职业，逐渐明确自己的未来职业生涯规划，知道自己想要的是什么以及需要付出和能得到的东西，从而开始调整自身为人处世等的行为方式，开始尝试从学生向员工的角色转变。这些都有助于大学生思考当下职业生涯规划的合理性，为未来的择业、就业做出更加科学理性的选择判断。

（3）增加就业竞争优势

不同的企业在招聘的时候侧重点各不相同，有的重视学历，有的重视专业等。但几乎所

有企业都特别重视的一点是应聘者是否具有应聘职位的相关工作经验。比起那些几乎没有专业实习实训经历的竞争者来说，拥有专业实习实训经历的大学生更容易受到企业的青睐。因此，实习实训经历将成为大学生在未来应聘中的优势，是增加成功就业概率的筹码。

（4）获得一定的报酬，作为就业创业的储备基金

大学生利用空闲时间去企业实习实训，不仅能够得到相应的工作经验，还能获得实习实训报酬。对于想要创业的大学生来说，积累一定的工作经验和资金有助于后续创业计划的顺利开展。

2. 结合自身状况制订专业实习实训计划

无论做什么事情，都要有明确的计划与目标。在实践的过程中，计划就是我们行动的标尺和灯塔。遇到任何问题，始终不要偏离计划的方向，这可以使我们少走弯路和节约时间。但是，也不能盲目计划，应从实际出发，结合自身条件及状况来制订计划。下面，我们来讲解如何制订专业实习实训计划以及相关的文书内容。

（1）制订专业实习实训计划的步骤

制订专业实习实训计划的步骤如图 5-1 所示。

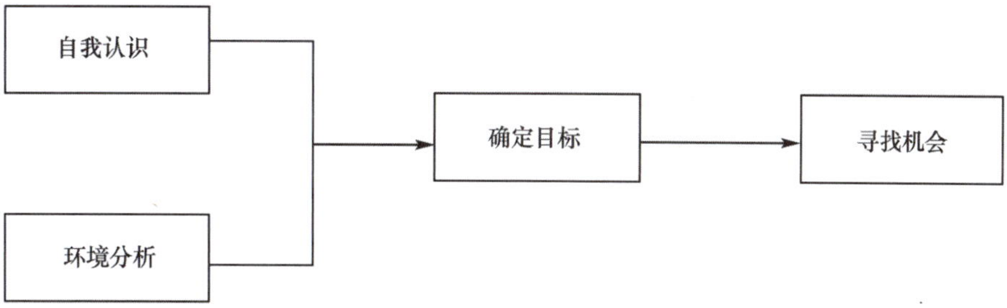

图 5-1 制订实习实训计划的步骤

①自我认识。自我认识是专业实习实训计划的首要步骤。通过前几个项目的学习，我们已经了解了自身的兴趣、性格、能力与价值观，通过自我认识，可以客观地总结出自己的优势和职业倾向，明确自己的职业定位与核心竞争力，从而可以帮助我们较快地锁定未来职业的可能发展方向，并根据这些发展方向来选择实习的行业领域。

②环境分析。现代社会是知识经济型社会，大学生对未来职业世界的判断和决策，依赖于对社会环境和行业环境的认知。从客观上看，我们现在处于一个极其有利的外在大环境，经济高速发展，对各类型人才的需求量激增，但这也在无形之中增加了大学生的竞争压力。行业环境主要包括各行业的市场结构、运行状况和竞争态势等方面，在分析行业环境的时候，主要分析其行业状况、职位环境、企业前景和地域因素等。我们应该尽量选择有前景、发展空间较大的行业。

③确定目标。一旦确定了专业实习实训方向，接下来就要明确自己的目标是什么。一个好的目标的设定，是专业实习实训计划中的核心内容。管理学大师彼得·德鲁克在其著作《管理实践》中首先提出了目标管理 SMART 原则，书中提到："管理人员一定要避免活动陷阱，不能只顾低头拉车，而不抬头看路，最终忘了自己的主要目标。"这一原则同样可以运用到我们个人设置目标上来。

• S(specific):指目标设置必须是具体的,具有明确性。所谓明确就是清晰、不模糊,要用具体的语言来说明想要达到的目标。比如,目标设置为“会弹钢琴”就很模糊,而“拿到钢琴考试十级证书”就比之前设置的目标明确得多。

• M(measurable):指目标设置必须是可衡量的、可度量的。这就需要我们为自己的目标设置一个标准,以衡量目标是否达成。比如,“大学期间取得优秀的成绩”这个目标就缺乏可以衡量的标准,究竟怎么样才算是优秀成绩呢?所以不妨设置为“大学期间每门科目平均分在90分及以上”,这样就给自己的目标一个可供参考的标准。

• A(attainable):指目标设置必须是可以达到的。大学生在设立专业实习实训目标的时候,不能好大喜功,也不能妄自菲薄,要实事求是地从自身条件出发,设置一个可以通过自己不断努力而实现的目标。如果一名大学生将自己的目标设置为成为“比尔·盖茨第二”,这个目标就不是能够轻易靠大学四年的努力而实现的。

• R(relevant):指目标设置需要有相关性。如果一个目标和其他目标的相关性不大,那么这个目标的设置和实现也是没有什么意义的。比如,一名英语专业的大学生的实习岗位是培训机构的英语教师,那么这个大学生可以设置学习教学管理能力的目标,因为掌握了教学管理能力有助于提高其作为一名英语教师的授课能力,而如果设置了学习编程技术的目标,就和英语教师这个职位没有什么关系了。所以,大学生实习目标一般都要和自身专业以及职业倾向相结合来设置。

• T(time-bound):指目标设置需要有明确的截止期限。比如,设置目标为“我将在6月30日之前完成大学计算机基础课程的学习”,那么这个“6月30日”就是一个明确的目标时间限制。明确的时间限制能够促使我们合理地安排目标达成的进程,做到科学合理的时间规划,而不是贸然地赶工或是无限期地拖延。

④寻找机会。在确立了专业实习实训目标的情况下,我们就应该着眼于寻找和专业实习实训目标相关的机会。不过能够完全符合目标的实习实训机会少之又少,我们需要适时地对计划和目标做出调整,多关注相关企业单位的网站动态,同时也要多多留意学校教务信息网站上发布的专业实习实训信息。

(2)专业实习实训计划的内容

我们已经通过上述步骤完成了专业实习实训计划与目标的思考过程,接下来就需要以文字的形式将其整理归纳出来,以便厘清思路,随时进行修改。以下是专业实习实训计划书需要包含的五项内容:

①专业实习实训目标。确立自己的专业实习实训目标,也就是明确专业实习实训的职业选择方向以及通过专业实习实训想要收获什么。专业实习实训目标不一定是单一的,可以是2～3个备选的专业实习实训目标和职业。这样可增加专业实习实训工作选择的范围和灵活性。

②自我评估与分析。主要是分析自身目前的状况,对自身的兴趣、性格等有一定的解剖,可以在专业实习实训计划书中呈现一些自我认识的测评分析和结果。

③环境与行业分析。在做环境与行业分析的,我们需要脱离学生这一角色,站在一个比较宏观的立场上,搜集综合资料,通过分析来对目前国家环境或某一行业有一个大体的概括。

④实施方案。将专业实习实训目标分解成几个小目标，并分步骤、按计划来实施完成。一般可分为阶段目标、短期目标和长远目标三类。阶段目标是指当前需要做的事情，包括寻找专业实习实训机会、在专业实习实训中积累什么样的经验、想要培养什么样的技能等。短期目标指专业实习实训结束后必须完成的目标，如确定真正适合自己的工作，适应企业工作环境和企业文化理念等，同时找出自己与企业要求能力之间的差距，制订具体的计划以逐渐缩小差距。长远目标指的是通过专业实习实训阶段的磨炼，拥有独当一面的工作能力，开启自己的职业生涯。

⑤评估标准。设定衡量此计划是否成功的标准，并设置如果在计划实施过程中没能达到目标的调整方案。

专业实习实训计划书制订出来后，一定要一步一个脚印地完成计划。不能制订完计划书后就将计划抛到一边。凡有想法或者决定，一定要躬行实践。不然，所制订的计划也只是表面功夫，并不能让自己有所提升和进步。

技能提升

对于校园中的大学生来说，要想较快地体验到社会职业生活，选择一份实习实训工作是一个十分重要的过渡和锻炼机会。“纸上得来终觉浅，绝知此事要躬行”，实习实训不仅能巩固提升我们在学校中学到的知识，还能为未来的职业生涯发展和就业准备做好铺垫、提供参考。那么，在计划实习实训之前，我们应该怎么做呢？

一、实习实训前的心理准备

实习实训前的心理准备工作是非常重要的。实际上，不仅仅是实习实训，在很多事情上面，诸如演讲、考试，甚至求职都需要做好心理准备。在和竞争对手各方面条件旗鼓相当的情况下，准备充足、心理素质强的人往往会取得成功。下面我们将从五个方面来讲解实习实训前所需要做的心理准备。

（一）要正确地评价自己

大学生实习实训，往往是为就业做准备的。因此，在参与实习实训前，最好能结合个人的兴趣、性格、价值观和能力等有针对性地选择实习岗位。正确地评价与认识自我十分重要，它能帮助你了解自身的特点，缩小职业选择范围并确定未来可行的职业生涯发展方向。不过，需要强调的是，能够选择与个人未来职业生涯发展方向相近的实习岗位固然很好，但是也不要因此好高骛远。职业并没有高低贵贱之分，在实习实训岗位上能够积累经验，发现自己的不足并加以弥补，为将来的就业奠定基础才是我们应当重视的。

（二）要对自己充满信心

许多大学生在实习实训前会畏首畏尾，觉得自己从未接触过工作内容，什么都不懂，生怕自己做不好会出差错，其实这都是很正常的事情。作为实习生，做事不专业、出点小差错是在所难免的。在遇到困难、挫折时，不要想着退缩，而是要树立信心去克服它、挑战它;犯了错误时,要在错误里总结教训,争取不在同一个地方摔倒两次,要相信自己在学校里已经获得了丰富的理论知识,只要我们踏实努力地去做,工作就一定会越来越得心应手。

(三)要做好角色转变的准备

在学校生活里,大学生习惯于轻松自然的学习环境,加之有学校的教务安排和老师循循善诱的指导,他们形成了强烈的依赖心理,自律和自主性不强。但参加实习实训后,周围都是严格的领导和陌生的同事,还必须严格遵守公司的章程制度,高强度、快节奏的职场生活取代了轻松的校园生活,这就很容易使部分大学生一时间无法适应和接受,导致他们产生逃避、悲观甚至放弃的消极态度。因此,大学生应该在校园生活期间,培养自己的独立自主能力和吃苦耐劳精神,养成遇到困难不逃避、不依赖、勇于独立面对的人格品质,积极地为日后能够快速融入职场生活做准备。

(四)要有积极的工作态度

在职场生活中,每个人都有自己的工作任务和职责,因此企业可能并不会安排前辈或者同事来带领新人工作,甚至也不会给新人指定具体的工作内容,新人很多时间是充当了“打杂”的角色。这时大学生应该积极主动地观察同事在工作中处理问题的方式方法,并乐于接受前辈布置的任务,不要怕出错和丢脸,遇到不懂的问题要主动询问,这样才能快速积累工作经验和能力,从而成为一个能在工作中独当一面的人。

(五)要学会处理人际关系

与单纯的校园人际关系不同,职场的人际关系往往错综复杂。只有懂得如何处理好人际关系,才能使我们的工作更加顺心,使实习实训工作做得更好。对于实习实训的大学生来说,最重要的就是诚信、礼貌,真诚地对待同事和客户,重视与同事之间的团结协作与融洽相处,使自己的实习实训工作顺利进行。

二、实习实训前知识与专业技能梳理

大学生在学校里学习的知识与专业技能是相辅相成的。只有专业基础知识扎实,专业技能才会更加突出。将自己所拥有的知识与专业技能梳理好,根据自身掌握情况有针对性地准备,才会达到事半功倍的效果。

(一)知识的梳理

从出生到现在,我们都在不停地学习、接受知识。每个人所掌握的知识零碎又繁多,大多数人并没有将自己的知识系统整理,这影响了我们对自身的整体认知与把握。因此在实习实训的准备阶段,我们需要将自己所具备的知识进行一个系统的梳理,明确自己对知识的掌握情况。

1. 专业学术知识

专业学术知识指的是大学生对所学专业课程理论知识的掌握程度。一些企业需要专业知识型人才,这就需要应聘者有良好的专业知识基础。比如,并不是所有人都能当外科医生,因为其要求从业者掌握解剖学、诊断学等相关的外科专业知识。在步入工作生活后，大学生会发现每天很忙碌，能够用来学习、给自己充电的时间很零碎，只有作为一名学生，在校园生活的期间，才能有大量的时间去学习和涉猎知识，能够心无旁骛地去提高自己的知识和技能，因此，我们应该珍惜学校生活时光，充分利用每一分每一秒，丰富自己的专业知识，提升自己的专业技能。

2. 英语等外语知识

随着全球化的发展，掌握一门或一门以上的外语是每个大学生为增加自身竞争力所必须具备的能力。越来越多的跨国公司来我国投资创办企业，若没有良好的外语口语能力和读写能力，连简单的日常工作沟通都没法完成，更别提未来的职业升迁规划。因此，掌握一门外语，并能够熟练地进行听说读写，能让你在众多的求职者当中脱颖而出。

3. 其他知识

现在是一个多元化的社会，需要的知识也呈多元化结构。因此，我们除了牢固掌握专业学术知识外，还需要掌握一些其他有助于我们职业发展的知识。

(1)基础通用知识

基础通用知识指的是除了专业学术之外的基础知识，诸如人文知识、法律知识等。基本的法律知识是每个大学生所必须了解和掌握的。作为祖国未来的建设者，大学生一定要知法懂法、遵法守法。而人文知识的涉及面很广，基本可以运用到各行各业当中，如秘书、助理等文职工作者以及导游、教师等职业。从某种意义上说，基础通用知识是一个人综合职业素养的体现。

(2)办公的知识与技能

办公的知识与技能指的是电子办公与企业运营管理方面的能力等。现代企业办公都离不开互联网与计算机，这就要求大学生不得不掌握网络与办公软件的应用，诸如办公软件、简单的图像处理软件等是每个大学生所必须掌握的。在日常的工作中，每个人都会不知不觉地参与到公司的运营管理中，因此，熟悉企业相关的知识，能够帮助大学生快速正确地理解公司的动态、动向和决策，使大学生能与企业共同进步、共同成长。

(二)专业技能的梳理

在实习实训前，我们对自身的专业技能进行全面的梳理和合理的评估是至关重要的。这是我们根据企业实习或就业岗位职责标准对自己所学专业知识和专业技能的评估以及将理论知识转化成实践技能的过程。

1. 回顾核心知识

我们需要回顾并巩固基础的核心知识，如计算机专业的学生，必须掌握好计算机科学的基本原理、编程语言的核心概念、数据分析的统计基础等。这些基础核心知识是后续技能提升的基石，必须牢固掌握。

2. 提升重点技能

针对实习岗位的具体要求，我们要重点提升相关技能。比如，如果实习岗位是软件开发工程师，那么就需要熟练掌握至少一种主流编程语言(如Java、Python、C++等)，了解常用的开发框架和工具以及具备良好的代码编写和调试能力。同时，还需要关注行业前沿技术动态，如人工智能、大数据、云计算等，以便在实习实训中能够灵活运用。此外，软技能也是实习实训中不可或缺的一部分。良好的沟通能力、团队合作精神、解决问题的能力以及快速学习的能力都是企业所看重的。因此，在实习实训前，可以通过参加社团活动、项目实践等方式来提升自己的软技能。

3. 进行模拟演练

为了检验自己的专业技能是否达到实习实训的要求，我们可以进行模拟演练，运用校企合作的真实小项目或兼职参与企业项目来积累经验，提高自身的实际操作能力。同时，也可以向学长学姐或业界专家请教。

总之，实习实训前的专业技能梳理是一个全面而细致的过程，需要认真对待。只有充分准备，才能在实习中发挥出自己的优势，为未来的职业发展奠定坚实的基础。

三、实习实训前应具备的综合能力

1. 组织管理能力

组织管理能力是指为了有效地实现目标，灵活地运用各种方法，把各种力量合理地组织和有效地协调起来的能力，包括协调关系的能力、善于用人的能力等，是一个人的知识、素质等基础条件的外在综合表现。良好的组织管理能力，能帮助大学生协调好和同事、上司下属之间的关系，以很快地融入新的工作环境和工作团队中去。因此，大学生在学校里应该多参与班级建设和院校学生会的管理工作，可以通过竞选班干部和学生会干部的方式锻炼自己的组织管理能力。

2. 应变能力

应变能力指的是个人在外界事物发生改变时所做出的反应。可能是本能反应，也可能是经过大量思考过程后所做出的决定。大学生步入社会后，如何去筛选和分析每天接收到的成堆信息，如何紧跟时代发展的步伐以及在工作中如何处理各种突发的状况，这都需要大学生具备良好的应变能力。因此，大学生可以在学校学习知识的同时，积极参与社会实践活动，多关注国内外新闻，学习和借鉴他人的经验来提高自己的应变能力。

3. 创新能力

创新能力指的是人在思维中通过对已有经验和知识的加工消化，提出新概念、新知识、新见解的技能和本领。创新是一个民族进步的灵魂，是一个国家兴旺发达的不竭动力。如今国家正大力鼓励和倡导大众创新，作为受到高等教育的大学生，更应该培养自己的创新能力。

微课：
人际交往的技巧

4. 人际关系处理能力

人际关系处理能力是指个体在社会交往中建立、维护和改善人际关系的能力。它包括沟通技巧、同理心、冲突解决、团队合作、领导力和社交网络构建等方面。研究者通过与大学生的沟通发现，处于青年期的大学生，思想活跃、感情丰富，人际交往的需求极为强烈。他们期望在开展实习实践活动时，与其他同事处好关系，渴望真诚友爱，力图通过人际交往获得友谊，满足自己精神上的需求。但面对新的环境、新的对象和紧张的学习生活，部分大学生有一些茫然不知所措，因此，很多大学生希望能够在开展实习实践活动时学会如何处理人际关系。

改善人际关系的状况，光靠提高认识是不够的，还必须进行相应的行为训练。有关人际关系的训练方式很多。对大学生来说以下几种训练非常有效，而且也很有意义。

（1）感恩训练

感恩训练的目的是使大家在人际交往和社会生活中懂得感恩。父母关心孩子，从父母的角度说，确实是应该的；老师帮助学生，从老师的角度来看，也是应该的。但是得到了帮助，我们应该为此心存感激。在有能力回报的时候，要给予回报；在暂时还没有能力回报的时候，至少应该知道感恩。因此，我们可以要求自己每天对别人至少表示一次（当然也可以多次）感恩，哪怕是说一声“谢谢”。

（2）道歉训练

这个训练看起来简单，但实际上不太容易做。因为处于这个年龄阶段的大学生在人际交往中，如果发现自己做了不合适的事情或说了不合适的话以后，虽有自省的能力，但缺乏认错的勇气。一些大学生认为，向别人认错是一件丢人的事情，所以发现自己犯了错误时，不愿意承认。例如：对家里人说话态度不好；在学校生活中，说话时无意伤害了别人。

这个训练首先要解决认知方面的问题，人都是会犯错误的，但是犯了错误以后，有人愿意承认，有人勇于承认，也有人不愿或不敢承认。其实承认错误并不是一件丢人的事情。做错了事，能够及时承认，常常能获得别人的谅解。此外，看到自己的缺点、错误往往是比较痛苦的，是需要勇气的，所以认错的人，会被认为是勇敢的人，愿意正视自己的人，也是有信心自我完善的人。承认错误的方式可以多种多样，例如：当面对别人说“对不起，是我不好”或者“不好意思，我不是有心的，但我确实伤害了你，我道歉”等。

（3）赞美训练

微课：
学会赞美——从心出发寻找赞美点

每个人都希望得到别人的肯定和赞扬，而处于这个年龄阶段的大学生更需要别人的肯定和鼓励。在人际交往中，及时赞美他人是一个好习惯。要知道，别人身上并不缺少值得赞美的东西，缺少的是我们的关注和发现。只要我们关注别人，总可以发现他们身上存在的或者表现出的各种各样值得赞美的东西。所以，这个训练能够帮助我们以宽容和肯定的心态去看待他人，同时也能训练自己及时地把内心的赞美表达出来。一句赞美的话，常常可以给我们带来一天的好心情。当然，赞美别人时也有一些注意事项，例如：要去理解和感受赞美对象比较在意自己的哪个方面，要讲究方式和分寸等。

（4）争议训练

在人际交往中，总会与别人有不同的意见。这种情况，会对人际关系产生一些影响，这时争议训练对于提高为人处世能力很有帮助。这个训练有几个要点需要注意。第一，要学会站在别人的角度去想问题，去理解、感受。也许站在自己的角度觉得自己有道理，但站在别人的角度一想，别人似乎也有道理，所以就谈不上谁对谁错了，也就没有必要非得争个高下了。第二，有些问题没有是非对错，只有彼此差异。你觉得别人奇怪，别人也会觉得你难以理解。所以，要学会接受人与人之间的差异。第三，有时候你觉得自己有道理，但你说服不了对方接受你的观点。这个时候，说上一句“也许你是对的”，常常是合适的。这句话的意思可以有多种理解，可以表达为“尽管我现在说服不了你，但我还没有觉得自己就一定是错的”；也可以表达为“我不同意你的观点，但有可能真的还是你正确呢”；还可以表达其他意思。但“也许你是对的”这种表达至少是对别人的尊重，传达了一种友善和客观的态度。

实践训练

一、撰写职业体验日记

请主动寻找一个自己感兴趣的职业进行体验，然后撰写职业体验日记。日记内容参考如图 5-2：

________职业体验日记	
职业名称：	企业单位：
体验时间：	体验地点：
体验过程及描述：	
心得体会（收获及不足）：	

图 5-2　职业体验日记

二、采访一位职场人士

选择一位你认识的或者亲朋好友推荐的职场成功人士进行采访，尽量选择所从事的职业与你所学专业对口的采访对象，或者与你未来想选择的行业或职业相符合的采访对象。采访结束后请简要填写"职场人士采访简介"，撰写并提交一份详细的职场人士访谈报告(图 5-3)。

职场人士采访报告		
采访人姓名：	专业：	班级：
被采访人姓名：	单位及职务：	
采访方式：	采访时间及地点：	
被采访人简介：		
采访后的启发：		

图 5-3　职业人士访谈报告

三、完成我的综合能力测试

(一)创新能力测试

【测试说明】:根据自己的实际情况对以下问题作答,如果符合自身的情况,则回答“是”,不符合则回答“否”,不太清楚的则回答“不确定”。回答结束后对照评分标准表(表5-1)来计算统计自己的得分。

创新能力测试
结果分析

1. 你认为那些使用古怪和生僻词语的作家,纯粹是为了炫耀。
2. 无论什么问题,要让你产生兴趣,总比让别人产生兴趣要困难得多。
3. 对那些经常做没把握事情的人,你不看好他们。
4. 你常常凭直觉来判断问题的正确与错误。
5. 你善于分析问题,但不擅长对分析结果进行综合、提炼。
6. 你审美能力较强。
7. 你的兴趣在于不断提出新的建议,而不在于说服别人去接受这些建议。
8. 你喜欢那些一门心思埋头苦干的人。
9. 你不喜欢提那些显得无知的问题。
10. 你做事总是有的放矢,不盲目行事。

表5-1　评分标准表

题号	“是”评分	“不确定”评分	“否”评分
1	−1	0	2
5	0	1	4
6	0	1	2
7	4	0	−2
5	−1	0	2
6	3	0	−1
7	2	1	0
8	0	1	2
9	0	1	3
10	2	1	2

(二)分析能力测试

他的问题出在哪？

佘某是某校二级学院辩论社新上任的社长，主要负责新生杯辩论赛的赛事筹备、策划、宣传等事宜。辩论社隶属于二级学院学生会负责统筹和管理，而学生会每年负责与辩论赛的合作与承办，这已形成惯例。二级学院团委则总体牵头、领导其他学生群团组织工作。二级学院团委、学生会、社团组织等多组织有三级隶属关系，但因分工不同，学院团委、学生会、社团组织又具有相对独立的组织边界性。当年，三个组织都刚刚完成了换届，组织工作“一切待兴”。某日，因新生杯辩论赛决赛的宣传需要，佘某找到自己相对熟悉、关系较好的二级团委学生负责人张某，请求协助宣传。张某认为，作为二级学院团委的学生负责人，协助本学院辩论赛宣传既是为学院师生服务，也是扩大组织影响力的举措，因此爽快答应了佘某的请求并快速组织部门干事在QQ公众空间上发送比赛日程和决赛宣传资讯。信息发布后，学生会的主要干部看到自己部门辛苦承办的赛事遭其他组织“抢功”而心生气愤，集体在QQ公共空间上表达不满，要求二级学院团委相关负责人删掉QQ公众空间发布的赛事信息并向学生会道歉且给予交代，评论顿时爆发，甚至有个别成员冷言嘲讽、言语辛辣。而张某所负责的组织认为所做事项并无过错，反而是对方咄咄逼人，在网络空间出言不逊，有嘲讽和侮辱所在组织的言论，因此，亦难掩气愤。随后，所属组织也不甘示弱，在QQ公共空间进行评论反击，骂战再次升级。

分析能力测试结果分析

我的分析：

(三)人际关系处理能力测试

1. 陪同学逛街时，对方看中一件新上市的秋装，对着镜子左照右照很是满意，其实你觉得这件衣服无论颜色、款式都不是很适合她，如果她征询你的意见，你会(　　)。

A. 心里想什么就说什么

B. 说什么怎么说要考虑到我和这位同事的交情如何

C. 沉默含笑不语

D. 委婉地说出自己的意见

2. 你在等公交车，这时你急着要上班，在等公交车过程中，你会（　　）。

A. 看公交车站周围的广告牌

B. 紧紧盯着车子来的方向

C. 不停地看手表

D. 低着头，无意识地看着马路

E. 走来走去

人际关系处理能力测试结果分析

四、创新思维的实践练习

创新思维是现代职场中的一项重要能力，它能够为企业带来新的机会和竞争优势。在工作中展示和应用创新思维，可以提高工作效率、推动组织发展，并为个人职业发展带来更广阔的空间。大学生在实习过程中，表现出一定的创新思维对其今后的发展是大有裨益的，不仅能够引起实习企业的注意，提升自己的职场竞争力，还有可能被企业破格录用。因此，创新思维十分重要。

创新不能仅停留在纸面上、脑海里，而是要把想法变成现实，在真实世界中发挥作用。本章前面介绍了创新的一些基本概念、原理和方法，现在就开始试着运用学到的方法和工具进行创新实践的第一步吧。

（一）组建创新实践团队

组建一个2～5人的团队，共同学习、讨论、实践相关的创新思维方法。这个团队中的成员构成应尽量多样化，成员背景应涵盖不同的性别、不同的专业背景，甚至是不同的成长环境。多样化的成员背景可以在观察事物和进行分析时提供多样化的视角。随后，将组成的团队的信息填好。

1. 为你的团队取一个充满创意的队名：________________

2. 写下团队成员的名字和他们擅长的事情。

A ________________

B ________________

C ________________

D ________________

E ________________

组队成功后，选出一位成员担任组长。在后面的学习和实践练习中，组长要负责组织项目。组织大家定期讨论并进行实践分工，督促和鼓励团队成员，并带领团队最终完成创新挑战。

（二）选择一个创新挑战

创新者常常面临的一个问题是不知道应该专注于哪项挑战，即如何界定其所面临的挑战。选定一个要挑战的题目，采用“诉说梦想/牢骚”的方法，有效地促使团队成员将讨论演变为从创新的角度去思考大家是否有能力来解决这一问题。

写下创新挑战议题：____

面对选择的创新挑战议题，小组成员一起从以下三个方面进行讨论，并将讨论结果记录下来：第一，在这个议题中，有哪些知识和信息是你们已经知道的；第二，哪些知识和信息是你们不知道、不了解的；第三，将会有哪些约束条件或者困难对你们完成这个创新挑战造成阻碍。

讨论的结果：

第一，____

____

第二，____

____

第三，____

____

(三)进行实地调研

确定哪些人或组织是调研对象，然后设计一份调研问题表，小组成员针对不同的用户访谈，以便更全面地收集与议题相关的信息和用户故事，最后整理访谈内容并记录在图5-4中，和小组成员分享。

在进行调查的时候，团队成员需要提前进行训练，并共同遵守一定的伦理规范，以确保团队成员的实地调研能够顺利进行。

1. 筹备阶段

(1)了解当地的文化习俗。

(2)邀请调查对象时，给予清晰的活动介绍。

(3)预先获得使用调查对象信息的许可。

(4)保持田野调查的团队精神。

(5)保持整个团队的信息对称。

2. 收集信息阶段

(1)明确清晰地向调查对象进行自我介绍。

(2)认真倾听，不得给予建议。

(3)避免做出任何有可能无法兑现的承诺。

(4)不要给调查对象或当地的任何重要活动带来负面影响。

(5)只收集与调查目标相关的信息。

3. 使用与分享信息阶段

(1)思考获得信息的第三方是否会给调查对象带来麻烦。

(2)诚实地分享我们的发现。

(3)保护调查对象的原始信息(如个人信息)。

(4)保障调查对象不会在不知情的情况下被第三方追踪。

(5)保证信息以安全的方式存档。

实地调研访谈记录

图 5-4　实地调研访谈记录

自古圣贤之言学也，咸以躬行实践为先，识见言论次之
——林希元

项目拓展

一、案例解析

×××学院大二的学生幸然，为了减轻父母的经济负担和改善自己的生活，选择了在校期间进行勤工俭学，于是她便在招聘网站上发布了英语家教兼职的求职信息。幸然的专业是商务英语，因此很快就找到一个帮助高三学生辅导英语的兼职工作。这份工作感觉挺轻松的，一周补习三次，一次两个小时。最开始幸然想着自己也经历过高三，又是学英语专业的，补习的那些功课对她来说都是小菜一碟，所以并没有做好充分的准备。很快第一次补课开始了，她信心满满地翻开高三学生的习题本，打算帮他讲解他不会的题目并针对他的弱点进行一些加强练习，但是让幸然感觉很尴尬的是，以前对于自己来说很简单的题目，却因为和现在专业学习的知识联系较少，对一些知识的记忆不是很深，因此花了稍长一点时间才把题目做出来。事后幸然觉得又羞愧又后悔，自觉不应该轻视这份工作，应该认真地对待它。虽然是一份简单的工作，可是自己却因为简单而没有重视，造成了第一次补课的不顺利。

后来，幸然开始在每次补课前都认真备课，温习以前学过的语法和核心句式，对学生的补课辅导做得越来越流利，学生的英语成绩也在一次次考试当中有所提升，这让她感到非常的骄傲和自豪，而她自己也在一次次的备课与“温故”中，对以前的知识有了新的认识，进一步强化了自己的英语基础能力。这次的勤工俭学让幸然收获颇多，如果可以的话，她还希望能有更多的机会去尝试不同的兼职工作。

分析：

幸然的这次勤工俭学，让她成长了许多。首先是她对待实习工作的态度和看法，不会再因为是一件小工作小事情而轻视它，养成了认真负责的好习惯。其次是对自己所学知识的一个加深巩固。最后她的兼职活动，增强了她的综合素质，提高了她的语言表达能力和逻辑思维能力。平时同学们所做的实践活动，或许是一些很琐屑很微小的事情，但是要知道，以后我们从事的所有复杂工作，都是由一点点具体的小事情累积起来的。只有认真对待每一件小事，才能有耐心地去处理复杂的事情，才能成为出色的职场人士，并最终取得职业生涯的成功。

二、习题练习

1. 请按照“生涯人物访谈”的流程做一次深度生涯人物访谈。
2. 请思考自己所学专业与未来职业的关系，写下可能胜任的职业类别及工作岗位。
3. 通过本项目的学习，谈谈你对实践活动有什么认识？
4. 结合本项目的学习内容，试着梳理自己的知识与专业技能。
5. 制订自己的实习计划。

项目总结

一、要点小结

梳理本项目的知识与技能要点，绘制思维导图。

二、自我评价

学会的有：

需要加强和改进的有：

项目六
找到最适合自己的岗位
——大学生的就业准备

宜未雨而绸缪，毋临渴而掘井。

——朱柏庐

项目概述

河北省《南皮县志·风土志下·歌谣》中记载："兵马不动，粮草先行。"这是指古代出兵之前，会先准备好粮食和草料。此言警示我们，在做某件事情之前，应提前做好准备工作。同样，对于即将踏入职场的毕业生也应如此，要做好充分的物质与思想准备，才会有一个成功的开始。那如何准备才能称得上是"良好的开端"，才能赢得用人单位的青睐，从而取得心目中理想的职位，揭开成功求职的神秘"面纱"呢？首先要做到知己知彼，"知己"就是实事求是地评价自己，对自己有个正确的认识，要明确自己想做什么和能做什么；"知彼"就是要了解择业的社会环境和工作单位，正确认识哪些岗位最适合自己。

学习目标

知识目标

1. 掌握招聘流程。
2. 了解职场中良好的礼仪习惯。
3. 学习面试的礼仪要求。

技能目标

1. 学会就业信息的收集。
2. 学会甄别就业信息。
3. 掌握求职材料的写作要点和写作方法。

素养目标

1. 提升大学生的职业素养、规划能力、就业技能。
2. 增强大学生市场意识和竞争意识。
3. 培养大学生形成终身学习的观念。

项目内容

就业是“双向奔赴”的过程，不仅是求职者选择工作单位的过程，也是工作单位选择求职者的过程。因此，高校毕业生不仅要清楚自己想要什么样的工作，还要清楚工作单位想要什么样的人才，这样才能针对性地“双向选择”，才能做好相应的就业准备。

自我初探园地

1. 我会选择哪些渠道投简历？原因是什么？

____

____

2. 我去参加面试时，需要做好哪些准备？

____

____

3. 制作简历时应该注意哪些问题？

____

____

知识储备

高校毕业生是就业工作的重点目标人群。高校毕业生就业不仅是一个教育问题，而且还是一个重要的社会问题，实现高校毕业生的高质量就业会对社会发展起到一定的推动作用。因此，提升高校毕业生的就业能力与就业质量是一个亟须解决的课题。

学校在学生就业中扮演着重要角色，高校应从整体出发，统筹谋划，整合校内外各类资源形成合力，构建一整套的就业指导体系，不断提升学生就业的能力，实现高质量的就业。

一、甄别就业信息

信息是一个具有现代性的词，与人们生活息息相关。一般意义上的信息可以理解为各种资料、消息、政策、情报等，是通过各种媒介传播而获得的非物质性产品（无形产品），主要途径包括报刊、电视、广播、网络、文献资料、人际关系等。从表义上讲，信息又称资讯，是一种消息，通常以文字、声音或图像的形式表现出来，是数据按有意义的关联排列的结果。从哲学上讲，信息是物质世界的运动状态与转换方式，是物质的本质属性之一。就业信息是关于各种就业政策、制度与供需情况等方面信息的总称。就业信息按照来源层级的不同，可将其分为宏观和微观两种。宏观的就业信息是指国家政治经济发展状况、国家和地区间就业政策和计划、产业发展和布局、社会总体供需状况、企业改革和劳动人事制度等与就业相关的信息；微观的就业信息主要是指某些部门和行业对就业者素质和能力的要求信息，主要包括写作能力、专业素质、外语水平、心理素质、计算机能力及口头表达能力等；若从更细微上看，是指单位的具体情况，主要包括待遇、福利、发展前途、人际关系、结构和规模等内容。因此，就业信息是就业者通过各种途径和方法获得的，并经过加工、分析、判断和筛选之后，提取出的对自身就业有价值的、可利用的各种政策、资料、消息和情报的总和。

（一）就业信息的特点与内容

1. 就业信息的特点

（1）时效性

就业信息的时效性主要是指信息的效用有一定的期限，如果超过一定的期限，那么它的效用将逐渐递减直到丧失价值意义。信息是动态变化的，是与时俱进的，即它总是随着社会事物的不断发展而发生相应的变化。从具体时效性上讲，处于这个时期，信息可能是有效的；而处于另一个时期，就难保其价值仍存在，极有可能被新的信息所淘汰和代替。信息这一特性要求大学生在就业时，应及时主动地搜集和了解就业信息，做到及时分析与筛选；同时注意信息的有效性，针对个人具体实际情况（包括条件、兴趣等）尽快做好准备，适时向用人单位反馈。徘徊犹豫可能导致因为错过时机而贻误了就业机会，使本来有价值的就业信息成为明日黄花。“机不可失，时不再来”这句话用在毕业生求职择业上恰到好处。

（2）精准性

毕业生在搜集和了解就业信息时，必须做到信息的精确、全面与真实。信息社会决定了信息的内容多样化以及信息渠道的多元性，但这并不一定意味着所有信息都是有价值的，面对这些庞杂的信息，大学生必须学会用精准的判断力，筛选与区分就业信息的假与真、价值高低，否则信息的精准性意义便丧失了。个别用人单位的招聘信息不是为了招聘人才，而是为了欺骗求职者，从中谋取不当利益，因此初涉就业市场的高校毕业生在求职过程中一定要防止上当受骗，采取措施保护自己的合法权益。同时，高校毕业生在搜集信息时，要认真地分析和判断信息，弄清楚信息是否具有精准性，切忌模棱两可、含糊其词，这种非精准的信息可能给毕业生带来麻烦和误导。此外，就业信息的精准性对于高校毕业生来说是至关重要的，如果就业信息不准确，会使高校毕业生浪费大量的人力、物力和财力，给高校毕业生增添许多麻烦，以致贻误时机。如果就业信息精准可靠，那么高校毕业生便能较轻松地实现就业，做到事半功倍。

(3)动态性

一切事物都处于永恒发展变化的过程之中，我们称其为动态的发展过程。同样，就业信息也处于动态发展变化的过程中，它常随着社会总体发展趋势、经济运行情况、就业方针政策、人才供需状况的变化而不断发展变化。在全球化、市场化、网络化的社会中，就业信息的动态性更加凸显。在全球化背景下，国家间的孤立自闭是不可取的，也是不可能的，国与国之间的政治、经济、文化联系不断加强，相互依赖性不断增强，相互影响、渗透力度增加，在某种程度上产生了同质性和依赖性。这就要求大学生应及时关注全球政治、经济、文化发展的总体趋势，并对趋势做出自己的判断。市场经济是具有竞争性质的经济体制，起到优胜劣汰、资源优化配置的作用。密切关注市场的变化和发展，是关注就业信息的应有之义，这样才能做到未雨绸缪。例如：最近几年，学习计算机、人工智能专业学生的市场需求量大，就业率较高，但当这些单位和部门人才需求达到饱和时，人员需求量相对下降，就业就变得相对困难了，这便是市场与就业关系的明证。在网络化的社会中，信息得到充分有效的传播，就业信息通过各种途径得以传递与接收；同样，大学生应及时通过网络掌握各种就业信息的发布和更新，为成功就业做好准备。

(4)共享性

就业信息的共享性，也叫作可分享性、公共性或非排他性，即信息是共有的，可以互通有无，任何人都不可能阻止别人消费它。即使有些人有心将信息占为己有，这在技术上也是不可行的；或者尽管在技术上可行，但成本过高，因此很少有人会“有意”垄断信息。过去由于技术的限制，人们获取信息的机会往往是不均衡的，常常出现信息的不对称现象，导致一部分人拥有足够的就业信息能及时获得工作，另一部分人则因为就业信息的不足而丧失了就业机会。随着现代信息技术的发展和进步，信息传播的范围越来越广，速度越来越快，绝大多数人可以通过各种途径了解到相关的就业信息。信息的共享性还意味着如果你把自己所获得的就业信息与他人分享，他人虽然获得了这些信息，但你并不因为他人的获得而使自己的信息量减少，只是增加了信息的影响力。这里应指出的是，就业信息的共享性并非意味着就业职位的非竞争性；相反，信息的广泛传播使大多数人获得相同的信息，但由于职位有限，从而导致一个职位多人竞争的局面。因此，为了能成功就业，高校毕业生一旦获得就业信息，应立即做出分析和判断，并及时与招聘单位联系。

(5)价值性

人类的社会生产活动是一种有意识和有价值的活动，它通过生产资料(主要是劳动工具)作用于劳动对象从而达到自身的预期目的以体现劳动价值。同样地，作为反映人类社会活动的信息总是为了达到某种目的或满足某种需要而被搜集、传递和应用，从某种程度上说，它是社会经济活动在就业领域的表征。这一表征的价值性彰显，目标直指就业。一是就业信息的价值在于就业信息能如实地反映社会经济活动与劳动者数量及素质的关系，直接为高校毕业生就业服务；二是就业信息的搜集、传递和应用，使人们产生价值性行为，为社会发展的一定目标服务；三是就业信息的搜集、加工和传递等一系列的处理工作，是由专门的机构和人员来进行的，完全是一种极具价值性行为。就业信息的价值性，要求高校毕业生在信息的搜集过程中，要有针对性，搜索对自己就业有价值和帮助的信息，及时摒弃一些没有价值的信息，切不可“捡了芝麻，丢了西瓜”。

2. 就业信息的内容

(1)就业形势信息

就业形势信息包括社会经济发展形势，社会各行业、各类企事业单位经营状况和对高校毕业生的基本要求及需求等。当前，我国经济快速增长，各行各业需要大量的人才，大学生具有广阔的就业前景，这是社会的总体需求形势。人才需求同时也具有不平衡性，边远地区、艰苦行业、基层单位和乡镇企业等需要大量的人才；而大城市中大中型企业、机关和科研院所则人才济济，即使有人才需求，要求相对也较高。大学生在择业时要看到这种需求的差别，通过搜集信息，把握正确的择业方向，除了考虑条件优越但人才竞争激烈的地区和单位，也应把目光投向虽然目前条件较差、工作较艰苦，但人才缺乏、亟待发展的地区和单位，这些地区和单位的就业成功率往往较高。

同时，大学生还应获取社会各行业、各类企事业单位的生产经营状况、文化背景、发展前景、工作条件、福利待遇、对人才的重视程度及对高校毕业生的具体安排、使用意图等信息，这样才能在选择用人单位时占据优势，选择最有利于自己发展的用人单位。

(2)人才需求信息

人才需求信息即用人单位对用人的专业、学历层次、个人能力和需要人数等方面的信息。可以说，人才需求信息是就业信息中的主体，它直接关系到大学生找到自己满意的用人单位。因此，大学生必须获取准确有效的人才需求信息，这样一方面可以提升自己的择业信心，另一方面还可以帮助自己选定地区、部门、行业甚至具体岗位。

(二)就业信息的作用

1. 能增强大学生学习的自觉性和自主性

适度的目标对人有一定的激励作用，并且这一激励具有“倒 U 形”效应。同样，就业信息的导向性非常强，对大学生具有强烈的指导功效，通过信息的灌输与反馈能够提高大学生的积极性与主动性。许多大学生将大部分的时间花在课本的理论知识学习上，但由于课本知识与实用性之间仍有相当距离，因此大学生在学习上就缺乏针对性和积极性，当然也忽视了对实践的学习和体验，即较少与社会联系，缺乏对社会的亲身体验。一旦踏入社会，部分大学生常会因社会经验的缺乏在求职过程四处碰壁，因此在求职过程中，大学生可以通过对就业信息的掌握和分析，对照自身的具体情况，发挥和突出自身的具体情况，弥补自身的缺点和不足，认真学习与专业符合的职位所要求的素质和能力，进一步明确学习目标，增强学习的自觉性与自主性，增强自身的综合素质和专业技能水平，最终赢得职位。

2. 能够帮助大学生厘清就业政策和制度，转变就业观念

对于大学生来说，宏观的就业政策和制度是很重要的，具有宏观的引导作用。如果大学生不懂国家最基本和最新的就业政策和制度，就如同运动员不懂比赛规则一样，盲目地选择职业经常会导致其求职过程中事与愿违、四处碰壁。同时，就业政策和制度亦随着国家政治经济形势的变化而不断调整，各地区各部门也将根据国家颁布的有关政策与制度，结合本地区本部门的实际情况制定相应的政策与制度，做到因地因时制宜。因此，大学生择业时，须了解国家各地区间的具体就业政策和制度及就业管理机构的工作程序，特别是深入了解所定位地区的具体政策和制度，做到适时把握机会，争取少走弯路。此外，就业信息也反映了社会整体就业形势的变化，随着经济不断发展，科技不断进步，产业结构不断调整，企业改革不断深入，人员流动、失业的情况多有发生。针对这些信息，大学生要思考分析其中缘由，避免“一叶障目，不见泰山”的错误。由于社会对不同人才的需求具有不确定性，学校在培养人才方面存在着滞后于经济社会发展的现实，无法做到培养的专业人才与社会所需的人才同步，这无疑给广大的大学生一个警示——必须提早做好准备。近年来，随着高校毕业生人数的不断增多，社会总体就业环境不容乐观，压力日益增大。由此，广大高校毕业生应该认清就业形势，转变就业观念，正视当前就业形势和压力，一步一个脚印，脚踏实地地做好本职工作。同时可以根据压力增加的环境，转变就业思路，支援欠发达地区，大力推行自主创业，这些也是展示才华的舞台。

3. 就业信息在大学生就业中起到了至关重要的中介和纽带作用

一是就业信息是大学生就业决策的依据和参考。就业信息对于求职者来说是至关重要的，如果单凭个人主观想象或者在不知晓任何就业信息的情况下去谋取就业职位，那么较难做出符合实际的就业决策，且可能增添诸多就业的难题。大学生在进行就业决策时，不仅要拥有各种就业信息，而且要拥有微观就业信息，同时要将就业信息进行分析、整理、筛选，特别是可行性分析，做出可供选择的决策，并选择出最佳方案，最后通过就业信息的反馈，检验和调整决策。二是就业信息是确定就业单位的依据。由于大多数大学生与社会接触不多，社会经验较少，因此，大学生在求职择业中，往往无法判断各个单位的优劣以及信息的真伪。在这种情况下，要认真对就业信息进行分析、判断、筛选，对其进行分类研究和处理，找出各家单位在福利待遇、发展空间、经济效益、工作条件等方面的优劣势，特别要罗列用人单位的比较优势，然后根据优势对这些就业单位进行选择。三是就业信息是大学生与用人单位沟通的桥梁。由于信息的不对称，大学生与用人单位间无法做到信息的沟通畅通无阻，二者需在多次磨合中相互了解。一方面，大学生必须通过各种途径搜集就业信息，努力寻找用人单位；另一方面，用人单位在有人才需求的情况下，及时发布人

才招聘信息，通过这样不间断的沟通和了解，双方都可以实现最佳选择与配置。

（三）搜集就业信息的原则

1. 主动性和及时性

当今就业环境与就业形势越发严峻，一个好的职位竞争者越来越多，竞争也愈发激烈，这就要求高校毕业生要主动去搜集就业信息，通过不同的方法和途径尽可能多地了解就业信息，如果抱着等、靠、要的心态，那么无疑将与好工作擦肩而过。就业信息具有一定的时效性，一般来说，时间越长，就业信息的价值越小；时间越短，就业信息的价值越大；就业信息具有共享性，即每个求职者都可以公平地获知就业信息，但这不意味着大家获知就业信息的时间是一样的，如果你先一步掌握就业信息，提前做好准备，那么就业成功率便可能会提高；如果你落后于别人，那么无疑处于劣势。这要求高校毕业生在择业时要做到及时掌握各种就业信息，力争在激烈的就业市场中占有一席之地。

2. 准确性和真实性

高校毕业生在搜集就业信息时，必须确认所获得的就业信息的准确性和真实性。如果就业信息不准确将会给高校毕业生带来决策上的失误，可能造成无法挽回的损失，浪费了精力和财力。要做到信息真实可靠，首先是信息源要可靠，特别是通过间接方式搜集就业信息时，更要关注这点；其次是在信息搜集过程中，要注意分析鉴别，及时剔除不可靠的信息，对一些模棱两可的信息，要追根溯源，直到弄清楚为止，真正做到深入实际，多观察，勤思考，以保证搜集的信息真实可靠。

3. 具体性和适用性

就业信息必须具体有效。只有具体的信息才具有价值和可利用性，因此在搜集资料时，不仅要准确掌握用人单位的地点、环境、福利待遇、发展前景、联系电话、邮政编码等，同时对用人单位及应聘岗位的工作概况也要有所了解。适用性也被称为针对性，是指所搜集的信息必须是对就业有利用价值的。这就要求高校毕业生在搜集就业信息时，应对自身有充分的认识和准确定位，对岗位适合性问题应多做思考，然后根据自己的兴趣、性格、能力、价值观等各方面因素有针对性地搜集有关就业信息，避免因为搜集范围过大，导致精力和财力的浪费。

4. 广泛性和连续性

搜集就业信息时，应尽量避免因搜集范围过小而导致的就业信息内容过于单一、信息量不足，这对成功就业不利。因此，要从多方面、宽层次搜集就业信息，凡是可供择业选择的信息都要注意搜集，然后加以分类整理，只有这样，才能为职业选择提供更广泛的范围。同时高校毕业生在搜集就业信息时应注意连续性，即对就业信息进行跟踪，时刻注意就业信息的变化，根据信息的变化找出缺点和不足，达到完善自己、提升自身的目的。

（四）搜集就业信息的方法和途径

1. 学校就业指导部门

根据教育部的有关规定，各个高校普遍成立毕业生就业指导机构以负责毕业生就业，主要包括学生就业指导中心、各院系负责学生工作的有关部门，另外受学校委托全权负责毕业生就业指导工作的行政部门，也是用人单位向学校报送需求情况的信息集散地。近年来，随着我国大学生就业制度的不断完善，高校毕业生就业越来越走向社会化和市场化，在这种情况下，学校就业指导部门的作用日益凸显，地位也发生了变化：它不仅是连接毕业生与就业市场的桥梁，而且是对学生就业进行指导和服务的部门，从以往单一的政策执行人转换为调控者和服务者的双重身份。高校就业指导部门成为用人单位和毕业生沟通的桥梁，对用人单位和毕业生的具体情况都比较了解，可以根据毕业生的具体情况有针对性地向用人单位发送征求用人信息；同时高校结合自身的特殊地位，很多单位部门在招聘时会向其发送相关用人信息，因此它又掌握着许多就业的信息。近年来，学校就业指导部门陆续开设相关就业指导课，比如关于就业形势分析、求职技巧、提升职业素质、就业的法律法规等系列讲座，以此提高毕业生就业的质量和成功率。因此，学校就业指导部门是毕业生获取就业信息、提高就业成功率的“第一条通道”，毕业生对其要予以高度关注。

具体来说，学校就业指导部门所获得的信息有以下三方面的优势：一是可靠性较高。由于学校就业指导部门的特殊地位，它代表着学校的形象，因此在用人单位向它发送用人需求的信息时，学校就业指导部门会对这些就业信息进行审核和确认，过滤其中的虚假骗人信息，防止学生上当受骗。经过审核和确认后，再把这些信息传递给毕业生，保证就业信息具有较高的可靠性。二是针对性较强。用人单位根据高校教学质量、专业设置、学生素质向学校就业指导部门发送用人需求的信息，这些信息具有较强的针对性，提升了毕业生就业“匹配”水平。三是成功率较高。可靠性较高，针对性较强，也意味着毕业生在获取这些就业信息时，如果能把握住时机不断调整自己，那么成功率也就较高。

2. 各类毕业生供需见面会和招聘会

随着我国劳动力市场不断成熟和就业制度不断改革，我国各类人才中介机构也应运而生。在我国，有三类人才市场：一是教育系统的毕业生就业市场；二是人事部门举行的人才市场；三是劳动部门举办的劳动力市场。除此之外，还有一些私营中介举办的不同层次和规模的招聘会，也有一些是大型企业和用人单位专门举办的招聘会。

每年 11 月后，有关主管部门会举行一些针对毕业生的大型招聘会，部分高校也会举办学校专场招聘会，且成了毕业生独享的求职“专卖店”。由于这些招聘会举行较早，且用人单位一般都是大企业、大公司，他们会在招聘会上向毕业生介绍公司的具体情况，针对性较强，对高校毕业生吸引力较大。因此，高校毕业生要十分重视这些招聘会，尽早做好个人简历、面试技巧及专业知识等各种准备，使自己能尽早实现就业。除了以上一些招聘会，还有一些定期举行的招聘会，这些也是高校毕业生成功就业的良机。如在福建，有海峡人才市场与华职人才市场等，各市也会有不定期的人才招聘会。这些人才市场具有以下特点：一是数量庞大，各种用人单位都会在招聘会上出现，类型丰富；二是直接洽谈，在人才市场上，高校毕业生可以直接面对招聘单位，通过彼此的交流可以获得更为丰富和全面的就业信息，更有利于高校毕业生正确地做好择业决策。但这些人才市场，会向用人单位收取摊位费，向高校毕业生收取门票费，注重宣传，虽规模较大、场面壮观，但签约成功率却较低，高校毕业生付出了较多的人力、物力和财力，却往往得不到相应的回报。当然，也有一些实力雄厚的用人单位会自己组织人才招聘会，通常这样的招聘会对毕业生的要求比较严格，而且应聘者较多，竞争激烈，淘汰率高。不过这也是高校毕业生展现个人能力和素质，实现就业的好机会，高校毕业生应予以重视。

3. 新闻传播媒体

新闻传播媒体主要包括网络、报刊、电视、广播等。当前，毕业生就业问题越来越受社会各界的关注。每年上半年是大学生就业宣传的高峰期，新闻传播媒体都会刊登或者报道一些就业政策、行业现状、人才需求、职业发展前景等方面的内容，并对其进行深入的分析。随着传媒的高速发展，新闻传播媒体越来越成为高校毕业生获取就业信息的主要渠道，受到了招聘机构、用人单位、高校毕业生的青睐。新闻传播媒体具有速度快、涉及面广、信息及时等优势，用人单位都希望通过新闻传播媒体发布招聘信息，介绍企业现状、发展前景及人才需求，以此达到吸纳优秀人才的目的。同时，各地区各部门也会主办一些专门的报刊刊登就业信息，如《中国大学生就业》《人才市场报》《大学生就业报》，此外，很多地方的新闻传播媒体也专门开辟专栏刊登与就业相关的内容。

因此，广大高校毕业生应重视新闻传播媒体的作用，经常关注新闻媒体，从中发现有价值的信息，把握就业机遇。新闻传播媒体所提供的信息都是公开的，人人都可以接收和利用。那些能够及时准确地接收到信息的高校毕业生必将在激烈的竞争中抓住机会，掌握主动权。

4. 社会人际关系

如果说市场竞争体制和企业进入的监督机制能够使“唯才录用”成为大家的共识，那么有效利用各种社会人际关系对于高校毕业生来说，也是寻求就业的一个重要途径。信息总是在人与人之间传播。但由于人有亲疏远近之分，因此信息总是在关系密切的人之间优先传播。高校毕业生与社会接触较少，社会经验较少，社会关系不广，所以要善于利用父母和亲朋好友的社会关系，拓宽信息来源，让更多的人帮助自己搜集就业信息，寻找就业机会。

（1）家人和亲戚

家人和亲戚与高校毕业生在血缘关系上最为密切，在中国传统“差序格局”的文化里，他们十分关心高校毕业生的就业问题。由于他们来自社会的不同阶层，从事不同的职业，阅历也较丰富，接触的人群种类也比高校毕业生多得多，因此可以从不同渠道带来各种用人单位的需求信息。同时他们出于对子女或亲戚的责任心，对自己提供的就业信息会先经一番推敲、筛选。因此，这种信息具有直接、有效、可靠的特点，比较符合高校毕业生的求职意向，传递给高校毕业生的就业信息被接收后，便可能在较大程度上帮助高校毕业生取得就业岗位。

（2）学校老师

高校毕业生所在专业的老师，由于其专业的优势，比一般人更了解本专业毕业生就业的方向和范围以及近年来的就业情况。此外，老师与社会接触的机会较多，人脉较广，经常与校外的研究所、企业、公司合作开发科研项目或兼职教学、培训活动，因此会提供一些针对性较强的就业信息，这些信息可能更受高校毕业生的欢迎。因此，高校毕业生可以通过老师获得有关用人单位的相关信息，从而不断充实自己的信息库，在可能情况下，老师还可以作为推荐人和引荐人，这样高校毕业生就业的成功率也就更高了。

（3）同学、朋友和校友

受各种因素影响，高校毕业生搜集到的就业信息量是有限的，因此高校毕业生可以通过与同学、朋友多沟通，从而获得一些就业信息，做到就业信息的交流共享，这样既可以了解一些信息，又可以少花费精力。同时，高校毕业生可以通过师兄或师姐等了解就业信息，他们大多在相关的单位工作，对所在单位或行业的情况比较了解，且清楚本专业的毕业生在人才市场上的供求状况及在具体行业中的实际工作与发展状况。同时由于他们已走出校门，在求职的过程中更有经验，从他们那里得知的就业信息更有参考或利用的价值，可以使高校毕业生多积累经验，少走弯路。

5. 网络

网络时代在很大程度上改变了人们的生活。网络求职也越来越成为高校毕业生择业的一个重要途径。用人单位将招聘信息、高校毕业生将求职信息发布在网上，通过网络互相选择、直接交流，突破了人才信息与招聘信息难以流通的诸多局限，实现了跨越时空界限、打破单向流动的传统人才交流格局。从网络上获取信息，具有快速、成本低、对象广、信息量大等优势，这些优势是其他求职方式无法比拟的。高校毕业生不仅可以便捷地从网络上获取各种就业信息，而且还可以把个人的基本信息输入网络上，使用人单位通过网络了解高校毕业生的个人信息，从而实现两者的有效互动。高校毕业生在求职过程中，切不可毫无目的地在网络上四处搜集信息，必须进行有目的性的搜索与求证。同时在网络上，高校毕业生也应学会自我保护。需要注意的是，高校毕业生必须摒弃把所有希望都寄托在网络上的错误观念，因为求职的途径多种多样，网络求职不是唯一的选择，高校毕业生在利用网络的同时，也要充分利用传统求职方式，这样才能提高求职的成功率。

6. 实践或实习的机会

大学生在学校期间或多或少会参加一些社会实践，这些活动的校外参与单位也是就业信息搜集的重要对象。在社会实践中，大学生应做到了解社会，提高思想觉悟，做一个搜集就业信息的有心人。要特别关注一些行业发展趋势、人才需求状况、具体单位或岗位用人的要求等与大学生就业有关的信息。此外，一个重要的途径就是毕业实习，毕业实习的单位一般是发展前景较好、实力较雄厚、专业较对口的单位，毕业生要利用好毕业实习机会。毕业实习是大学生踏入社会的前奏，是参加工作的“预演”，也是展示自己能力的机会。实习一方面使用人单位对高校毕业生自身的能力、性格与素质等有所了解和认识；另一方面也使毕业生自身对择业的领域有了更深的了解。如果自身的能力能够得到完全的发挥，同时实习单位也认可高校毕业生的自身能力，那么通过实习阶段的高校毕业生也许会获得通向成功就业大门的钥匙。所以要充分重视毕业实习这一环节，尽力在实习中展现自己作为准就业者的风采，与用人单位建立良好的关系，这不失为就业的另一突破口。

（五）甄别就业信息

通过各种途径获得就业信息之后，高校毕业生就应对其进行仔细甄别，特别要辨别其真假及价值的高低，并进行准确的分析，这样做出失误的就业决策的概率就会降低。如若缺乏分析，或者分析错误的话，那无疑对自身就业不利。

对于毕业生来讲，无论有多少个就业机会、多少种选择，每次也只能选择一个职业岗位。

1. 常见的信息分析处理方法

(1)定性分析

定性分析是指对信息进行质的分析。如就业信息的条件、岗位特点、招聘对象等。假如招聘广告上的条件之一是要求研究生学历，那么这条信息对专科生就没有意义。

(2)定量分析

定量分析是指从数量关系上对就业信息进行分析，如某一岗位所需人数与应聘人数之间的关系。

(3)定时分析

定时分析是对一定时间内的就业信息的发展趋势进行分析，如有效时间等。

(4)对比分析

对比分析是指选出一些性质、类别相同的就业信息，然后进行优劣对比。这种方法要注意全面比较，将各种可比因素都考虑进去。

(5)综合归纳

综合归纳是指把各种不同类型的就业信息进行归纳，形成一定的观点后再进行分析。归纳时应注意数据的全面性和系统性，因为从全面且系统化的数据中可以发现很多想不到的问题。

(6)典型分析

典型分析是指组织专家对典型的就业信息加以分析论证并得出结论，这种方法多由学校主管部门或各级人事部门组织进行。

2. 就业信息的筛选

由于就业信息的来源和获取的渠道不同，内容也会存在虚实兼有的情况，因此，对搜集到的信息进行去粗取精、去伪存真的整理、筛选，就成为使用信息的必要前提。

(1)掌握重点信息

一般来说，学校发布的一些就业信息是比较有针对性的，可以作为重点信息分类保存。而对于国家和政府对本专业的毕业指导性意见及相关政策等资料的搜集也不能忽视。

首先，尽量筛选和本专业相关的用人单位的信息。一般来说，大学生的专业就是大学生的优势。其次，筛选与个人特长相关的招聘信息。特长源于兴趣，兴趣是成功的源泉与动力，因此与自己特长有关的岗位也需重点留意。

(2)类比同类信息

高校毕业生在查看招聘广告时也要多留一个心眼，对于应聘者年龄、学历、工作经验等条件都要求过低，但工资却较高；或者招聘内容过于简单，只留下电话就要求应聘者直接去面试的，对这些招聘信息就要特别留意，这很可能是广告陷阱。

因此，高校毕业生一定要善于对比同类信息，学会换位思考。如你是老板，你会招聘什么样的员工，给予员工什么样的福利待遇，如果这些信息与实际差别太大，那很可能是不真实的，应主动摒弃。

(3)科学地分析和取舍

对所获得的一切就业信息进行分析鉴别，科学取舍。分析就业信息包括三层含义，分别如下：

①可信度分析。一般来说，学校毕业生就业指导部门提供的信息可信度比较高，而通过其他渠道搜集到的信息，由于受时间性或广泛性影响，还需要进一步核实，才能判断其可信程度。

②有效度分析。对信息的可用性进行鉴别，如该信息是否与自己的兴趣、性格、专业以及福利待遇、工作环境、地域等要求相符，更要注意用人单位对生源地、性别、学习成绩、个人素质等各方面的要求。

③内涵分析。内涵分析包括用人单位的性质、要求以及限定条件等。通过分析，毕业生对就业信息去粗取精，剔除无用信息，保留与自己的兴趣或专长有关的信息。

(4)虚心向他人询问了解

大学生刚走向社会，没有太多的经验和阅历，对于一些招聘广告中不实或夸大的信息不容易分辨。此时，可以向有经验的师长或朋友请教，提高分辨是非的能力。

一些招聘单位喜欢玩文字游戏，某些苛刻的条件用比较模糊或带有歧义的表述方式，引导求职者往好的方向联想，这种情况下一旦成功签约，后悔莫及。对于拿不准的求职信息，高校毕业生可以多找几个人商讨，肯定有益无弊。

(5)避免盲目从众心理

每个人的特长、专业有差别，即使同样专业，也因人而异。因此，在求职时，高校毕业生千万不要有随大流的想法。寻找什么样的工作岗位，一定要结合自己的特长和兴趣爱好，切不可盲从，不要只听别人说这个岗位好，就盲目签约，结果很可能工作不久就想毁约，还可能在工作中产生消极怠工的现象，严重的甚至还会导致失业。

(6)留下适合自己的信息

大学生用各种各样的方法，从不同途径搜集的信息，当然不可能全部保留，要经过筛选、比较，然后按照自己拟定的求职方向及计划，留下适合自己的信息。高校毕业生应将这些信息分门别类地进行整理，厘清应聘顺序和应聘重点后，再逐个击破，相信一定会找到一个理想的工作岗位。

筛选重要的就业信息时，应寻根究底，仔细了解具体内容，如岗位的历史、现状、前景、要求条件等。对该职位的福利待遇、进修培训、晋级晋升等信息要通过合适的方式进行侧面了解。就业信息了解得越深、越透彻，就越能准确找到适合自己的职业。

3. 就业信息的甄别原则

就业信息甄别的目的是辨别其真伪、可靠性和实用价值等，甄别的对象主要是经过前面阶段加工整理的资料。毕业生可从以下几个方面进行信息的甄别：

(1)真实性

真实性是就业信息是否可靠的基本前提。了解其真伪，一定要弄清信息源于何处，是谁提供的，提供者的依据是什么。

(2)权威性

判断就业信息权威性的方法有：了解就业信息的来源与质量，掌握信息提供者的背景，比较同类信息的可信度。

(3)相对性

任何就业信息都是在一定的时间、地点下产生的，而事物又在不断地变化发展，今天有用的就业信息，明天就有可能没有任何价值，因为岗位有可能被他人抢先占据。就业信息是动态的，具有一定的时效性，所以应注意就业信息的相对性。

(4)适用性

搜集就业信息的目的是为自己找一个合适的岗位。比如明确只招女性文员的信息对于男生来说意义不大，可以不用考虑。

4. 应对就业骗局的措施

高校毕业生在处理就业信息的过程中，要特别注意对信息的真实性、权威性进行辨别和判断，当心某些招聘单位发布的虚假信息，警惕花样翻新的"就业骗局"。在就业实践中，一些大学生兴高采烈地去面试，过后却大呼上当，甚至因此错过了就业黄金时段，造成难以弥补的损失。下面我们就给毕业生介绍一些具体的应对措施：

(1)通过正规渠道求职

职业介绍市场的虚假招聘信息有其复杂的成因，求职者应尽可能到政府主办的正规的职业介绍所去求职，不仅可以享受到免费的优质服务，还能向专业的职业指导员请教，避免上当受骗。

(2)参加正规招聘会

信息的不对称是高校毕业生在招聘中经常受骗的主要原因。每年都会有大量高校毕业生为了找工作奔波于各类招聘会，漫无目的地投递简历。为了避免浪费时间、精力和金钱，在考虑向何处递交简历之前，高校毕业生最好先选择正规、适合的招聘会。选择招聘会要注意三点：一要避免盲目出击；二要尽量回避一些常设性的人才市场；三要了解招聘会的专业场次、性质和服务对象，有的放矢。

高校毕业生应尽量选择由校方或者是当地教育、人事部门举办的高校毕业生专场招聘会，因为主办方对于参与招聘会的单位都会进行资格审查。

(3)掌握"及时放手"的原则

高校毕业生有针对性地选择招聘会、投送简历三四天后，如果没有得到反馈，应主动根据对方提供的联系方式与招聘主管人员取得联系，摸清对方的底牌。真正具有招聘意图的单位一般会具体地告诉你面试的时间，或者其他要求。如果对方出现推脱，应及时放手，寻找下一个机会。

(4)认真审查中介单位

如果选择通过职业中介找工作，高校毕业生应对中介单位进行认真审查。做到四看：一看中介单位是否具有职业介绍许可证和营业执照或者事业单位登记证，相关证件是否在明显位置悬挂，如果没有就是假中介；二看收费标准和依据是否公开，收费是否合理，如果未公开，收费过高，也要小心；三看提供的信息是否真实有效，如果提供的信息是假的或者过时的，可能是黑中介；四看承诺的服务是否兑现，如果说得好听，但做得不好，属于没有信誉的中介。当发现遇到假中介或者黑中介时，要到劳动监察部门举报。

(5)通过网络鉴别信息真假

在鉴别就业信息的真实性时，高校毕业生可以通过网络媒介采取一系列细致且全面的步骤。首先要有选择地考察招聘信息、参加招聘会，发现看起来适合自己的企业，可以先在网上查找相关资料。对于那些被请来当“托儿”的单位，或者长期把招聘广告挂在网站上以求广告效应的单位，从网上的招聘信息发布时间就可以鉴别。具体方法是先在其单位网站上了解最新的招聘信息，在其他一些求职网站上再搜寻三个月乃至半年前该单位的招聘信息，将两者对比，发现招聘信息变动不大的情况时，高校毕业生就需要慎重了，因为这些虚假或是“广告”性质的招聘一般都是不会有改动的。其次，在查看具体职位信息时，高校毕业生可以通过相关招聘网站进行同类岗位的仔细对比，特别是比较岗位描述、福利待遇、工作地点等关键信息是否合理且符合市场规律。如果某项招聘信息中的薪资水平明显高于同行业同岗位的平均水平，或者岗位描述模糊不清、要求过于宽泛，那么这些信息很可能存在虚假或夸大的成分。此外，高校毕业生还可以通过搜索引擎或社交媒体平台查询该公司的相关信息。了解公司的经营状况、行业口碑、员工评价等，都可以帮助高校毕业生更全面地评估该公司的真实性。如果发现该公司存在负面新闻、法律纠纷或员工投诉等问题，那么高校毕业生就需要更加谨慎地考虑是否要应聘该职位。

总之，鉴别就业信息的真实性需要高校毕业生保持警惕和理性思考，通过网络多方面的渠道获取并核实信息，以确保自己的求职过程安全顺利。

二、了解招聘流程

学校相关部门应重点帮助毕业生熟悉企业招聘流程，帮助毕业生从招聘人员的视角去思考问题和做好面试前的准备工作。

小案例

小李毕业后，在地产行业工作了一年半，现在想转行到互联网行业。他对自己的职业兴趣和对未来从业方向进行梳理后，就去某一线互联网公司的广告部应聘社群运营职位。在面试环节，不到20分钟小李就被告知面试结束。

小李认真分析过自己的能力，觉得自己可以胜任这个职位。总结面试失败的原因时，小李发现：一是由于面试准备工作不足，导致自己面试现场表现紧张。二是在自我介绍环节过多描述简历中已有内容，对地产行业的介绍过于冗长，却没提到对互联网行业的认识以及与职位相关的经验和知识，而且自我介绍时间超过了面试官给的时间。三是在简历中将自己的工作职责范围写得过于宽泛，让面试官抓不住重点，而阐述时并没有为介绍自己参与项目的细节预留时间，从而导致面试提前结束。

通过小李的面试可以看出：小李虽然重视这个机会，但是没有准备好面试，说明面试经验有限，没有做模拟面试演练，也没有就企业相关的背景知识进行了解，导致面试时没有让面试官看到自己的优势，反而暴露了问题。如果大学生缺乏面试经验，那么向专业的面试辅导老师请教是很有必要的。

专业的面试官会在面试前做好准备工作，带着岗位要求对求职者进行全面考查。小李的问题是缺少经验的职场人普遍存在的问题。缺少工作经验又想跨行业求职的求职者，需要在面试前做好以下准备。

第一，掌握要加入的单位的动态，结合自己为什么要应聘这个职位，表明自己对该单位的熟悉程度和想加入该单位的理由。

第二，将自己的核心竞争力从简历中提取出来，结合职位需求进行介绍。

第三，分析职位要求中哪些内容是自己过往能力和经验可迁移过来的。例如：社群运营需要用户调研和用户维护的经验和能力，求职者就要在面试中讲解自己实习市场部相关职位时负责过线下活动，对用户调研的流程比较熟悉等内容。

第四，面试中，如果面试官认为简历内容所体现出的实力和实际工作内容所需要的能力有差别，求职者可以在面试现场态度诚恳地说明自己的优势，请面试官结合自己的实际情况推荐适合自己的职位。

（一）招聘前的准备工作

招聘人员的职责是用专业的方法和流程为单位选出合格的候选人。招聘人员筛选人才，不论采用什么方法和流程，都是为了能让单位招到合适的人才。招聘人员会围绕求职者的综合能力、个性特质、求职动机、期望值这四个方面不断探寻，直到找到合适的人才。大学生了解招聘流程有助于做好求职准备，并且能通过面试进展预判自己通过的概率。招聘流程根据不同的岗位和单位要求，一般分为常规招聘流程和复杂招聘流程，大多数单位会采用常规招聘流程。

招聘前，专业的招聘人员会做以下三项准备工作：明确需求、了解对象和洞察市场。

1. 明确需求

招聘人员要明确单位需要什么样的人才，清晰定位自己单位的文化适配人才的兴趣、性格、能力、价值观是什么样的，然后采用专业的方法和流程去识别人才。例如：企业需要进攻型人才，还是防守型人才；企业需要团队合作能力高的人才，还是独立创造能力强的人才……这些需求是在设计面试流程前就要明确的。此外，招聘人员还要明确用人部门的岗位需要什么样的人才，这是不可以更改的条件，如年龄、学历、经验、专业技能等。

2. 了解对象

招聘人员在面试前要了解简历的亮点和疑问点，在面试过程中有技巧地进行核实，确认人才符合单位需求和岗位需求。

3. 洞察市场

招聘人员在面试前和面试中会通过调研了解市场同类岗位的具体人才信息，了解人才分布的具体行业、岗位、市场上的薪酬体系和人才稀缺程度，以此来预估招聘成本和薪酬预算。

（二）常规招聘流程

根据招聘人数和岗位的不同，招聘流程设计的复杂程度会有区别。常规招聘流程如图 6-1 所示：

第一步通过网上申请搜集简历，负责简历筛选的招聘人员会根据简历内容与岗位描述的匹配度判断人岗的基本适配度。

第二步通过笔试进行人才第二次筛选，线上测试的题目一般会包括不同类型的心理测评和能力测评，以判断求职者的性格、兴趣与能力能否达到本企业的职位需求，也有一些企业会选择将这一测试安排在面试结束后进行。

第三步是对了解应聘者的工作能力、工作意愿以及目前求职状态，核实其个人背景、入职时间等信息。

第四步人力资源部或业务线的领导作为主面试官进行复试，判断求职者的综合素质与岗位的适配度。

第五步是 Offer 谈判和确认，由负责人力资源管理的面试官主谈薪酬和入职前需要核实清楚的各种细节，通过以上步骤，确保为企业选到合适的人才。

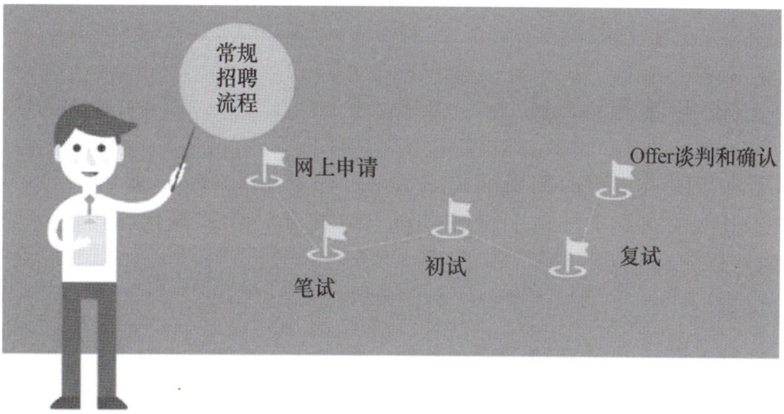

图 6-1　常规招聘流程

（三）复杂招聘流程

因单位对人才评价的流程设计不同，一些单位也会针对重要职位设计出比较复杂的招聘流程，如图 6-2 所示。复杂招聘流程与常规招聘流程的区别主要是笔试的多样性，以及集体面试的考查环节增加了很多不同类型的测试人才综合能力的考查方式，同时在每一轮面试中，参与面试决策的面试官会更多。之所以设计得如此复杂，是因为考虑到有些岗位对人才招聘要求高，例如：科研岗位、管理培训生、企业高级管理者及涉及商业机密的岗位，这类岗位离职风险大，因此需要更加专业和严谨的面试流程，降低招聘决策风险。

在笔试环节中，面试官会通过笔试题目考查求职者的能力、职业兴趣、价值观、专业水平等。由于要在校招季的大批量简历中快速过滤掉不合格的简历，所以用人单位一般不会把笔试题目设置得太难。

在面试环节中，面试官会综合考查求职者全方位的水平，通过不同的面试方法多角度地识别人才与岗位的匹配度，帮助单位选出适合的人才。

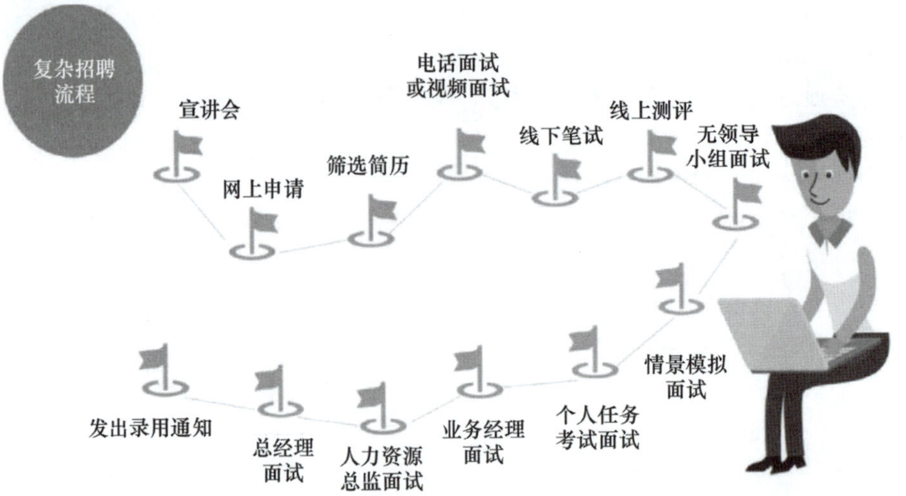

图 6-2　复杂招聘流程

三、准备求职材料

求职材料是求职者为应聘预先准备的向用人单位提交的自我推荐材料。用人单位的招聘者往往通过阅读求职者的求职材料来形成对该求职者的最初印象和评价，从而做出是否给予其工作机会的决定。

（一）个人简历

制作简历是大学生在求职路上迈出的第一步，也是非常关键的一步，很多时候，制作简历水平的高低会决定求职者能否得到面试机会。

1. 个人简历的类型

好的简历是求职成功的敲门砖。不论在应届生求职还是职业生涯规划等培训咨询中，简历的制作往往是重要的一课。但是如何制作简历又似乎是个老生常谈的话题，网络上也充斥着各种说法，一般而言，简历分为以下几种：

（1）时间型

这是最普通也是最直接的简历类型，即从你最近的经历开始，按由近到远的时间顺序逐条列举个人信息。这种简历清晰、简洁，便于招聘单位阅读。一份按时间顺序排列的简历应包括目的、摘要、经历和学历等部分。

（2）功能型

这是一种不太常用但往往很有效的简历。它强调你的能力，并对你的专长和优势加以一定的分析和说明。对毕业生来说，社会实践技能与专长是功能型简历的核心内容。一份功能型简历一般包括目的、成绩、能力、工作或实践经历以及学历等部分。

（3）复合型

它是时间型和功能型的结合运用。你可以按时间顺序列举个人信息，同时突出你的成绩与优势。一份复合型简历一般包括目的、概况、成绩、经历和学历等部分。复合型简历能直接地体现你的求职目的，既能突出成就与能力，又能突出个人经历。

(4)业绩型

业绩型简历以突出成绩为主，因此一般将“成绩”栏直接提到“目的”栏后。一份业绩型简历一般包括目的、成绩、资历、技能、工作经历以及学历等部分。

(5)目的型

除了上述几种主要的类型外，也可以完全根据求职目的来安排简历。只要适应于具体情况，目的型简历可以是上述类型中任意一种(一般多为复合型)。

尽管写简历的方法不少，但还是建议缺少工作经历的高校毕业生制作一份适合自己实际情况的简历，而不要生搬硬套某种类型的简历。因为应届毕业生与欲申请的工作相关的经验和经历不够多，所以在制作简历时应该着重强调最近的教育与培训，尤其是与正在申请的工作最直接相关的课程、实践活动或资格证书。

2. 写简历的注意事项

简历就是个人和工作相关的知识、能力、技能及工作经历的书面简介，方便招聘单位对求职者的求职方向、技术范围、职位层次做出初步的判断。大多数情况下，简历是招聘单位了解求职者的最初途径。写简历须注意的问题如下：

(1)简历不要太长

大学生在制作简历时容易出现的问题是，简历普遍太长，有的大学生的简历甚至有十几页。其实简历内容过多反而会淹没一些闪光点。而且每到招聘的时候，尤其是大企业会收到很多份简历，一位人力资源总监曾表示，他一般看一份简历的时间不会超过一分钟。

简历过长的一个重要原因是有的人会把中学学习经历也写了上去，一般来说，建议同学们的学习经历从大学开始写起。另一个原因是很多大学生的求职简历都附上厚厚一摞成绩单、荣誉证书的复印件。其实，只需要在简历上列出所获得的比较重要的荣誉即可。如果招聘单位对此感兴趣，会要求你在面试时把这些东西带去。因此，简历要尽量短，一般情况下，一页纸的简历就足够了。

(2)简历一定要真实客观

求职简历一定要按照实际情况填写，不要捏造事实。即使有人靠含有虚假成分的简历得到了面试的机会，在面试时也会露出马脚。

(3)简历上一定要写明求职岗位

每份简历都要根据求职者所申请的职位来设计，注明求职的岗位，突出求职者本人在这方面的优点，不要把自己说成一个全才，能胜任任何职位。另外，应注意不要只准备一份简历去投递不同的公司和职位，应根据要应聘的职位性质来有侧重地表现自己，如果认为一家单位有两个职位都适合自己，可以向该单位同时投两份简历。

(4)简历言辞要简洁明了

有些同学的求职简历言辞过于华丽，形容词、修饰语过多，这样的简历一般不会打动招聘者，最好简洁直白，语气诚恳。

(5)简历用语不要过分谦虚

简历应尽量反映自己的能力，用语实事求是、恰如其分。有的求职学生在简历上写道:“我刚刚走入社会,没有工作经验,愿意从事贵公司任何基层工作。”这是过分谦虚的表现,会让招聘者认为你什么职位都适合,其实也就是什么职位都不适合。

(6)不要写对薪资的要求

不少大学生对该不该写对工资待遇的要求存在疑惑,从一些公司的人力资源经理反馈的信息看,简历上写对工资的要求要冒很大的风险,最好不写。如果薪资要求太高,会让招聘单位有所顾虑;如果要求太低,会让招聘单位觉得你无足轻重。

(7)简历的文字、排版、格式不要出错

用人单位最不能容忍的就是简历上出现错别字,或是在格式、排版上有技术性错误,以及简历被折叠得皱皱巴巴、有污点,这会让用人单位认为你连自己求职这样的事都不用心,对工作也不会用心。

(8)简历制作不必太过花哨

微课:
简历的写作要求

现在的求职简历普遍做得很精致、华丽。实际上,除应聘美术、装潢、广告等专业外,一般来说简历不必做得太花哨,用质量好一些的 A4 白纸就可以了。

(9)简历也可用手写

用电脑打印简历已很普遍,虽然整齐规范,但缺少生气和亲近感。如果在一堆电脑打印的简历中,有一份手写的,一定会很醒目,若字又漂亮,那么录用的概率可能会比电脑打印的高,因为从字上也能了解一个人。

(二)求职信

有些同学在求职时,忽略了求职信对于成功求职的重要作用,认为制作一份出色的简历才是最重要的。其实,简历和求职信有各自的功能和作用。通常情况下,二者相互配合会更容易成功求职。

一般说来,简历的着眼点在于自己,强调自己有什么。求职信的着眼点在于对方,强调将给对方带来什么。求职信的作用就在于告诉对方录用自己后,对方将会得到多大益处,从而引起招聘单位的重视,以获得求职成功。一封好的求职信有助于为你赢得一个面试机会。

1. 求职信的内容

求职信与个人简历的作用不同,个人简历中的具体内容不应在求职信中重复出现。例如:工作经历、学历或个人目标等。个人简历的作用是告诉招聘单位你的经历和能力。而求职信的作用是告诉别人“为什么你是这份工作的最佳人选”。

一份求职信应包括以下三个部分:

(1)开头部分

求职信的首段要开门见山地讲明你想要申请什么职位,即说明你为何发送个人简历,表明你对该单位有兴趣并想担任其中某个空缺的职位。可以通过在求职信中提到你是看到某月某日的报纸上的招聘广告知道有这个职位的,或者表明你一直通过新闻传播媒体了解该单位或者这个行业。这会体现求职者的诚意，而不是漫天撒网式的求职，这样做能给招聘经理留下良好的第一印象。

如果这个机会是通过一位朋友介绍的，不妨在信中提起他，这样招聘经理会感到有责任回复你的信（但是不要夸大其词，如果你对单位或者这个行业情况叙述不正确，招聘经理会一眼看穿）。

（2）正文部分

这是求职信的核心内容，可以简短地叙述为什么自己希望申请这个职位，没有必要具体陈述自己的经历，因为个人简历中会有详细说明。这部分要围绕该职位的应知、应会来写，包括与应聘的职位有关的训练或教育科目、工作经验或特殊的技能；如无实际经验，略述实习、类似经验也可以，着重强调你的才能和经验将会有益于单位的发展。尽可能地少用人称代词“我”，要让人感到你想表达的是“我能为单位做些什么”。

（3）结尾部分

求职信的结尾是希望并请求未来的雇主给予面谈的机会，因此信中要表明可以面谈的时间。求职信的表达要有特点，避免陈词滥调，语气要诚恳且有礼貌。告诉招聘者你的联系方式，并表明如果几天内等不到他们的电话，你会自己打电话确认招聘者是否已收到个人简历和求职信并安排面试。一些应聘者还会用一段话来解释个人简历中表述不清楚的地方，比如就业经历中没有工作的阶段。

2. 求职信的格式

求职信没有正式的格式，可依据以下基本规则：

（1）信的标题“求职信”，表明此信的性质和行文目的。

（2）信的左上角或者右上角要留出三行，用以填写通信地址、现居城市、邮政编码和日期。

（3）称呼的后面要用冒号而不要用逗号，写称呼时要用正式的语气，要用具体收信人的称呼（不要写“给有关负责人”）。如果你不能确定具体收信人的名字，就称呼“尊敬的招聘经理”“尊敬的人事部经理”。

（4）可以用表格和粗体线来组织求职信并强调有关内容，使文章易读。

（5）结尾时应在姓名上方写上祝福的话，下面是印刷体的全名。在你的求职信中，名字与结尾之间一定要保留足够的空间。

写求职信的最终目的在于获得职位。一封求职信无论文辞多么优美，如果招聘单位不见到求职者本人，一般是不会提供工作机会的。因此，求职信的目的在于获得面试的机会。只要能得到面试机会，你的求职信就是成功的。

（三）自荐信

有同学可能会问：都已经有求职信了，怎么还要自荐信？自荐信对求职有帮助吗？实际上，这两种信在求职作用上并无实质的差别，都可以与简历一起帮助你找到理想的职位。但是，区别不大不等于没有区别。一般情况下，求职信重点在“求”字，而自荐信的重点在“荐”字；同时，在职人员为获得本单位的另一个职务，必须写自荐信而不能写求职信。自荐信是你进入理想单位的第一块敲门砖，从求职的角度讲，自荐信是很重要的，要认真对待。

1. 自荐信的内容

自荐信是求职者用来展示自我的专用信件，写法与求职信相似，但不要千篇一律地采用一样的格式。要注意层次分明，简洁明了，突出重点。通常情况下，多采用三部分的形式。

（1）自我介绍和自荐目的

在介绍自我部分，可以用一句话简单介绍一下自己，把最重要也是与未来雇主最有关的信息写清楚就可以了。例如：“我是××学校××专业的学生，将于6月毕业。”

自荐目的，要写清楚自荐做什么，有的可自荐某岗位、某职务，有的可自荐承担什么工作。自荐的目的要明确、具体。例如：“很高兴得知贵单位目前在招聘××职位，我自信可以胜任。”

（2）自我推荐

这部分是自荐的主体内容，主要陈述个人的求职资格，展示自己的才能和特长，特别是那些能满足单位的需要，能为单位做出贡献的教育、技能和个性特征。让招聘单位了解你能为他们做些什么。具体可以从下面几方面去谈：

①专业：包括自己所学的专业和业余所学的专业及特长；具体所学的课程；自己所受教育的阶段和教育背景的陈述，要突出与招聘工作密切相关的内容。

②工作经历和能力：说明工作经历，尤其是与求职目标相关的经历，一定要说出最主要、最有说服力的能力和工作经历；语气要肯定、积极、有力。例如：“我在××单位实习期间，两次因工作积极主动受到单位领导的表扬。”

③结尾部分：结尾部分主要包括两个方面的内容：第一，向招聘单位致谢及提出希望招聘单位能予以面试机会的请求。还可以做一些补充说明，如随信附有专家、教授推荐信等内容。第二，表明你的下一步计划，告诉招聘者怎样才能与你联络，打电话或者发邮件。但不要坐等电话，要表明如果几天内等不到他们的电话，你会自己打电话确认招聘者是否收到简历和自荐信以及是否安排面试。例如：“我将在一周内与贵单位联系，以便安排时间与贵方讨论我的资历及贵单位的要求。”

2. 自荐信的格式

与求职信一样，自荐信也没有正式的格式，一般分为下面四个部分。

（1）标题

在信纸上方正中部位书写“自荐信”，表明此信的性质和行文目的。

（2）称呼

写法与求职信相同，这里不再赘述。

（3）正文

自荐信内容。内容完毕要有“此致敬礼”“此致告安”等祝颂问安语。

(4)落款

在信的末尾右下方写:“自荐人:×××”,然后写上日期。

3. 要注意的问题

(1)把握自我介绍的量与度

在自荐信中,自我推荐部分一定要实事求是、恰如其分,切忌夸夸其谈、自我炫耀,这样会让招聘者反感;但也要防止过分谦虚,不敢肯定自己的成绩与才能,甚至有轻视贬低自己的文字出现,这可能使招聘者认为你缺乏自信或能力不足,而不予录用。

另外,自荐信要突出自己的长处。例如:你因某种原因获得上级组织的表彰奖励,或曾经组织过什么社团组织和大型活动等,这些长处体现在自荐信中将会收到良好的效果。

(2)内容简练且有针对性

冗长杂乱的自荐信是不受应聘单位欢迎的。当然,自荐信也不宜太短,寥寥数语,既说不清问题,又显得没有诚意,给人一种不认真、不严肃的感觉。总之,自荐信应该言简意赅,一般以千字左右为宜。要用如此有限的篇幅去打动用人单位,关键在于突出重点,有针对性。大学生应该在对用人单位有所了解的基础上,针对所申请的职位来写推荐信。一封自荐信不能适合所有单位、所有职位,切不能将几十份复印的、内容千篇一律而完全没有针对性的自荐信向四处投寄。

(3)版面要简洁工整

一封好的自荐信,应该字迹工整、美观、整洁,给人以美的感受,这样会给对方留下办事认真、负责、细心的好印象。如你写得一手好字,自荐信就应该用手写,并落款“×××亲笔敬上”的字样,这样既展示了书法特长,又表明办事认真、有诚意,可谓一举两得。许多单位愿意录用写字漂亮的人,如果字写得不好也不要怕,只要认真去写,也会收到好的效果。

(4)态度诚恳,语气热情

自荐信的措辞要得当,要让对方感到你自信而不自大,恭敬而不恭维;同时语气要热情、大方、谦虚,让人一看就能感到你的真诚与实在。不要用强硬的语气,使对方觉得你在强迫别人接受你的愿望。如“请您务必在×月×日前给予答复为盼”;不要以上压下,例如“××领导要我找你们……”“××总经理都同意了,请你们给予多多关照”等。这些都可能引起对方的反感,并因此而失去被录用的机会。

(5)可以用多种语言文字书写

如果你向中外合资、外资或外贸等单位求职,最好能用中文和外文各写一封自荐信。这样既能显示你的外语水平,又体现了你对外方的尊重,增加用人单位对你的兴趣。

(四)推荐信

同学们在准备好个人简历、求职信或自荐信后,为了增加就业成功的砝码,可以请学校有一定名望或影响力的专家、教授,或者请对你所应聘的单位有影响力的人给你写推荐信,让他们向招聘单位推荐你,有力的推荐是你被录取的重要条件之一。

1. 推荐信的写法

(1)推荐信的内容

①先介绍被推荐人的基本情况及推荐的理由。

②写明与被推荐者的认识时间(何时开始认识或认识多久)、认识程度(偶尔或密切接触)及关系(师生关系、上下级关系等)。

③对于被推荐者个人特质的评估。这是推荐信的核心,主要包括被推荐者的天赋、学习成绩、研究能力、工作经验、学习精神、组织能力、沟通能力、成熟度、抱负、领导能力、团队工作能力、品行及个性方面等。

④表明推荐人的态度,是极力推荐还是有保留地推荐。

(2)推荐信的格式

推荐信的格式与一般书信基本相同,有信头、发信日期、收信人姓名、称呼、正文、信尾谦称、签名、推荐人姓名、职称及工作单位等部分。

2. 写推荐信需注意的问题

(1)推荐信要客观、公正

推荐信切忌流于形式、内容空洞,避免过度笼统和陈词滥调;要与被推荐人的其他资料如个人简历、求职信或自荐信等相符,而且要相互呼应。

(2)推荐信应注意格式和文法

一封漂亮有力的推荐信会让人有“名师出高徒”之感。

3. 求职者应注意的事项

(1)寻找推荐人选

好的推荐信应当由具备相当知名度且与求职者熟识的人撰写。求职者的上级或学校老师是最佳人选。

(2)保持联系

你要做的是与各推荐人保持联系,提供必要的信息和看法,并且确认每封推荐信皆能如期完成。

(3)致谢

记得向每位推荐人致谢,感谢他们为你撰写推荐信。

(五)英文求职材料的准备

随着社会经济的快速发展、国际交流的日益频繁,某些用人单位对人才的英语水平的要求也越来越高。求职者在求职时附上一份英文材料,可为用人单位考核人才提供依据。有些单位,尤其像一些外资企业、合资企业以及英语水平要求高的单位,本身就会要求求职者准备英文的应聘材料。作为一名高校毕业生,你有必要写好一份英文求职材料,以便向用人单位展示你的英文水平。

下面介绍英文求职信和英文简历的写法,供同学们参考。

1. 英文求职信

英文求职信的结构一般包括 8 个部分：信封(superscription)、信头(heading)、信内地址(inside-address)、称呼(salutation)、信的正文(body of letter)、结束语(complimentaryclose)、签名(signature)、附件(enclosure)。

(1)求职信的内容

通常根据所欲谋求的工作性质而定。表 6-1 中列出了求职信的结构。

表 6-1　求职信的内容

结构	具体内容
开头	主要表明写信的目的或动机。如果求职信是针对报纸上的招聘广告而写的，信中应当提及是何年何月何日的报纸。有时就业信息是从朋友或中介机构那里获得的，有时是写信人毛遂自荐而写的信，不论是哪一种，求职信上一定要说明写信的缘由和目的
正文	主要介绍个人情况。写明自己的年龄或出生年月，教育背景，尤其是和应聘的职位有关的培训或教育科目、工作经验或特殊的技能。如无很多实际工作经验，略述实习、类似实践经验也可以
结尾	希望并请求未来的雇主允以面谈的机会，因此信中要表明可以面谈的时间

(2)求职信的文法

简明扼要的内容和通顺流畅的文笔是求职信必要的条件，但最重要的，还是用正确的文法把你的有效信息平实、顺畅地表达出来。和一般中文求职信的表达方式稍有不同，就整体来说，一份能够积极展现个人特色、优点以及潜力的英文求职信是较容易受到招聘者青睐的。英文求职信要注意把握英文格式。英文求职信是显示英文水平和个人能力的很好的方式，如果文法不通，结构处理不当，可能会适得其反。建议同学们请英文老师指导，记住不要故弄玄虚。

2. 英文简历

英文简历并无固定的写作形式，同学们完全可以根据个人具体情况来确定采用何种形式，灵活设计。一般来说，高校毕业生没有丰富的工作经历，不易展现实际能力。因此，要善于使用 successfully 、effectively 等具有强冲击性的词语来强调你对工作的热诚。不过要注意你的英文用字遣词，必须衡量个人真正的能力。千万不要为了表现英文能力而硬挤出过于艰涩的文章，不然到面试的时候露出马脚，可就糟了。

四、求职与职业礼仪

我国历来是“礼仪之邦”，礼仪不仅是思想道德的重要组成部分，也是反映精神文明建设的重要形式；礼仪不仅反映一个人的精神面貌，更能折射出一个单位、一个地区乃至整个社会的道德风尚。随着人与人之间、国与国之间交往的日益频繁以及东西方文化的交流与碰撞，世界各地的礼仪习俗也在不断地融合与发展。

(一)礼仪概述

礼仪泛指人们在社会交往活动过程中形成的应共同遵守的行为规范和准则，具体表现为礼节、礼貌、仪式、仪表等。礼仪作为一种文化，是人们在社会生活中处理人际关系，用来对他人表达友谊和好感的符号。讲礼仪可以使一个人变得有道德，讲礼仪可以塑造一个理想的个人形象，讲礼仪可以使你的事业成功，讲礼仪可以使社会更加安定。

（二）求职礼仪

当应聘者接到面试通知后，就要做好相应的求职与职业礼仪准备。求职面试礼仪主要表现在服饰及行为举止等方面。

1. 男士面试着装

男士面试着装要点如图 6-3 所示。

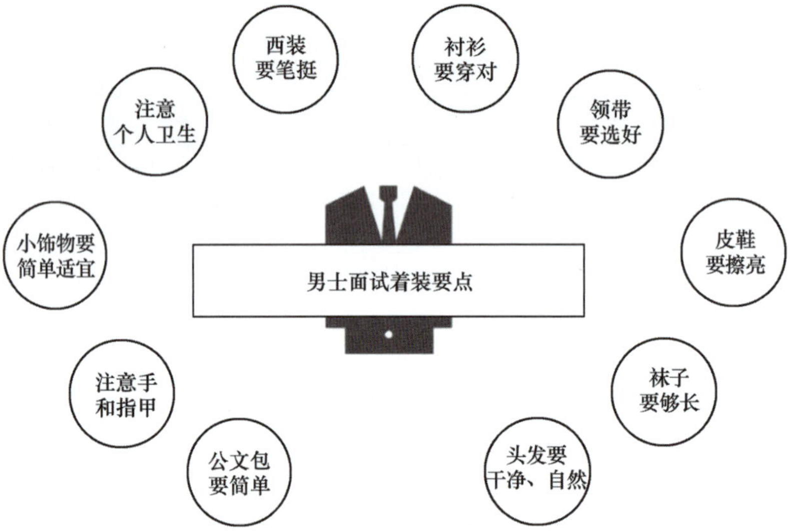

图 6-3　男士面试着装要点

（1）西装要笔挺

在现代公关社交活动中，人们普遍认为西装革履是现代职业男士的正规服饰。就求职面试活动而言，穿西装也是最为稳妥和安全的。因此，西装成为许多求职者的首选服饰。然而，穿西装也有许多讲究：

①颜色的选择。应聘者最好穿深色的西服，灰色、深蓝色都是不错的选择，它们给人以稳重、可靠、朴实和干练的印象。

②面料的选择。宜穿天然织物做的西服。人造织物的光泽和质地通常不像天然织物那样柔和舒适，而且人造面料常常留有刺鼻的气味，不易去除。

③西装穿着要得体。体瘦的人，如果着深蓝色或中粗竖条的西装，会显露其纤细、瘦弱的特点；而穿米色、鼠灰色等暖色调且图案选用格子或人字斜纹的西装，则会显得人较为丰满、强壮。瘦高的人，宜穿双排扣或三件套西装，并选用富有质感和暖色调的面料，而不要选用廓形细窄且锐利的套装。瘦矮的人穿西装时，可用胸袋装饰手帕来增加胸部的厚度，还可在内袋装入钱包、笔记本等物品。体胖的人可穿深蓝、深灰、深咖啡色等颜色的西装，忌米色、银灰等颜色。西装的款型可选用直线型的美式西装，这会显得廓形锐利且

苗条。另外，双排四粒扣西装，可掩饰微挺的肚子。矮胖的人也可穿三件套，但口袋里尽量不装物品，这样显不出身体的分割线。高而胖的人，宜穿三粒扣西装和单件西装，V字领可使面部显得修长而有潇洒之感。穿单件西装上衣时，宜穿深色上衣，应配同色系的浅色长裤，这样既能掩饰缺点，又显得帅气十足。

男士西装十忌：

①忌西裤短，标准的西裤长度为裤管盖住皮鞋。

②忌衬衫放在西裤外。

③忌衬衫领子太大，领脖间存在空隙。

④忌领带颜色刺目。

⑤忌领带太短，一般领带长度应是领带尖盖住皮带扣。

⑥忌不扣衬衫扣就佩戴领带。

⑦忌西服上衣袖子过长，应比衬衫袖短1厘米。

⑧忌西服的上衣、裤子袋内鼓囊囊。

⑨忌西服配运动鞋。

⑩忌皮鞋和鞋带颜色不协调。

微课：
男士着装礼仪

(2)衬衫要穿对

衬衫必须是长袖的。衬衫应是白色或淡蓝色的，不带图案或条纹为宜。印有交织字母的衬衫可能有利也可能不利，有些面试者会认为这代表有个性、成功以及自信，而有些人则认为这是炫耀，甚至有点粗俗。最安全的办法就是避开印有交织字母的衬衫。跟西服一样，衬衫的最理想布料也是天然织物，要选择那些经过精心缝制、专业洗涤和中度上浆(挺括)的全棉衬衫。

(3)领带要选好

有些专家说，在求职者跟面试者握手时最先受到关注的是求职者的领带，它可以使一套昂贵的西服显得很廉价，也可以使普通的穿着留给人的印象提升一个档次。领带的面料选用100%的纯丝即可，不要使用亚麻或毛料，前者容易缩水，后者显得太随意。合成织物显得廉价，而且打出的结也不美观，因此也不宜选用。如果穿白色或浅蓝色衬衣，就比较容易挑选与之相配的领带。领带应当为西服增色，且不能与西服的图案有任何冲突。领带的宽度随衣服款式的不同而不同，穿西服时，安全的着装规则就是领带宽度要接近西服翻领的宽度。领带的图案、条纹要稳重，传统的图案如立体形、条纹、印花绸以及不太显眼的涡旋纹布等都是可以接受的。不过，要避开带有圆点花纹、图画(如猎狗等动物的头等)、体育形象(如马球棍和高尔夫球棒等)以及设计者的徽标的领带。要注意精心给领带打结，系好的领带长度不要超过你的腰带。

(4)皮鞋要擦亮

注意保持鞋面锃亮，鞋跟要结实，破旧的鞋跟会使人显得疲软而萎靡。系带的皮鞋一定要检查鞋带是否干净且系紧。另外，切勿把黑鞋与棕色西装搭配，会显得十分不协调。

(5)袜子要够长

如果你选择的是一双鞋面较低的无带鞋，下面这些事项对你尤其重要。无论如何，袜子的颜色应当和西服相配。通常应选蓝、黑、深灰或深棕色，不要穿颜色鲜亮或带花格的袜子。袜子要够长，使你在叠起双腿时不至露出有毛的皮肤，否则会十分不雅，而且袜子要有足够的弹性，使它们不至于从腿上滑下或缩成一团。

(6)头发要干净、自然

求职者去应聘时要保持头发整洁，精心梳理，不要给人油光发亮、湿淋淋的感觉；发型应简单朴素、稳重大方，不要留鬓角，最好不要留中分头；头发也不能压着衬衣领子。

(7)公文包要简单

简单细长的公文包是最佳选择。还要注意包带或包扣是否完好，拉链是否能开合自如。当然，别忘了把必备的简历等资料装进去。

(8)注意手和指甲

手是人体中活动最多的部位之一，也常常是人们目光的焦点，因此，在面试之前，先看看自己的手，应保持洁净且不要留长指甲。

(9)小饰物要简单适宜

①皮夹。一件小巧的钱包不易使口袋鼓起变形。但钱包里的东西应是必需品，千万不要把各种证件、家庭生活照等塞在里面。

②手表。一块手表不仅是为了计时用的，而且应是一件装饰品。在求职者支付能力范围内，可选择一块高质量且和衣服相配的手表。另外，切记不可戴带有卡通图案的手表。

③手帕。放一块折叠雅致的手帕在西装上部的小口袋中，不仅可增加一个男人的情调，而且还可在出现尴尬局面时用它做掩饰。

④项链、装饰别针、手镯、耳环等饰物都是男性求职者面试时忌讳的物品。

(10)注意个人卫生

面试时，求职者和面试者的距离一般不会很远，如果你身上散发出汗臭味、腋臭味和烟味等怪味，面试者闻到了肯定会厌恶，进而影响面试效果。因此，面试前务必把身上的怪味清除掉。注意尽量不要吃洋葱、大蒜等味道较重的食物，不要吸烟等。此外，可适当选择清淡型香水来提升个人气质。

2. 女士面试着装

女士面试着装要点如图 6-4 所示。

图 6-4　女士面试着装要点

（1）服装要得体

微课：
女士着装礼仪

女士求职服装一般以西装、套裙为宜，这是最通用、最稳妥的着装。无论年龄大小，一套剪裁合体的西装、套裙和一件配色得当的衬衣或罩衫外加相配的小饰物，都会使你看起来优雅且自信，会给对方留下好的印象。切忌穿太紧、太透和太露的衣服；不要穿领口过低的衣服；夏天，内衣（裤）颜色应与外套协调一致，避免透出颜色和轮廓，否则，会让人感到不庄重、不雅致，也给人轻佻之感，这是求职大忌。

女性求职者服装的颜色可有多种选择，有些女性认为面试时一定要穿黑色套装，这种穿法虽然十分稳重，但是现在社会已能接受一些较鲜艳的颜色，例如：寻求公关、秘书职位的女性穿黄色服装就容易被面试者接受，因为黄色通常表现出丰富的想象力和追求自我满足的心理；红色能显示人的个性好动、外向，主观意识较为强烈而且有较强的表现欲望，这种颜色感染力强，容易打动面试者，令其振奋并留下深刻的印象。

（2）鞋子要便利

女士如何穿鞋也有学问，总的原则是应和整体相协调，在颜色和款式上与服装相配。面试时，不要穿长而尖的高跟鞋，中跟鞋是最佳选择。设计新颖的靴子也会使人显得自信而得体。穿靴子时，应该注意裙子的下摆要长于靴端。

（3）袜子很重要

多数时装设计师们认为，肉色是商界着装最适合的颜色。袜子不能有脱丝。为保险起见，应在包里放一双备用，以备脱丝时能及时更换。另外，不应在面试时露着光腿。

（4）饰物要少而精

①公文包或手提小包。公文包或手提小包带一个即可，不要两个都带。在大多数面试场合，携带公文包比携带手提小包能体现出更多的专业性。也可以把手提小包的基本物品放进一个无带小提包，然后把它装进公文包内，但不要将包塞得满满的。如果个子较矮小，则包不宜过大，否则，会极不协调。

②帽子。不管是否戴帽子，对此都应持谨慎态度。假如帽子与全身的衣服很相配，就请选择一顶既无饰边也不艳丽却很雅致的帽子。一般不建议戴有面纱的松软宽边的法式帽子。

③首饰。首饰尽量少戴。应避免几个手指都戴戒指，拇指戒指一般不被人接受。耳环应当小巧且不引人注目。为了使你感到舒适，能注意力集中，戴的耳环不要过长，以免发出叮当的声响或者触及脖颈，甚至勾住衣服。项链朴实无华即可，不要佩戴假珍珠或华丽的人造珠宝。令人喜爱的手镯是完全可以接受的，但镯子上应当避免有小饰物，其他刻有名字首字母的首饰也应避免。面试时一定不要戴脚镯。总之，戴首饰的重要原则是少则精。

④眼镜。眼镜会使一些人外表增色，也可能使一些人显得不协调。尽量选择适合自己的镜框。另外，千万不可戴太阳镜（护目镜）去面试，当然更不能戴反光镜。

（5）发型要适宜

在选择发型之前，应该先研究一下自己的脸型，有了清晰的了解后，才能选择出最适合脸型的发型。

(6)注意手和指甲

手是表现个人气质的一个方面。为充分显示其魅力,应保持干净,不要涂艳丽的指甲油;另外指甲应修剪好,千万不要留过长的指甲。

此外,想在面试时给人留下神采奕奕的良好印象,还可以通过化淡妆来提升求职者外在形象,简洁、清新、淡雅、精神饱满的妆容会给考官以一种干练、专业的感觉,以获得面试考官的认可。

爱美之心人皆有之,但对于求职者而言,其服饰除了要符合一般社交场合服饰的共同要求外,更要注重和突出服饰的职业特点,使着装打扮与应聘的职业相称,给人一种鲜明的职业形象的感觉。如果应聘的是教师、工程师和干部等岗位,打扮就不能过分华丽、过分时髦,而应该选择庄重、素雅、大方的着装,以显示出稳重、文雅、严谨的职业特点;如果是公关、服务等岗位,你就可以选择华美、时髦的着装,以表现活泼、热情的职业特点。

(三)职场礼仪

职场礼仪是工作中需要学习的重要知识,只有掌握并利用它,才能更好地工作。职场礼仪不仅可以有效地展现一个人的教养、风度、气质和魅力,还能体现一个人对社会的认知水平、个人的学识、修养和价值。通过职场礼仪在复杂的人际关系中保持冷静,按照礼仪的规范来约束自己,通过职场礼仪中的一些细节,会得到领导更多的信任,使人们之间的感情得以沟通,与同事间建立起相互尊重、相互信任、友好合作的关系,从而使自己的事业进一步发展。下面重点讲述以下几方面:

1. 办公礼仪

办公礼仪指执行公务、办理公事时所必须遵循的礼仪规范。

(1)服饰美

工作服装应合乎身份,朴素大方,剪裁合体。整洁是最基本的要求,不能有异味,如有褶皱要注意熨烫平整,有破损应及时修补或更换。有统一制服的,必须按规定着装上岗,并按规范穿着。没有统一制服的,在款式上以雅致、庄重为主,色彩不宜多或繁杂。

(2)语言美

在处理公务时一般应使用普通话,尽量不讲方言、土语,做到用词文雅,不讲脏话、粗话,更不能讲黑话、黄话、怪话。多使用文明礼貌用语,如"您好""请""谢谢""对不起""再见"等。与人交流时,要热情、亲切、和蔼、友善、耐心,在任何情况下都不应有急躁、生硬、狂妄、嘲讽、轻慢的语气。

(3)爱岗敬业

一是精通业务。对自己本职工作范围内的业务要熟悉精通,并掌握相应的专业技术。同时,不断学习钻研,注重知识更新,拓展知识面,自觉学习对工作有用的知识。二是责任意识强。严守工作岗位,有高度责任心,主动承担工作,尽职尽责,不争功诿过、敷衍了事。工作时间不做与工作无关的事情。三是有时间观念。遵守作息时间,不迟到早退,不旷工怠工;讲求工作效率,在规定时间内完成工作任务,不推诿。四是处理好人际关系。服从上级的领导,尊重恭敬,切不可背后议论、当面顶撞;团结同事,以礼相待,不搞"小团体"。

2. 交谈礼仪

交谈礼仪指在职场交谈需要注意的礼仪规范。

(1)交谈语言要文明

在社交场合，尤其是公务活动中，一般使用普通话，尽量不讲方言、土语。就算碰到自己的老乡，在有其他人在场的情况下，相互间也不宜讲方言，以示尊重其他人。交谈语言要通俗易懂，切忌过度修饰、咬文嚼字。滥用书面语言、专业术语，只会让人敬而远之。此外，粗话、脏话、黑话、荤话、怪话、气话都不能在公开的社交场合说，否则有损个人形象。

(2)交谈态度要礼貌

在开始正式的谈话前，可有适当的问候与寒暄，以营造良好的沟通气氛。在寒暄过程中，可带有恭维的话语，但要适可而止，不能过分。在交谈中，要学会礼貌用语，常用的礼貌用语要经常挂在嘴边，如“请”“您好”“谢谢”等；多用敬语、谦语，以表示对对方的尊重，如“您”“贵方”。初次见面可以说“久仰”，好久不见可以说“久违”，请人批评指正用“指教”“教诲”，求人原谅用“包涵”，托人办事用“拜托”。交谈态度要诚恳，在谈话的过程中，除了倾听别人的讲话，还要留意其神态表情、身体动作等，以此来掌握说话者的内心活动和真实想法；有时谈话者的表情，可用来弥补其语言表达上的某些不足。因此，与人交谈时一定要同时注意自己所表现出来的态度。

谈话时还需注意以下几方面：

一是要集中精神。交谈时正视对方，仔细倾听，脸上的表情应与谈话的内容相配合，否则别人会认为你是心不在焉。说话的语气一般要和蔼可亲、宽容谦和，切忌疾言厉色、咄咄逼人。同时，不能做一些小动作，如玩弄手指、摆弄衣角，这会让人觉得你很紧张或注意力不集中。相反，在倾听他人说话时，适时用点头或微笑来表示自己赞成、支持对方的观点，往往起到很好的效果。

二是不轻易打断对方谈话。在他人发言时，不要随便插话。确需插话时应征得对方同意，可对讲话者说“请允许我插一句”或“请允许我补充一下”，然后说出自己的意见，但插话不宜过长。若第三人有急事需处理，必须打断谈话双方的交谈，可先向双方打个手势或招呼“很对不起，打断你们一下”，然后用简明扼要的语言把事情说清楚，再次致歉后才能离开。

三是顾及在场的其他人。在现场交谈的有三个或以上的人，应不时地与其他人攀谈，不要冷落任何一人。谈话的内容也要考虑到在场所有人的感受。

四是表达要委婉。应当用委婉的表达方式令对方接受自己的观点。在说服别人时，应尽量采用商量的口吻，避免使用命令式或武断式的语气，少说“我认为……”，而改为“您看是不是这样……”或“您认为……”。这样，对方在接受你的意见时就不会感到被动、勉强。拒绝别人的好意或表达自己的不同意见时，最好也采用委婉的方式，使对方感到被尊重。如别人邀请你参加聚会，你不想去或没空，可说：“我很想去，但事先已有其他安排，去不了，很遗憾。”

(3)交谈主题要得当

一是选择适合自己身份的话题。在社交场合，谈论的话题要符合自己身份，不可信口开河。如公务员要维护政府形象、教师要维护师道尊严等。当然,不管是什么身份,选择的话题内容都要文明、优雅、格调高尚,方能显出个人的品位与风度。

二是对象不同,话题不同。与人交谈是一种交流互动,而不是自我的倾诉。因此,要考虑对方的接受能力以及是否能引起共鸣。如谈话对象是学龄前儿童,与之讨论国家方针政策,多数情况下他们会不知所云,例如:与学文学的人谈论量子力学,也会让人摸不着头脑。因此,要选择对方听得懂、喜欢听的话题,否则不但达不到谈话的目的,而且容易产生隔阂,乃至出现对立情绪。

三是选择轻松或对方感兴趣的话题。在非正式的交谈场合,为使谈话变得饶有兴致,尽量选择双方感兴趣的话题,这样有助于调动谈话双方的积极性,使大家彼此呼应,热情参与。如果一时间找不到共同的兴趣,则可从轻松的话题开始,这是大家都可以接受的,如文艺演出、流行时装、体育比赛、电影电视、名人轶事、休闲娱乐等。

3. 餐饮礼仪

餐饮作为社交的一项重要活动,在人际交往中发挥着重要的作用,能传递信息、沟通思想、交流感情、解决问题。遵守规范化的礼仪,可展示个人良好修养,表达对交往对象的尊重、友善和诚意。

(1)常见的用餐方式

①宴会。正式宴会,是有鲜明主题,由宴请人精心安排的隆重而正规的大型聚餐活动。对于到场人数、穿着打扮、席位排列、菜肴数目、音乐演奏、宾主致辞等,都有严谨的要求和讲究。非正式宴会,适用于日常的人际交往,一般规模较小,对菜式与质量没有过高要求,不拘泥于严格的礼仪、程序。

②工作餐。工作餐通常是有业务关系的合作伙伴出于商务交往的一种聚餐形式。它借用餐的形式继续进行业务活动,把餐桌当作会议桌或谈判桌,目的是加深接触、保持联系、交换信息或洽谈生意。工作餐一般规模较小,通常在中午举行,主人不用发正式请柬,客人不用提前向主人正式进行答复,时间、地点可临时选择。

③自助餐。自助餐不排席位,也不安排统一的菜单,是把能提供的全部主食、菜肴、酒水陈列在一起,用餐者根据个人爱好,自己选择、加工、享用。

(2)恰当选择时间、地点

中餐,特别是中餐宴会具体时间的安排,要遵从民俗惯例和被邀请人的用餐习惯,尤其要征询被邀请主宾的意见。依用餐时间不同,分为早餐、午餐、晚餐。在国内举办正式宴请,一般安排在晚上;若因工作关系而安排的聚会,可选在中午进行;在粤港澳等地,按习惯也可选"饮早茶"。在用餐地点选择上,首先要环境幽雅,其次要卫生条件良好,最后要交通方便。

(3)菜单的拟定

①上菜次序。中餐上菜的次序通常是冷盘、热炒、主菜、点心和汤,最后上果盘。若上咸点心,就要上咸汤;若上甜点心,就要上甜汤。在点菜时,讲究搭配巧妙,就能点出一桌好菜。要注意不要为了讲排场而点得过多,造成浪费。

②点菜禁忌。宗教禁忌:要充分考虑客人的宗教习惯。地方禁忌:不同地区的人,饮食偏好往往不同,在安排菜单时要兼顾。个人禁忌:有些人出于健康原因,对某些食品有所禁忌,有些人口味有特殊偏好,也应顾及。职业禁忌:有些职业出于某种原因,在餐饮方面往往也有各自不同的特殊规定,比如驾驶员工作期间不得喝酒。

(4)席位的排列

在中餐宴请活动中,往往采用圆桌。

①由两桌组成的小型宴请。当两桌横排时,桌次是面对正门,以右为尊、以左为卑。当两桌竖排时,桌次以距离正门远近来定,以远为上、以近为下。

②由三桌或三桌以上的桌数所组成的宴请。在安排多桌宴请的桌次时,除要注意面门定位、以右为尊、以远为上等规则外,还应兼顾其他各桌距离主桌的远近。通常距离主桌越近,桌次越高;距离主桌越远,桌次越低。

除主桌可以略大外,其他餐桌的大小、形状要基本一致。

为确保赴宴者及时、准确地找到自己所在的桌次,可在请柬上注明对方所在的桌次、在宴会厅入口悬挂宴会桌次排列示意图、安排引位员引导来宾按桌就座,或在每张餐桌上摆放桌次牌(用阿拉伯数字书写)。

(5)位次排列

宴请时,每张餐桌上的具体位次也有主次尊卑的分别。主人大多面对正门而坐,并在主桌就座。

举行多桌宴请时,每桌都要有一位主桌主人的代表在座。位置一般和主桌主人同向,也可面向主桌主人。

若主宾身份高于主人,为表示尊重,也可安排坐在主人的位子上,而请主人坐在主宾的位子上。

为了便于来宾准确无误地在自己位次上就座,除招待人员和主人要及时加以引导指示外,应在每位来宾所属座次正前方的桌面上,事先放置醒目的个人姓名座位卡。

(6)餐具的使用

①筷子。在中餐中使用筷子应注意:第一,不要舔筷子,不论上面是否残留食物;第二,和人交谈时,要暂时放下筷子;第三,不要把筷子竖着插放在食物上面,也不跨放筷子;第四,不能用筷子剔牙、挠痒或是夹取食物之外的东西。

②勺子。勺子主要用于舀取菜肴、食物。用筷子取食时,也可用勺子辅助。尽量不要单用勺子取菜。用勺子取食物时,不要过满,免得溢出来弄脏餐桌或自己的衣服。暂时不用勺子时,应放在自己的碟子上。用勺子取食后,要立即食用或放在自己碟子里,不能将之倒回原处。如果取用的食物太烫,不可用勺子舀来舀去,也不要用嘴对着吹,可先放到自己的碗里等凉了再吃。不要把勺子塞到嘴里,或反复吮吸、舔食。

③食碟。食碟主要用于暂放从公用菜盘里取来的菜肴,与碗的功能略同。碟子在餐桌上一般要保持原位,且不要堆放在一起。用食碟时,一次不要取放过多的菜肴。不吃的残渣、骨、刺不要吐在地上、桌上,而应轻轻取放在食碟前端,放的时候不能直接从嘴里吐

在食碟上，要用筷子夹放到碟子旁边。如果食碟放满了，可让服务员换。

④水杯。主要用来盛放清水、汽水、果汁等软饮料。不要用它来盛酒，也不要倒扣水杯。喝进嘴里的东西不能再吐回水杯中。

⑤湿毛巾。用餐前，可为用餐者上一块湿毛巾，用于擦手。擦手后，应放回盘子里，由服务员拿走。在正式宴会结束前，也可再上一块湿毛巾，但只能用来擦嘴，不能擦脸、抹汗。

⑥牙签。尽量不要当众剔牙。非剔不可时，用另一只手掩住口部。不要当众查看剔出物或再次入口，也不要随手乱弹、随口乱吐。

(7)用餐举止

①接受邀请。接到邀请后，不论是否出席都应尽早给对方以明确回复，如临时因故不能出席，应向主人深表歉意及解释原因。

②按时赴约。按主人邀请的时间准时赴宴，一般要提前到达，但过早或过迟到达都为失礼。

③抵达致意。当走进主人家或宴会厅时，应主动跟主人打招呼。同时，对其他客人，不管认不认识，都要微笑点头示意或握手问好；对长者要主动起立，让座问安；对女宾举止庄重，彬彬有礼。

④礼貌入席。听从主人或招待人员的安排入席。如果没设定座位，应注意正对门口的座位是上座、背对门的座位是下座。应让身份高者、年长者以及女士先入座，自己再找适当的座位坐下。如邻座是年长者或女士，则应主动为其拉座椅。

⑤席间交谈。入座后坐姿端正，脚踏在本人座位下，不要任意伸直或两腿不停摇晃，手肘不得靠桌沿，或将手放在邻座椅背上。可以和同席客人简单交谈，切莫始终缄默不语。

⑥文明用餐。待主人示意后才能开始用餐。就餐的动作要文雅，夹菜动作要轻。取菜时不要左顾右盼、翻来覆去，也不要在公用菜盘内挑挑拣拣，更不能夹起来又放回去。要把菜先放到自己的小盘里，再用筷子夹起放进嘴里。送食物入口时，要小口进食。两肘向内靠，不要向两边张开，以免碰到邻座。鱼刺、肉骨等应放在骨盘内。口嚼食物时切忌说话。不要在喝饮料、喝汤时发出声响。用餐时，如要用摆在同桌其他客人面前的调味品，先向别人打个招呼再拿；如果太远，要客气地请人代劳。若用餐时非得剔牙，要用左手或手帕遮掩，右手用牙签轻轻剔牙。用餐时不要当众修饰，不要梳理头发、化妆补妆、宽衣解带、脱鞋袜或擤鼻涕、吐痰等，如有需要可去化妆间或洗手间。

⑦祝酒碰杯。主人祝酒致辞时，应停止一切活动，认真倾听，不可做无关的小动作。主人或其他宾客前来碰杯时，应目视对方，面带微笑，点头致意。切莫一味地对别人劝酒、灌酒，特别不得对不胜酒力的人劝酒、灌酒。

⑧宴请结束。一般完整的正餐所花时间为 1～2 小时，主人或尊者应视用餐情形，适时婉谢来宾，提示宴请结束。

⑨致谢辞行。宴请结束后，应有礼貌地主动向主人握手道谢。若有事要离开，要向主人说明，切莫不辞而别。

技能提升

简历模板

一、8秒钟测验

在招聘市场，你的简历在招聘者手中停留的时间大约只有8秒。招聘者会在8秒内浏览你的简历，并决定是否愿意花更多的时间面试你。能否通过8秒钟的测验取决于你的简历是否吸引人，且能否很快被看完。这就是为什么人力资源专家建议你写一份只有一张纸的简历。一张纸的简历会告诉别人："我很有条理。"

二、PAR陈述法

PAR陈述法的核心是使用行为动词，以下列格式来描述体现能力和成就的经历：

P：写出实习工作或项目(project)的名称、背景、任务和工作。

A：写出你在这段经历中的行为(activity)。

R：写出你在这段经历中获得的结果(results)：成果、收益。

小案例

以某同学在应届生求职网的实习经历为例：

项目(P)：负责网站与目标高校、企业的合作计划的推广实施。

行为(A)：采用电话访谈方式对400家高校就业网进行调研，与就业办老师进行沟通，联系合作事宜；对700多家企业校园招聘进行调研，撰写调研报告，完善网站服务项目。

成就(R)：与200多所目标高校就业办老师保持沟通，与600家目标企业达成合作意向，撰写5 000余字的企业调研报告。

三、案例分析

某单位经理在解释他为什么要录用一个没有任何人推荐的小伙子时，说："他带来了许多介绍信。他神态清爽，服饰整洁；在门口蹭掉了脚下的土，进门后随手轻轻地关上了门；当他看见残疾人时主动让座；进了办公室，其他的人都从我故意放在地板上的那本书上迈过去，而他却很自然地俯身捡起并放在桌上；他回答问题简洁明了、干脆果断，这些难道不是最好的介绍信吗？"

分析：

第一印象十分重要，第一印象往往从谈话、举止、着装、个性与修养中得来。良好的礼仪和外在形象能展示应聘者美好的外表和内在，使面试官产生好感，形成良好的第一印象。文中的小伙子一举一动都体现了自身的修养。他得体大方、乐于助人、有眼力、讲究卫生、有礼貌，这些帮助他一一通过了经理设置的考验，是经理想要的人才。

实践训练

一、制作一份我的个人简历

请同学们根据“8 秒钟测验”或是 PAR 陈述法的要求，制作一份属于自己的“高光”简历（图 6-5），并且要有创意，能够在 8 秒钟内令他人留下深刻印象。

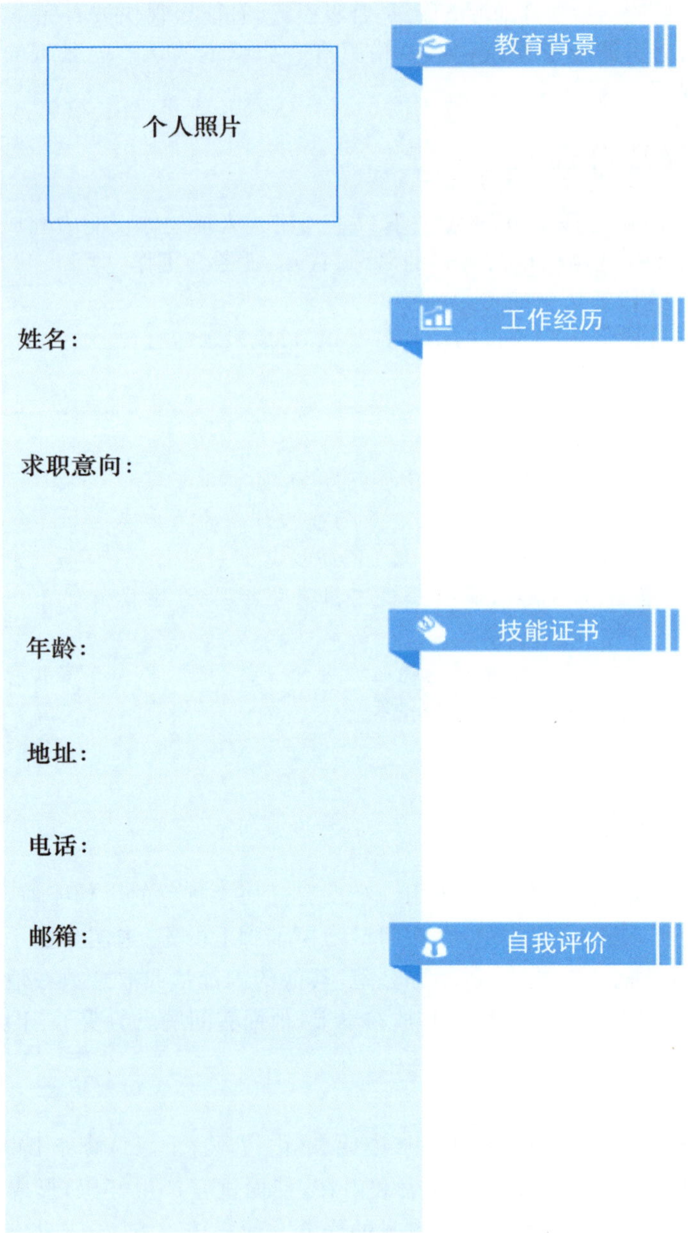

图 6-5　个人简历

二、组织一场模拟面试

实践训练目的：使同学们对职业社会的招聘产生形象的体验感。

场地材料：室内，打分表

活动时间：30 分钟

活动形式：个人参与，小组完成

活动规则：

1. 分组及分工。各组推选 3 名同学担任面试官，其他同学依次应聘。面试过程中，面试官须提出以下问题：

(1)谈谈你自己(请介绍下你自己)。

(2)你为什么应聘这个工作？

(3)请你用两分钟描述自己的优势和不足。

(4)说说你做过的最满意的一件事。

(5)你周围的人是如何评价你的？

(6)你希望得到的薪酬是多少？

2. 结束后由面试官点评，其他同学也可以参与评议。最后请在图 6-6 中写下你对这次模拟面试的自我评价。

注意事项：

1. 此活动需要同学们提前准备好自己的简历。

2. 指导教师需要提前制作打分表。打分表的内容可分为仪态仪表、思路逻辑、语言表达 3 个方面。

3. 应聘的岗位可以由指导教师拟定，也可以由各组同学自行商定。

模拟面试的自我评价

图 6-6　模拟面试的自我评价

不因成就而满足，不因困难而罢休。

身处低谷，怎么走都向上，没有谁自带铠甲，但你可以让自己无坚不摧。

——名言警句

项目拓展

一、案例解析

别出心裁的简历让她脱颖而出

在毕业季，小李和其他一些同学看中了同一家公司，但她觉得自己不够优秀，不能在众多的求职者中吸引面试官的“火眼金睛”。经过再三考虑和反复修改简历后，她十分忐忑地通过电子邮箱发送了个人简历。然而出乎意料的是，一周后，小李接到了该公司人力部门的面试通知。很多同学向小李请教，她是如何写了一份让自己脱颖而出的简历？小李同学微微一笑说：“也没什么，我只是遵循了‘8 秒钟测验’，的方法，把重要信息注明清楚，专门拍摄一张正式的求职照就好啦！”

分析：

一般而言，通过网络投递而非现场面试递交的简历，最稳妥的是用“3+1”法：“3”是指姓名、电话、邮箱，这几点一定要写清楚，“1”是指照片。简历上的个人照片非常重要：一定要附上求职者的照片，而且必须穿正装。原因很简单，会让面试官会觉得你很重视这次求职，尊重是相互的。拍摄求职照片时，男生仪表要干净整洁有朝气，女生则应妆容清淡发型利落，表情要显得精神干练，最好可以拍出眼里有光的感觉，照片为纯色背景尤以白色为佳，容易留下好印象。

二、习题练习

1. 通常求职者需要在简历里注明身高、体重或者身体情况吗？

2. 结合现状，思考自己哪些能力亟待提升。

3. 如何获取和筛选就业信息？

4. 根据个人情况进行一次网上求职。

5. 根据个人情况制作一封自荐信、一封求职信。

6. 请选择若干个你经历过的令人印象深刻的关键场合，反思你在其中的礼仪尴尬状况(也可以是他人的尴尬状况)，对照目前你的礼仪表现状况，找出差距，并谈谈你将如何提升礼仪水平。

项目总结

一、要点小结

根据本项目的知识与技能要点，绘制思维导图。

就业需要做好哪些准备

二、自我评价

学会的有：

____

____

____

____

____

____

需要加强和改进的有：

____

____

____

____

____

____

项目七
了解职场的道与术
——大学生就业政策与权益保护

慎终如始，则无败事。

——老子

项目概述

在人生的征途中，每一个人都曾怀揣着梦想，踏上求职之旅。毕业生在就业过程中，会遇到各种竞争与挑战，同时也存在一些用人单位在招聘和用人过程中不够规范，甚至存在一些违法行为，因此毕业生的权益需要得到充分的保障。

了解职场的道与术——大学生就业政策与权益保护，是一个关乎学生未来职业生涯发展和社会融入的重要课题。对大学生而言，掌握职场之道，不仅意味着熟悉专业技能，更包括理解职场文化、规则与策略。而了解职场之术，则是指学习如何在实际工作中运用这些知识和技能，实现个人价值的最大化。

在这个过程中，大学生就业政策与权益保护起到了至关重要的作用。就业政策为大学生提供了指导和支持，包括就业导向的教育培训、就业创业扶持政策等，旨在帮助学生顺利过渡到职场。而权益保护关注的是在就业过程中，大学生合法权益的维护和保障，如工资待遇、工作时长、劳动保障等，确保学生在职场中能够受到公平对待。

因此，大学生需要全面了解和掌握就业政策与权益保护的相关知识，这既有利于他们在求职过程中少走弯路，也能够为他们在未来职业生涯中打下坚实的基础。同时，这也是培养合格公民和职场新人的必要步骤，有助于提升社会整体的就业水平和职业发展环境。

学习目标

知识目标

1. 了解毕业生就业的相关政策。
2. 熟悉毕业生就业权利、义务和相关法律知识。
3. 掌握就业协议、劳动合同签订的程序。

技能目标

1. 学会如何进行就业权益的法律保护。
2. 掌握签署就业协议的注意事项。
3. 理解违约责任和劳动争议的处理方法。

素养目标

1. 培养正确的择业观，提升劳动素养。
2. 树立就业权益意识，强化维权意识。
3. 增强就业警醒意识，学会运用法律武器保护自己。

项目内容

毕业生作为社会的新鲜血液，他们的成长与发展直接关系到国家的未来。然而，一些不法企业或个人却利用毕业生求职心切的心理，做出一些不当的行为。这种行为不仅侵害了毕业生的合法权益，也破坏了求职市场的公平与秩序。

自我初探园地

1. 如果有一份“先交钱再上岗的”工作，我会去做吗？如果不会，原因是什么？

____

____

2. 在日常生活中，我了解过哪些关于就业政策与权益保护知识？

____

____

3. 如果在工作中遇到了不公平待遇，我会怎么做？

____

____

4. 如果我选择一份高薪工作，但是用人单位不和我签署就业协议书，我仍然会选择这家企业吗？原因是什么？

____

____

知识储备

目前，高校毕业生就业已成为一个全社会高度关注和亟待妥善解决的问题。而在就业过程中，高校毕业生合法权益被侵害的现象也时有发生。所以，了解目前国家关于毕业生就业有关的方针政策，知晓高校毕业生在就业过程中的权利和义务，是高校毕业生有效进行就业权益保护的前提。

一、就业政策

展望未来，我们期待一个更加美好的求职市场。在这个市场中，高校毕业生能够凭借自己的才华和努力，找到适合自己的工作岗位，实现自己的人生价值。同时，我们也期待政府、高校和社会各界能够共同努力，为高校毕业生的成长与发展提供更加有力的政策与保障。

（一）就业政策的内涵

就业政策是国家在一定的历史条件和阶段，为促进经济发展和社会进步，创造就业条件，扩大就业机会所制定的行为准则。它包括就业指导思想，管理体制，指导原则，就业范围、渠道及相关的具体规定等。

高校毕业生就业工作涉及面较广，关系到人力资源的合理使用以及国家的发展和社会的稳定。这项工作涉及毕业生、家长、学校、用人单位、户籍部门、档案管理部门、人才市场及政府就业主管部门，是一项政策性很强的系统工程。为了保证高校毕业生能够顺利、充分就业，国家制定了一系列法律法规和政策，对就业问题做出了具体的规定。同时，各省、自治区、直辖市就业主管部门结合本地区实际情况也制定了相关的指导性政策和规定。高校毕业生应全面了解国家和当地政府就业主管部门的有关政策和规定，熟悉、掌握就业程序，以便顺利地走上工作岗位。

（二）高校毕业生现行就业政策

合理配置、使用高校毕业生这一人力资源，充分发挥其作用，对于促进经济发展和社会进步具有重要意义。高校毕业生的就业方针是：统筹安排，合理使用，加强重点，兼顾一般，面向基层，适应和满足生产、建设、管理、服务第一线的岗位需要。在保证第一线岗位需要的前提下，贯彻学以致用、人尽其才的原则。

目前，在生产、建设、管理、服务第一线的高校毕业生比例比较低，人力资源结构还不尽合理。国家把做好大学生就业工作与优化人力资源结构紧密地结合起来，在企业减员增效、人员下岗分流、机构改革的同时，重视调整人力资源结构，通过补充高校毕业生力量，不断提高第一线劳动者素质。党和政府要求，选拔高校毕业生时应坚持公开、公平、公正和择优的原则，杜绝不正之风。

国家十分重视高校毕业生的就业工作，积极拓宽其就业渠道，做好人力资源结构调整和人才储备。国家支持和鼓励集体、合营、联营、私营以及股份制等各种经济类型的企业接收高校毕业生，鼓励高校毕业生利用自己所学的知识和专长自主创业。高校毕业生是国家按计划培养的专门人才，有执行国家就业方针、政策和根据需要为国家服务的义务。高校毕业生应在国家就业方针、政策的指导下，通过学校推荐，与用人单位双向选择，自主择业。到非国有单位就业的高校毕业生，政府人事部门所属人才服务机构应及时办理人事代理手续。凡办理人事代理手续的，其人事档案、党团组织关系留在人才服务机构，工龄可连续计算，户籍关系可落在人才服务机构也可迁回户籍所在地。对自主创业的毕业生，各省、市在人事代理、社会保障、户籍管理、工商税务审批等方面做出相应规定，制定优惠政策，积极予以支持。

1. 强化统筹部署

各地各高校要把毕业生就业工作作为重中之重，摆在更加突出的位置，纳入领导班子重要议事日程，健全就业促进机制。要按照“秋季校园招聘月”“寒假暖心行动”“春季攻坚行动”“百日冲刺行动”的部署，结合工作实际，统筹做好本地本校工作安排，落实落细各项工作要求，确保毕业生就业局势总体稳定。

2. 强化协同联动

各省级教育部门要主动加强与组织、人力资源和社会保障、发展改革、财政等部门沟通衔接、分工合作、协同联动，把高校毕业生作为公共服务的重点群体，争取更多岗位、资金、培训、服务等公共资源向高校毕业生倾斜。要牵头成立高校毕业生就业工作专班，制定工作方案，明确任务清单，进一步优化工作机制，全力推进各项任务落实。

3. 强化高校责任

高校是做好本校毕业生就业工作的责任主体，主要负责同志是第一责任人，分管负责同志是直接责任人。加强学校党委组织领导，把就业工作列入学校党委常委会重要议题，定期研究推进。建立健全“校—院（系）”两级就业工作领导小组，分别制定就业工作方案，分级落实工作责任。加强部门工作协同，完善激励考评机制，调动全校力量形成全员促就业工作合力。

4. 推进实施“万企进校园”计划

各地各高校要充分发挥校园招聘主渠道作用，主动邀请用人单位进校开展招聘活动，提升每场校园招聘活动的实际效果。要结合毕业生求职就业意愿，大力拓展岗位资源，努力为毕业生提供优质的就业岗位信息。支持院系积极开展小而精、专而优的小型专场招聘活动。加强校园招聘活动组织管理，认真审核校园招聘信息，确保校园招聘活动安全、规范、有序开展。

5. 加强分行业分区域就业市场建设

汇聚相关部门、行业协会、社会招聘机构等多方资源，着力建设一批区域性、行业性、联盟性高校毕业生就业市场。充分发挥全国普通高校毕业生就业创业指导委员会和行业协会的作用，完善“分行业就业指导委员会＋分行业协会”促就业工作机制，举办一系列校企对接交流活动，加大力度建设分行业就业市场。深入开展供需对接就业育人项目，搭建人才供需对接平台，推动就业与培养有机联动。

6. 鼓励中小企业吸纳更多高校毕业生

各地教育部门要配合本地相关部门落实吸纳就业补贴、社会保险补贴、税费减免等优惠政策，支持中小企业开发创造更多适合高校毕业生的就业岗位。各地各高校要加大民营企业、中小企业招聘推介力度，为企业进校招聘提供便利，引导更多毕业生到民营企业、中小企业就业。会同有关部门持续举办“百城万企——民企高校携手促就业”“全国中小企业网上百日招聘高校毕业生”“全国民营企业招聘月”等活动，为中小企业招聘高校毕业生搭建平台。

7. 支持灵活就业和自主创业

各地各高校要充分挖掘新产业、新业态、新模式带动就业潜力，引导毕业生发挥专业所长，在创意经济、数字经济、平台经济等多领域灵活就业。配合有关部门落实灵活就业社会保障政策，切实维护高校毕业生合法权益。积极鼓励和支持高校毕业生自主创业，落实创业支持政策，在资金、场地等方面向毕业生创业者倾斜，为高校毕业生创新创业孵化、成果转化等提供服务。

8. 加强生涯教育和就业指导

强化大学生生涯发展与就业指导课程建设，修订完善课程教学要求。推动各高校以全覆盖、精准化、特色化为目标，将课程建设作为强化就业指导服务的重要内容，作为必修课列入教学计划，给予学时学分保障。持续办好就业指导公益直播课，提供丰富优质课程资源。遴选打造一批优秀就业指导课程和教材。加强高素质专业化教师队伍培养，打造内外互补、专兼结合的就业指导教师队伍。充分运用现代信息技术，探索建立大学生成长电子档案，为大学生提供个性化、精准化、便捷化的就业指导服务。

9. 引导强化就业实习实践

各地各高校要建立完善大学生就业实习管理制度，统筹协调就业实习与教学实习，组织引导大学生利用寒暑假时间积极参与就业实习实践。实习实践能激发大学生求职意愿、明确求职意向，帮助大学生增强就业能力、获取就业机会。鼓励地方政府、用人单位与高校深化产学研合作，协同打造一批大学生就业实习基地。

10. 切实维护毕业生就业权益

积极营造平等就业环境，严格落实“三严禁”要求，各类校园招聘活动中不得设置违反国家规定的有关歧视性条款和限制性条件。加强就业安全教育和诚信教育，引导用人单位与高校毕业生及早签订就业协议书或劳动（聘用）合同并如实履约。及时发布求职就业预警信息，帮助毕业生防范求职风险。会同相关部门加强联合监管，依法严厉打击虚假招聘、售卖协议、“黑职介”“培训贷”等违法违规行为。

11. 完善精准帮扶机制

重点关注脱贫家庭、低保家庭、零就业家庭、残疾等就业困难毕业生群体，“一人一档”“一人一策”建立帮扶工作台账，优先提供指导服务，优先推荐就业岗位，优先开展培训和就业实习。落实“一对一”帮扶责任制，高校和院系领导班子成员、就业指导教师、班主任、专业教师、辅导员等要与就业困难学生开展结对帮扶，确保每一个就业困难学生都得到有效帮助。会同人力资源和社会保障部门持续做好离校未就业毕业生的跟踪帮扶和不断线服务。

12. 完善就业状况反馈机制

各地各高校要建立完善就业与招生、培养联动的有效机制，把高校毕业生就业状况作为高等教育结构调整的重要内容。引导高校重点布局社会需求强、就业前景广、人才缺口大的学科专业，及时调整或更新升级已经不适应社会需要的学科专业。持续实施高校毕业生就业去向落实率红黄牌提示制度。深入开展高校毕业生就业状况跟踪调查，把毕业生就业状况作为“双一流”建设成效评价、学科专业设置和调整评估、招生计划安排、就业工作评价等工作的重要依据。

13. 大力开展就业工作总结宣传

各地各高校要广泛宣传各项促就业政策措施，积极推进就业政策进园区、进企业、进高校、进社区。要大力宣传各地各高校和用人单位促就业的好经验、好做法，持续开展就业育人典型案例和毕业生就业创业典型人物总结宣传，积极营造全社会关心支持高校毕业生就业的良好氛围。各地各高校毕业生就业工作进展情况要及时报教育部。

（三）高校毕业生面临的就业困境

由于面临着就业的结构性矛盾，在严峻的就业形势下，一些不法用人单位乘机利用优势地位，针对高校毕业生设置就业陷阱，进一步加剧了高校毕业生在就业中的弱势地位，侵犯了他们的合法权益。

1. 弱势地位

就我国当前就业形势而言，无论是在劳动力市场整体还是在微观劳动关系中，劳动者和用人单位有时会处于不平等的状态。宏观层面上，高校扩招后的毕业生人数与日俱增，高校毕业生的就业形势愈发严峻。在结构性矛盾的影响下，我国劳动力市场存在“供大于求”的情况，面对市场化的竞争和就业的巨大压力，高校毕业生承受的就业压力远远大于用人单位的招聘压力，处于“不平等”地位。微观层面上，除了掌握紧缺专业和尖端领域知识的稀缺人才外，就业中“买方市场”的地位难以撼动，用人单位有着“用人自主”的权利，“人尽其才”的指导原则无法有效发挥作用，在一般的劳动关系中就业者具有明显的从属属性，这使得高校毕业生在择业过程中处于相对不平等状态。地位上的弱势现状，产生了一系列连锁反应，加剧了高校毕业生就业中的矛盾。

2. 就业歧视

就业歧视作为一种具有普遍性的社会现象，与任何其他社会现象一样都是受到各种因素的影响，比如经济、政治、制度、历史以及文化等，在这些因素的影响下就业歧视呈现出不同的形式与结果。在严峻的就业形势下，就业歧视成为高校毕业生就业难以承受之重，形形色色的歧视，如地域、年龄、性别、文凭、经验、人身等方面的歧视，破坏了和谐的劳动关系，影响了人才的自由流动和合理配置。

（1）地域歧视

有些单位和地方把非本地人口看成本地人口的竞争对手，从而制定了一系列优先接受本地户口的人才政策，这就意味着外地生源在就业时要遭受着相对更大的阻力。一些企业和行业还存在招聘的“潜规则”，对某些涉及财务、安全等领域的职位，也基本不聘用外地人，而有些行业即便聘用了，也是和本地人同工不同酬。而且，由地域歧视还派生出社会关系歧视和方言歧视。有些单位以非本地人口不像本地人那样具有相应的社会关系，不熟悉当地方言和习惯，不利于开展工作和业务为由，将外来就业人口拒之门外。

(2)年龄歧视

《中华人民共和国劳动法》只规定了“劳动者就业，不因民族、种族、性别、宗教信仰不同而受歧视”。但没有对“禁止年龄就业歧视”做出规定。目前，在激烈的市场竞争中，就业者的年龄成为不少单位招聘人才的“硬指标”。这给一些有复读、辍学经历的高校毕业生，以及通过自考等途径获得国家认可学历的社会人员的就业造成了极大困难。

(3)性别歧视

在现实中就业的性别歧视仍然比较严重，有的用人单位在招聘毕业生时重男轻女，有的甚至拒绝接收女大学生，剥夺了女大学生工作的权利，有的即使聘用了，却对男女求职者采取双重标准，“男性优先”的不成文规定造成了一些用人单位存在“宁要武大郎，不要穆桂英”和男女同工不同酬的现象。在现实中，女大学生就业往往还受“单身条款”“禁孕条款”“禁假条款”等歧视性条件的限制。

(4)学历(文凭)歧视

人才市场的恶性竞争下，高标准严要求成为就业领域内难以跨越的障碍，人才高消费和浪费的现象比较严重。一些单位“咬定文凭不松口”“抓住学历不放松”，非全日制学历不可，非名牌学校不要。还有的单位公开不承认自学考试和其他国家认可的学历。一味追求高学历、名牌学校，导致了不少本科生、研究生等高层次人才被迫“低位”就业。

(5)专业(经验)歧视

不同岗位确实需要不同专业的人才，适当的专业分工具有合理性。但过分强调专业的做法，难以避开歧视的嫌疑。专业和专业能力是有区别的，现代社会需要的是宽领域、复合型、创造性的人才，在不太需要过于“细分”专业的行业领域内挑剔专业，造成不少人才求职无门是不可取的。与此同时，在我国，一些招聘单位或雇主经常向求职者提出要求具备工作经验的条件，这实际上是招聘单位或雇主逃避社会责任，仅仅关注自身盈利目标的一种不良现象，这也使得应届毕业生就业以及人才流动遭遇阻碍。

(6)人身歧视

近年来，身高、容貌、视力、体型和体检标准等身体条件越来越频繁地成为用人单位的参考因素，身体标准和健康歧视也成为就业争议的话题，有些单位无视国家规定的相关体检标准和身体条件要求，人为拔高或有意突出某些指标，使不少合格人才被拒之门外，甚至在一些单位还存在着“以貌定薪”的现象。

3. 就业陷阱

(1)招聘信息虚假化

个别用人单位为了招聘到高层次人才，装点单位门面，常常在介绍招聘岗位信息时进行歪曲、编造、美化。这些单位经常以高薪和良好的发展前景为诱饵，口头承诺优厚待遇，迫使应聘者立刻签订合同以及约定高额毁约金的方式，千方百计套牢求职者。又如个别不规范的网站和中介机构，通过接收求职简历，获取大量个人信息，再出售给企业作为销售信息。

微课：
巧识就业陷阱
遇见请绕道

（2）试用期滥用

试用期是指用人单位对新招收的合同制职工的思想品德、劳动态度、实际工作能力、身体情况等进行进一步考察的时期。根据《中华人民共和国劳动法》的规定："劳动合同可以规定试用期，其期限的长短由企业根据不同工种的实际情况确定，但最长不得超过六个月"。劳动合同试用期作为劳动合同中的一个特殊阶段，对于帮助用人单位以最低的成本风险争取优秀人才加入，促进劳动者的风险意识和竞争意识的提升，提高劳动者对用人单位及岗位的认识水平，都有极其重要的意义。但在实际就业中，一些高校毕业生遭遇了用人单位以实习期、见习期为由逃避试用期，利用试用期以随意解除劳动合同，甚至是故意延长试用期以骗取劳动力的陷阱。

（3）规避劳动合同

《中华人民共和国劳动法》第十六条、第十九条规定："建立劳动关系应当订立劳动合同""劳动合同应当以书面形式订立"。但受降低用工成本的驱动，为逃避缴纳社会保险和解雇成本的法律责任，个别用人单位用就业协议代替劳动合同签订，甚至采用拒绝签订劳动合同的做法来逃避自身责任。就业协议与劳动合同的性质截然不同，就业协议仅为毕业生、用人单位和学校三方达成的用人单位同意接收毕业生的承诺，并不涉及劳动合同的具体条款，其效力始于签订之日，终于学生到工作岗位报到之时。显然，就业协议不能取代劳动合同，劳动合同才是真正就业的法律保障。缺少书面劳动合同，一旦发生争议，劳动者合法权益得不到有效维护。

（4）合同短期化

目前，就业市场中劳动合同期限以短期合同为主，这在较大程度上影响了职工的职业稳定感、岗位责任感和社会归属感。这种现象对高校毕业生影响尤为严重，无法稳定就业状况使他们在就业以后，仍然要承受着巨大的心理压力和精神负担。一旦合同到期无法续聘，在脱离本行的情况下，他们更是面临着年龄偏大、经验局限等就业障碍，难以找到比较适合自己的工作岗位。

（5）合同条款格式化

现实中，用人单位在劳动合同的订立中居于主导地位，就业者在劳动关系中一般只处于从属地位。在劳动合同订立时，用人单位大多使用的是预先拟定好的合同文本，就业者只有签与不签的选择，很难与用人单位讨价还价。这就使劳动合同在事实上成为格式条款，有的格式条款更演化为侵权的"霸王条款"。一些用人单位也会回避提醒义务，借机免除自身责任。一旦劳动者不小心签下"霸王合同"，其日后就会成为用人单位侵权的挡箭牌，劳动者维权就会十分困难。鉴于格式条款存在的问题，很多学者认为，格式条款是对合同自由的破坏，甚至有学者将其称为"合同的死亡"。

（6）考核形式化

有些单位的用人计划已经有了内定的意向人，但是为了应付相关主管部门的监督，树立自身公平、公开、公正的形象，走过场式地开展考核工作，导致不少求职心切的毕业生花费了大量的精力和成本，在求职过程中疲于应对考核的同时，丧失了一些相关岗位的竞聘机会。

二、就业权益

在市场经济体制逐步完善的今天，毕业生在就业过程中享有哪些权益？毕业生的就业权益如何维护？毕业生如何在就业中行使自己的权利和义务？在自己的就业权益受到侵害时，如何运用法律来维护自己的合法权益呢？为了避免毕业生的就业权益被侵犯的事件的发生，更好地维护毕业生的就业权益，我们首先要了解就业权益的相关概念和内容。

（一）就业权益的内涵

为了有效地维护毕业生的就业权益，我们首先必须明确就业权益的内涵。

就业权益是指劳动者在就业过程中所拥有的权利和所应该获得的利益。就业权益是一种合法的权益，劳动者在国家法律允许的范围内所实现的就业及其权益应当受到法律保护。众所周知，任何权利和责任与义务都是连接在一起的，权利、责任、义务是相应的。劳动者的就业权益也是和劳动者的就业责任、就业义务相互联系的。《中华人民共和国宪法》第四十二条规定："中华人民共和国公民有劳动的权利和义务。国家通过各种途径，创造劳动就业条件，加强劳动保护，改善劳动条件，并在发展生产的基础上，提高劳动报酬和福利待遇""国家提倡公民从事义务劳动。国家对就业前的公民进行必要的劳动就业训练"。

（二）就业权益的内容

毕业生作为就业的一个很重要的主体，在就业过程中享有诸多的权益，根据目前国家相关法律、法规的规定，毕业生在就业过程中享有的权利以及用人单位给予毕业生的主要权利表现在以下六个方面。

1. 获取就业信息权

获取就业信息权是指毕业生拥有及时全面获得各种应该公开的就业信息的权利。就业信息是毕业生择业成功的前提和关键，只有在充分获得信息的基础上，才能做出结合自身情况选择适合自身发展的职业选择。这里讲的毕业生获取信息权包含以下三个方面的含义：一是信息公开，即所有用人信息面向全体毕业生公开；二是信息及时，即毕业生获取的信息必须是及时有效的，而不是过期的无价值的信息；三是信息全面，即毕业生有权获取准确、全面的就业信息，用人单位不能仅公开符合自身要求或利益的内容。这样才能让毕业生对用人单位有全面的了解，进而做出符合自身发展的选择。

2. 接受就业指导权

接受就业指导权是指毕业生有权从学校、社会、国家获得及时、有效的就业指导与就业信息服务的权利。就业指导工作会直接影响毕业生的就业方向、就业能力、就业意识、就业技巧等。我国《高等教育法》规定："高等学校应当为毕业生、结业生提供就业指导和服务。"因此，现在各高校都成立了专门的就业创业指导中心，安排专门人员对毕业生进行就业创业指导，包括向毕业生宣传国家关于毕业生就业的有关方针、政策，对毕业生进行择业技巧的指导，引导毕业生根据国家和社会需要，结合个人实际情况进行就业和择业，使毕业生通过接受就业指导，掌握相关的知识和技能，准确定位，合理择业。

3. 被推荐就业权

被推荐就业权是高校毕业生拥有被高校如实、公正、及时推荐到用人单位就业的权利。虽然现在国家的就业政策是自主择业，但很多用人单位基于对学校的信任，为了提高招聘效率和招聘质量，会希望高校向其推荐优秀的毕业生。因此，学校在就业工作中的一个重要职责就是向用人单位推荐毕业生。历年工作经验证明，学校的推荐往往在较大程度上影响到用人单位对毕业生的选用。

4. 就业自主选择权

就业自主选择权是指在国家就业方针、政策的指导下，高校毕业生有按照自己的意愿选择职业的权利。根据国家有关规定，高校毕业生在国家就业方针、政策指导下自主择业。毕业生只要符合国家的就业方针、政策，可以自主地选择用人单位，学校、其他单位和个人均不得干涉。任何个人或者组织强令毕业生到某单位就业的行为就是侵犯毕业生的就业自主选择权的行为。这充分体现了毕业生在人才市场自主就业择业的权利。

5. 公平待遇权

用人单位在录用毕业生的过程中，应公平、公正。毕业生在就业过程中应享有公平待遇权。但在当前的就业环境中，毕业生的公平录用权受到很大的挑战，这也是广大毕业生比较关注和担忧的一个问题。由于各项配套措施滞后，完全开放、公平的就业市场尚未真正形成，用人单位录用毕业生还存在不同程度的不公平、不公正现象，如性别歧视、关系就业、地域限制等。因此，公平待遇权也是目前广大高校毕业生迫切需要得到维护的权益。

6. 违约求偿权

违约求偿权是指高校毕业生在与用人单位签订就业协议后，如果用人单位无故违约或解约，毕业生有权要求用人单位进行相应的赔偿的权利。毕业生、用人单位、学校三方签订协议后，任何一方不得擅自毁约。如用人单位无故要求解约，毕业生有权要求对方严格履行就业协议，签订劳动合同，否则用人单位应对毕业生承担违约责任，支付违约金，毕业生有权要求用人单位对其进行补偿。

（三）高校毕业生就业维权重在预防

高校毕业生既是高等教育改革和发展的受益者，也是就业制度改革后果的直接承受者。高校毕业生就业难、难就业，已经成为不争的事实，伴随这个问题产生的高校毕业生就业权益保护问题也日显急迫。如何保护好高校毕业生就业权益，关系到高校毕业生就业制度改革的成效，成为一个事关国计民生的大课题。高校毕业生就业权益的保护是一个系统工程，需要政府、社会、高校和用人单位形成合力，从战略的高度和全局的角度，采取全方位、多层次、多样化的手段予以综合治理，但最为根本的是要强化高校毕业生就业权益的自我保护，做到预防为主，把握时机，争取主动。

1. 为在事先，自我救济

高校毕业生应该清醒地认识到，在如今的就业形势下，侵犯高校毕业生就业权益的现象时有发生，临时突击补习的做法已经满足不了将来就业的法律需求，在学习的过程中就要抓紧时间学习相关的法律政策。在就业过程中，一旦自身的合法权益受到侵犯时，要做到不等不靠、不屈不挠，在第一时间内积极主动采取各种方法进行自我救济。

（1）积极争取就业指导和服务，提高就业选择的质量和水平

平日里要积极争取来自学校、就业主管部门和公共就业服务机构的指导和服务，提高就业选择的质量和水平。高校对毕业生权益的保护最为直接，它可以通过指导与服务，站在“后台”为毕业生提供信息、机会和指导，又可以组织的形式直接对供需见面和就业选择中的不公平、不公正的行为进行抵制。

（2）要树立信心，端正就业态度

求职与招聘是一个双向选择的过程，双方是平等的，只有双赢，才真正有利于双方。求职时不应低三下四，更不应怨天尤人、听天由命，而应积极主动，有尊严、有信心地与招聘单位进行平等交流。

（3）对来自不同招聘渠道的信息进行客观冷静的分析

一般来自学校就业网站和校园招聘会的信息是最可信赖的，但学校就业部门毕竟只能起一道“防火墙”的作用，要真正甄别真假，还要自己多了解；对信息量巨大的网上招聘不能轻信，真正具有权威性的网站应该是与政府人事部门、教育部门、劳动部门有链接的官方网站；对社会上举办的招聘会不能“漫天撒网”，应该有的放矢，否则会有让自己的简历落入非法中介机构的风险。

（4）多方面了解应聘单位

在得到应聘机会时，要注意从多方面了解应聘单位是否合法规范，是否与自己的职业理想和就业目标相一致，可采取实地考察，从已就业的学姐、学长那里了解该企业的声誉，在参加面试时观察该单位的工作氛围、人员素质，也可以从一些官方权威网站查找该单位的信息等方式对用人单位的实况进行确认。

（5）发生就业争议时，要主动自我救济

①依靠组织力量，寻求校方支持。高校毕业生充分有效就业是学校责无旁贷的义务。以学校为后盾进行协商和调解，可以在一定程度上克服毕业生的弱势地位，组织与组织之间的沟通有利于矛盾的协调和解决。而且，这样也可以帮助学校及时发现高校毕业生就业中存在的问题，为日后更有效开展就业指导与服务创造条件，为其他同学提供警醒的案例。

②依法举报，惩治违法行为。当发现用人单位有违法违纪行为时，要坚决、及时地予以举报。就业和劳动主管部门可以利用行政力量进行检查，发现违法现象可以进行行政处罚，并强制用人单位给予受害者赔偿。

③放下包袱，采用司法途径。如果碰到问题无法与单位协商解决，可以向单位所在地劳动争议仲裁委员会要求仲裁；对仲裁裁决不服的，可以向单位所在地人民法院提起诉讼。

④借助媒体，发挥舆论导向作用。新闻媒体与网络高度发达的时代，媒体可以发挥很好的舆论导向作用，对各种不公正和违法的现象进行曝光，既能为弱者积聚正义力量，也能引起相关部门的重视，从而促使这些问题得到有效解决。

2. 提高认识，防患于未然

微课：
劳动合同只能采用书面形式吗

虽然求职者在权益受侵犯后可以通过协商、调解、申请劳动仲裁等方式保护自己，可是事后的补救都会有其弊端，不如防患于未然。关键还要让毕业生用好法律这把利剑，注意订立合同时的法律问题，掌握权益自我保护的知识。唯有如此，高校毕业生也才有可能从根本上做到有理、有利、有节地处理好就业过程中的法律权益保障问题。

（1）确认合同相关内容

毕业生要与用人单位订立劳动合同，这是除国家招聘公务员是根据人事部门的招聘条件外，一切用人单位必须具有的一个形式。聘用合同必须由用人单位所在地政府人事部门鉴证。在订立时要注意以下问题。

①用人单位必须具备主体资格。具有订立劳动合同的主体资格的单位是我国境内的企业、个体经济组织和国家机关、社会团体、事业组织等。即只有与这些单位订立的用人合同才受到劳动法的保护。在实践中有一些人没有注意到用人单位的合法性，导致劳动权利无法得到保证。

②要以书面的形式订立劳动合同。我国劳动部门在订立劳动合同时，不但要求必须以书面形式，而且要求劳动合同订立以后，企业应当向当地劳动行政主管部门备案。

③合同中必须具有的内容。一般来说，劳动合同中必须具备以下条款：合同的期限；试用期限；生产、工作岗位及应当完成的任务；生产、工作条件；劳动报酬及保险福利待遇；劳动纪律；违反劳动合同的责任等。

④双方约定的事项。在订立劳动合同时，双方就协商一致后所形成的一些事项也要写进合同中，实践中有以下内容：针对特定的人和事所达成的比较优惠的待遇、培训费用的承担、合同的变更和解除、知识产权的归属、商业秘密的保护等。

此外，订立劳动合同不得违反法律行政法规。除主体合法，合同的内容合法外，当事人协商达成的劳动合同不得违反国家禁止性规定，不得损害国家、社会、集体和他人的合法权益，有关劳动报酬、劳动保护、保险、职业培训、工作时间、民主管理等方面的规定不得与国家的法律行政法规相抵触。

（2）了解劳动争议制度的原则和模式

根据《中华人民共和国劳动法》和《中华人民共和国劳动争议调解仲裁法》的相关规定，我国劳动争议制度的原则和基本模式是，解决劳动争议，应当根据事实，遵循合法、公正、及时、着重调解的原则，依法保护当事人的合法权益；发生劳动争议，劳动者可以与用人单位协商，也可以请工会或者第三方共同与用人单位协商，达成和解协议；发生劳动争议，当事人不愿协商、协商不成或者达成和解协议后不履行的，可以向调解组织申请调解；不愿调解、调解不成或者达成调解协议后不履行的，可以向劳动争议仲裁委员会申请仲裁；对仲裁裁决不服的，除本法另有规定的外，可以向人民法院提起诉讼。

3. 熟悉程序规则，避免权利得不到保护

劳动争议的解决是由实体和程序两个方面进行的，高校毕业生只了解法律上的实体权利是不够的。许多人由于不能掌握程序的规则，使原本在实体上应当被保护的权利失去了，所以程序规则尤为重要。

首先，劳动争议发生后，当事人可以寻求单位内工会组织的帮助，也可以向本单位劳动争议调解委员会申请调解；调解未达成协议的，劳动者可以申请仲裁，提出仲裁要求的一方应当自劳动争议之日起60日之内向劳动争议仲裁委员会提出书面申请；劳动争议当事人对仲裁裁决不服的，可以自收到仲裁裁决书之日起15日内向人民法院起诉。

其次，劳动者解除合同应当提前30日以书面形式通知用人单位；在试用期内提前3日通知用人单位，可以解除劳动合同。

以上法定程序，除非不可抗力，必须在法定的期限内主张权利，即要求调解或诉讼，否则超过有效时效，权利将不能被保护。

（四）就业法律意识培养

“天高任鸟飞，海阔凭鱼跃。”目前，高校毕业生就业是一个双向选择的过程，也是对高校毕业生综合素质的考验。对于刚刚跨出学校的毕业生来讲，机遇与挑战并存。在社会这个大舞台上和人才市场中既要遵守游戏规则，又要做好充分的准备，发挥主观能动性，迎接各种各样的挑战。生活中不会总是阳光明媚的，就业路途也不可能一帆风顺，其中会遇到挫折，遇到困难，甚至遇到某些用人单位的有意或无意的侵权。为避免权利受到侵害，大学生不但要知法、懂法、守法，学习法律知识，增强法律意识，增强维权意识，遵守国家的法律法规，而且要提高警惕，防范他人的不法侵害，用法律的武器来维护自己的合法权益。当然这种法律意识的培养是一个长期的过程，必须成为一条主线贯穿到高校就业指导与服务的全过程。

当双向选择、自主应聘成为高校毕业生择业的主渠道时，却遇到了高校毕业生在就业择业中的法律意识淡薄甚至出现盲点的尴尬问题。目前，我国出现过就业歧视和就业侵权的诉讼，但相对于普遍存在的类似事件，进入司法程序的数量可谓微乎其微。权利意识的薄弱使相对弱势的高校毕业生失去了自我救济的能力，而维权机制无法在主体者维权意识缺席的情况下自动发挥作用。因此，需要在就业指导中加强高校毕业生法律意识的培养，用法律的理念去分析问题、解决问题，维护自身的合法权益的同时又不触犯相关法律，从而实现成功就业。

消除就业歧视，保障就业权益，要立足于高校毕业生自身“认真对待权利”的态度，归根到底还是有赖于求职者自身权利意识的觉醒，高校毕业生应该树立以下几种法律意识：

1. 法治意识

面对就业市场的严峻形势，一部分学生求职心切，不惜铤而走险，制造假学历证明、假荣誉证书来美化自己、装饰自己。一旦被用人单位发现庐山真面目，追究责任，所签订的就业协议就会失效。当面对用人单位的追究和解约时，大多学生都声称自己认识不清，只知道这种行为是欺骗，但没想到是违法，不知道会产生如此严重后果。这种认识上的误区，恰恰反映了部分学生法治观念的淡薄。

市场经济是法治经济，高校毕业生就业也必须走法治化之路。社会主义市场经济体制改革下的就业体制，政府以指导、调控和服务为主，高校毕业生就业要在尊重市场经济规律和适应经济发展要求的基础上，与用人单位进行双向选择。高校毕业生必须了解与就业相关的法律法规、政策制度，了解就业与劳动用工的相关规定，并且在学习这些法律、政策、规定的过程中，逐步培养成一种用法律进行思维的意识，即法律意识，进而能在这种意识的指导下，真正做到懂得法律、遵守法律、使用法律。法律意识要求高校毕业生在求职过程中，运用法律的思维来思考碰到的一些问题，大体了解哪些情况是违法的，哪些情况又是政策允许的。只有具备这种意识，认识到就业过程中各种相关行为的性质，才可能对自己的权益进行保护。

2. 权利义务意识

没有无义务的权利，也没有无权利的义务。权利和义务都不可能孤立地存在和发展，它们的存在和发展都必须以另一方的存在和发展为条件。法律赋予人们的权利，既是对人们行为自由的资格、能力、可能性的认可，又是对这种行为自由的限度界定，所以法律赋予人们以权利并不意味着承认人们行为的绝对自由，任何一方过度地“享受”自由都会给对方带来权益上的伤害，给自己带来法律纠纷。可见，权利的实现要有条件，其直接相应的条件就是义务人要履行应尽的义务。

法律是权利和义务的载体，也是一定数量权利、义务的总和。劳动合同和就业协议所形成的法律关系是一种权利和义务关系。就高校毕业生和用人单位的签约而言，双方要维护自身的权益，都要以对外守约、履行法定和约定的义务为前提。高校毕业生在享受由用人单位履行义务带来的权利时，也必须履行应尽的义务来保障用人单位的权利。只有在双方共同配合，使法律规定的权利与义务落实到位的情况下，才能使用人和就业的需求都得到满足。可以说，高校毕业生主动地履行就业协议和劳动合同中的义务，既是对自由本质和权利内涵的正确认识，对他人权利和利益的尊重，也是避免法律纠纷，对自我权益的有效保护。强化权利与义务对等的意识，有利于高校毕业生和用人单位在签订就业协议过程中主张权利、履行义务，在落实就业工作过程中少出法律问题。因此，高校毕业生要对《中华人民共和国劳动法》《中华人民共和国劳动合同法》《中华人民共和国就业促进法》和相关法规多一些了解，认清签订就业协议、劳动合同过程中的权利和义务，及时履行自己应尽的责任和义务，主张自己的权利，为自己的顺利就业创造一个和谐、友好的氛围。

3. 合同(契约)意识

在就业实践中，个别高校毕业生为了另谋高就，存在着毁约行为，在其观念里，不遵守就业协议只是一种不守信用的道德问题，而不是违法的问题，认为就业协议只是一个协议而不是法律上的劳动合同，不用承担法律责任。事实上就业协议与劳动合同虽然有差别，但是都具有法律效力。高校毕业生对就业协议的错误认识造成了违约行为，进而扰乱了就业市场，也对学校的声誉产生了负面的影响，也给自己带来许多不便。

在一定程度上，市场经济就是契约经济。契约必须遵守，契约是交易各方间必须遵守的“法律”。契约的内容与形式是在双方相互自愿基础上确定的，契约一经形成，法律即承认其法律效力。契约各方在平等自愿的原则下依法变更、终止民事权利与义务，但任何一方因非法定理由解除协议的，都要给予权利受损方赔偿。高校毕业生与用人单位签订的协议是一种合同，是确立双方当事人之间劳动关系的一种契约，具有法律效用。因此，契约意识的作用在高校毕业生就业过程中显得更加突出。高校毕业生已经具有完全的民事行为能力，按照法律规定应该对自己的行为负责。因此，高校毕业生在择业过程中签约时一定要慎重。

契约意识要求当事人互相尊重、平等对待、信守契约。学校就业指导中要倡导“守规范，重诚信”的契约意识，提高高校毕业生对就业协议重要性的认识，慎重选择，认真履约。契约意识在就业过程中主要体现在两个方面：一是要求高校毕业生充分重视和深刻理解就业协议的重要性，要有通过就业协议来保护自己合法权益的意识；二是必须严格遵守就业协议的意识，谨慎签约、积极履约有利于高校毕业生通过协议书内容的约定保护自己的合法权益。

针对高校毕业生常常陷入合同陷阱的现象，就业指导中应强化高校毕业生的合同意识。高校毕业生的就业过程就是高校毕业生和用人单位双方签订合同、履行合同的过程。这个过程当然要受《中华人民共和国劳动合同法》的保护，双方的权利和义务都应当遵循法律要求。高校毕业生应该对《中华人民共和国劳动合同法》、《中华人民共和国劳动法》以及其他相关法规多一些了解，认识到签订就业协议和劳动合同的重要性，知道哪些合同不能签，哪些合同条款不合法律规定，合同中哪些地方含义不清，日后可能引起争议。与之相对应的，当要求自己的权利得到保证时，应当自觉恪守自己的承诺，正确、及时履行自己应尽的义务，只有这样，才能有效避免法律纠纷和侵犯权益现象的产生，形成和谐的劳动关系。

4. 维权意识

高校毕业生就业市场发育不够成熟，制度不够健全和规范的情况，导致了一些损害高校毕业生合法权益现象的发生。高校毕业生在就业过程中往往求职心切，忽视了自身应有的合法权益。有的高校毕业生认为找到工作已经很满足了，当权利不能合法享有时，不敢与之抗衡，委曲求全，以吃亏来换取职业的“稳定”；当受到就业歧视和工作排挤时，不能用法律的手段去主张自己的平等就业权和公平待遇权，采取听之任之，或者一走了之的方法；甚至在面临用人单位毁约，不能履行合约时，不知所措，不敢行使违约求偿权，不懂得可以运用法律来维护自己的权利，主张自己的权利。

高校毕业生在认识到自己的合法就业权益受到了侵害时，是积极运用法律手段或者其他方法来进行救济以维护自己的合法权益，还是息事宁人、当作什么事都没发生过，不同的处理方法体现了不同的维权意识。具有强烈的维权意识，在碰到问题时能够拿起法律的武器积极主张权利，是高校毕业生走出权益自我保护的实质性一步，是由观念转化成行动的一步。高校毕业生只有养成了积极主张权利的维权意识，才能够平等地与用人单位对话，据理力争，切实保障自己的合法权益。维权意识要求高校毕业生应当知道可以采用下列途径维护自己的就业权利：学校出面调解，向劳动监察部门申诉、举报，向劳动仲裁机构申请仲裁，向人民法院提起诉讼等。高校对大学生进行维权意识教育，必须建立在把《中华人民共和国劳动法》《中华人民共和国就业促进法》及相关高校毕业生就业规定作为就业指导课重要内容的基础上，从大学一年级开始，贯穿于大学生涯的全过程，这样才能逐步树立起大学生敢于对话、勇于抗争的维权意识。任何“临渴掘井”和“临时抱佛脚”的指导方法，都难以帮助大学生形成积极维护自身就业权益的“法网”，形成对自己应享受的权利和应履行的义务的自觉意识，更无法从深层意识上把大学生培养成勇于维权的社会公民。

5. 诚信意识

诚实信用原则是民法的一项基本原则，它要求人们在市场活动中讲究信用，恪守诺言，在不损害他人利益和社会利益的前提下，追求自己利益的最大化。在高信任度的社会里，交易各方都会有比较稳定的预期，而且各方为了不破坏这种预期，也会尽力用行动保持这种信任度。社会主义市场经济不仅是法治经济，而且是诚信经济。诚实信用原则在市场经济中有着不可替代的作用，没有共同的诚信制度，也就不可能建立起良好的社会交易秩序。同样，在市场经济条件下，诚信也是高校毕业生就业制度和市场的基石，有着非常重要的作用。然而，用人单位和高校毕业生在招聘和求职过程中诚信意识的缺失，是我国现今高校毕业生就业市场不成熟、不健康的重要原因，也是高校毕业生权益被侵犯现象不断发生的成因之一。

高校毕业生应当树立诚信意识，成为遵守诚信原则的典范。高校毕业生诚信意识的培养和权益的自我保护，主要包括两个方面：

一是高校毕业生自己在求职过程中必须如实向用人单位介绍自己的情况，要实事求是；如果高校毕业生故意隐瞒自身情况、欺骗单位，可能导致就业协议无效，并要承担缔约过失责任。对于此，高校就业指导者要引导大学生充分理解和认同现代法律中所蕴含的新型伦理道德精神，培养大学生道德自律意识，使大学生能够自觉以诚信原则约束自己的日常行为，从日常“修身”做起，继承和发扬中华民族历史上“一诺千金”的优良道德品质，为毕业时的诚信就业打下基础。

二是要能够意识到用人单位是不是诚信，比如意识到单位介绍的情况是不是真实、其招聘的真实目的是什么等。要使自己的就业权益得到有效保障，就要练就鉴别用人单位诚信度的“火眼金睛”，学会判断用人单位是否诚信。它要求高校毕业生有比较丰富的阅历和经验，并通过不同的方法和途径全面了解用人单位的情况。然而一些高校毕业生在这方面做得还不够，主要是严峻的就业形势给他们带来了巨大的心理压力，使得在面对用人单位时心理弱势明显，成为心理上的“矮人”，不敢向用人单位问太多的问题、提更多的要求，在不知不觉中自己的权益已经遭受侵犯。因此，必须强化高校毕业生的诚信意识，在就业指导中普及鉴别用人单位诚信度的知识，把合法有效的手段传授给他们，提高自我保护权益的能力。

6. 证据意识

维权要以法律为准绳，用事实说话。没有证据，事实会变得苍白无力。高校毕业生在就业过程中应“多留一个心眼”，牢固树立证据意识。证据意识的培养主要体现在三个方面：一是收集证据的意识，要求高校毕业生在就业时要有意识地叫对方出示或者提供相关资料来佐证一定的事实，如要求公司出示营业执照、要求对方出示表明身份的证件等；二是保存证据的意识，要求高校毕业生注意保存现有的证据，以便将来在仲裁或诉讼时支持自己的观点，如要注意保存单位在招聘时的海报，与单位往来的传真、邮件等；三是运用证据的意识，高校毕业生要有用证据证明案件事实的意识，知道什么样的事实需要什么样的证据证明，知道一定事实的举证责任是在对方还是己方等。

三、职业权益的法律保护

政府先后出台了多部保护劳动者权益的法律，保障广大就业者的职业权益，这也包括对高校毕业生的职业权益的法律保护。

（一）就业协议书与劳动合同

1. 就业协议书

（1）就业协议书的概念及作用

“就业协议书”是“全国普通高等学校毕业就业协议书”的简称，通常称为“三方协议”，是普通高等学校毕业生和用人单位在正式确立劳动人事关系前，经双向选择，在规定期限内确立就业关系、明确双方权利和义务而达成的书面协议，是用人单位确认高校毕业生相关信息真实可靠以及接收高校毕业生的重要凭据。就业协议一般由教育部或各省、市、自治区就业主管部门统一制表。这个三方协议不是劳动合同而是一个意向合同，不受劳动法调整而受民法调整。

签订就业协议书是国家为规范高校毕业生就业工作，避免混乱，杜绝就业欺诈行为，维护毕业生就业工作严肃性，为维护高校毕业生、用人单位和学校的合法权益而采取的一项必要措施。

小案例

罗强学的是文秘专业，毕业时取得了本科学历。在一次招聘会上，他与市里一家中等规模企业签订了就业协议书，约定违约金为 5 000 元。于是，罗强便不再找工作，等待企业通知前去报到的日期。

该企业在后来的一次网络招聘上，发现另一名学生赵凯迪比罗强的综合素质要好，最重要的是赵凯迪是硕士研究生。为此，有了和罗强解约并和赵凯迪签约的意向。当该企业通知罗强前往该企业时，罗强还以为去报到，谁知道是去办理解约手续，心里有些难过。他便向该企业索要违约金 5 000 元，却遭到拒绝。该企业声称罗强一天班都没上，凭什么给他 5 000 元。

后来，罗强带着父亲找的律师陈先生来到该企业进行协商，最后，该企业决定继续聘用罗强，不再解约。于是，罗强用法律武器为自己争取了应得的权益。

（2）就业协议书的内容

毕业生如实向用人单位介绍自己的情况，包括姓名、性别、身份证号码、专业、学制、毕业时间、学历、联系方式等。了解用人单位的使用意图，表明自己的就业意愿，在规定的时间内到用人单位报到，如遇特殊情况不能按时到用人单位报到，需征得用人单位同意。

就业协议书

①用人单位要如实介绍本单位的情况，包括：单位名称、组织机构代码、单位性质、联系人及联系方式、档案接收等，对毕业生的要求及使用意图，做好各项接收工作。

②学校如实向用人单位介绍毕业生的情况，用人单位同意录用后，经学校审核列入建议就业计划，报主管部门批准，学校负责办理毕业生的派遣手续。

③各方应严格履行协议，任何一方若违反协议，应承担违约责任。

④其他补充内容。

(3)签订就业协议书的程序

①毕业生先按协议书的“说明”，填写好协议书中由毕业生填写的基本内容(一式三份同时填写)。

②毕业生与用人单位达成就业协议后，毕业生在协议书上签名或盖章，用人单位在协议书上签署意见并盖公章。

③用人单位报上级主管部门审批、签署意见、加盖公章。

④用人单位在与毕业生签订协议书之日起的 10 个工作日内将协议书寄送学校就业指导中心。

⑤学校就业指导中心签字后加盖公章，将协议书反馈给用人单位和毕业生本人，同时列入就业建议方案。

2. 劳动合同

(1)劳动合同的概念

根据《中华人民共和国劳动法》第十六条第一款的规定：“劳动合同是劳动者与用人单位确立劳动关系、明确双方权利和义务的协议。”劳动合同是劳动者与用人单位建立劳动关系的凭证，是确立劳动法律关系的形式，是调整劳动关系的手段，也是处理劳动争议的重要依据。所有劳动者，无论是初次就业的应届毕业生，还是非应届毕业生，只要与用人单位建立劳动关系都应当订立劳动合同(或者聘用合同)。订立和变更劳动合同，应当遵循平等自愿，协商一致的原则，不得违反法律、行政法规的规定。劳动合同依法订立即具有法律约束力，当事人必须履行劳动合同规定的义务。

《中华人民共和国劳动法》第十六条第二款规定：“建立劳动关系应当订立劳动合同。”根据规定，劳动者加入企业、个体经济组织、事业组织、国家机关、社会团体等用人单位，成为该单位的一员，承担一定的工种、岗位或职务工作，并遵守所在单位的内部劳动规则和其他规章制度；用人单位应及时安排被录用的劳动者工作，按照劳动者提供劳动的数量和质量支付劳动报酬，并且根据法律、法规规定和劳动合同的约定提供必要的劳动条件，保证劳动者享有劳动保护及社会保险、福利等权利和待遇。

(2)劳动合同的内容

劳动合同的内容可分为两方面，一方面是必备条款的内容，另一方面是协商约定的内容。必备条款的含义就是合同中必须具备的条款，若缺少其中之一，此合同都将被视为无效合同。

《中华人民共和国劳动法》第十九条规定了劳动合同的法定形式是书面形式，并具备以下条款：

①劳动合同期限；

②工作内容；

③劳动保护和劳动条件；

④劳动报酬；

⑤劳动纪律；

⑥劳动合同终止的条件；

⑦违反劳动合同的责任。

按照法律规定，用人单位与劳动者订立的劳动合同除上述必须具备的条款内容外，当事人可以协商约定其他内容。我们一般简称为协商条款或约定条款。

这类约定条款的内容，是在国家法律规定不明确，或者国家尚无相关法律规定的情况下，用人单位与劳动者根据双方的实际情况协商约定的一些随机性的条款。当然，这些约定条款有效的前提是不能违反国家法律的规定。劳动行政部门印制的劳动合同样本，一般都将必备条款写得很具体，同时留出一定的空白由双方约定一些内容，例如：可以约定试用期、培训、保守用人单位商业秘密、补充保险和福利待遇及其他经双方当事人协商一致的事项等。随着社会的发展，法律制度的完善，人们的法律意识、合同观念会越来越强，劳动合同中的约定条款的内容也越来越多。这是提高劳动合同质量的一个重要体现。

3. 就业协议与劳动合同的区别

就业协议是高校毕业生与用人单位确立劳动关系明确双方在毕业生就业工作中权利和义务的协议。教育部颁布的《普通高等学校毕业生就业工作暂行规定》要求："经供需见面和双向选择后，毕业生、用人单位和高等学校应当签订毕业生就业协议书，作为制定就业计划和派遣的依据。"劳动合同是劳动者与用人单位确立劳动关系，明确双方权利和义务关系的协议。《中华人民共和国劳动法》第十六条规定："建立劳动关系应当订立劳动合同。"两者的主要区别包括以下几个方面：

(1)适用的法律、法规不同

国务院没有颁布有关毕业生就业方面的法规，因此就业协议只能适用教育部颁布的《普通高等学校毕业生就业工作暂行规定》和有关政策。劳动合同适用《中华人民共和国劳动法》《中华人民共和国劳动合同法》及劳动人事部门颁布的有关劳动人事方面的规章。

(2)适用主体不同

目前就业协议除毕业生与用人单位双方签字、盖章外，还需学校作为见证人参与，即就业协议的主体是毕业生、用人单位和学校三方。劳动合同是劳动者与用人单位之间确立劳动关系的协议，只要双方当事人协商一致，符合国家的法律、政策、法规，无欺诈、胁迫等手段，经双方签字盖章，合同即生效，即劳动合同只有劳动者和用人单位两个主体。

(3)内容不同

就业协议的条款比较简单,主要是毕业生如实向用人单位介绍自身情况,表明愿意在规定期限内到用人单位报到,用人单位如实向毕业生介绍本单位情况,同意录用该毕业生等,另外还有一些简单条款。劳动合同的内容依据《中华人民共和国劳动合同法》规定比较详细,依法必须明确劳动合同期限、工作内容、劳动保护和劳动条件、劳动报酬、劳动纪律、劳动合同终止的条件、违反劳动合同的责任7项必备条款。缺少其中任何一项,此合同都是无效合同。

(4)适用的人员不同

就业协议只适用于高校毕业生。而劳动合同适用于各类人员,即凡是中华人民共和国公民只要有劳动能力并符合法律规定的条件,经过供需见面,双向选择,一经录用都可以与用人单位签订劳动合同。

(5)签订时间不同

一般来说,就业协议是在学生毕业离校前签订的,如果毕业生与用人单位在工资待遇、住房等方面事先有约定,可以在就业协议的约定条款中注明,附后补充,日后订立劳动合同时对这些约定内容应予以认可。而劳动合同是毕业生毕业后到用人单位报到后订立的。

(6)效力不同

就业协议的效力始于签订之日,终于毕业生与用人单位签订劳动合同之时。劳动合同的有效期,是劳动者与用人单位以合同方式确定的,除法律规定的情形外,双方不得随意变更、终止。

(二)劳动争议的处理

劳动争议是社会生活中经常发生的一类纠纷,发生劳动纠纷如何解决呢?争议处理程序是专门处理劳动争议的程序。根据劳动争议所具有的特点,处理劳动争议不采用处理一般民事纠纷的程序,而是采用行政程序和诉讼程序相结合的特别程序。《中华人民共和国劳动法》第七十七条规定:"用人单位与劳动者发生劳动争议,当事人可以依法申请调解、仲裁、提起诉讼,也可以协商解决。调解原则适用于仲裁和诉讼程序。"根据上述规定,劳动者与用人单位可以选择下列程序解决劳动争议。发生劳动争议后,当事人可以向行政部门投诉;向相关调解组织申请调解;自劳动争议调解组织收到调解申请之日起15日内未达成调解协议的,当事人可以向劳动仲裁机构申请仲裁;达成调解协议后,一方在协议约定期限内不履行调解协议的,另一方当事人也可以依法申请仲裁。此外,当事人也可以直接向劳动仲裁机构申请仲裁。

1. 协商程序

协商是指劳动者与用人单位就争议的问题直接进行协商,寻找纠纷解决的具体方案。与其他纠纷不同的是,劳动争议的当事人一方为单位,一方为单位职工,因双方已经发生一定的劳动关系而使彼此之间相互有所了解。双方发生纠纷后最好先协商,通过自愿达成协议来消除隔阂。但是,协商程序不是处理劳动争议的必经程序,双方可以协商,也可以不协商,完全出于自愿,任何人都不能强迫。

2. 申请调解

调解程序是指劳动纠纷的一方当事人就已经发生的劳动纠纷向劳动争议调解委员会申请调解的程序。《中华人民共和国劳动法》第八十条规定："在用人单位内，可以设立劳动争议调解委员会。劳动争议调解委员会由职工代表、用人单位代表和工会代表组成。"这些人具有法律知识、政策水平和实际工作能力，又了解本单位具体情况，有利于解决纠纷。除因签订、履行集体劳动合同发生的争议外均可由本企业劳动争议调解委员会调解。但是，与协商程序一样，调解程序也由当事人自愿选择，且调解协议也不具有强制执行力，如果一方反悔，同样可以向仲裁机构申请仲裁。

3. 仲裁程序

仲裁程序是劳动纠纷的一方当事人将纠纷提交劳动争议仲裁委员会进行处理的程序。该程序既具有劳动争议调解灵活、快捷的特点，又具有强制执行的效力，是解决劳动纠纷的一个重要手段。劳动争议仲裁委员会是国家授权、依法独立处理劳动争议案件的专门机构。申请劳动仲裁是解决劳动争议的选择之一，也是提起诉讼的前置程序，即如果想提起诉讼打劳动官司，必须经过仲裁，不能直接向人民法院起诉。

4. 诉讼程序

《中华人民共和国劳动法》第八十三条规定："劳动争议当事人对仲裁裁决不服的，可以自收到仲裁裁决书之日起十五日内向人民法院提起诉讼。一方当事人在法定期限内不起诉又不履行仲裁裁决的，另一方当事人可以申请人民法院强制执行。"诉讼程序即我们平常所说的打官司，诉讼程序的启动是由不服劳动争议仲裁委员会裁决的一方当事人向人民法院提起诉讼后启动的程序。诉讼程序具有较强的法律性、程序性，作出的判决也具有强制执行力。

为解决有些证据属于用人单位掌管，而劳动者无法提供的问题，《中华人民共和国劳动争议调解仲裁法》规定："劳动者无法提供由用人单位掌握管理的与仲裁请求有关的证据，仲裁庭可以要求用人单位在指定期限内提供。用人单位在指定期限内不提供的，应当承担不利后果。"

《中华人民共和国劳动争议调解仲裁法》规定："劳动争议申请仲裁的时效期间为一年。仲裁时效期间从当事人知道或者应当知道其权利被侵害之日起计算。""劳动关系存续期间因拖欠劳动报酬发生争议的，劳动者申请仲裁不受本条第一款规定的仲裁时效期间的限制；但是，劳动关系终止的，应当自劳动关系终止之日起一年内提出。"

国家关于就业的政策和法律法规不是一成不变的，会随着时代和社会形势的发展而不断变化。大学生要养成主动关注并不断学习的意识，这对于维护自身的合法权益是十分重要的。

技能提升

劳动者身处最平凡的岗位，却用自己辛勤的双手，让生活更加美好，让世界更加五彩斑斓。劳动者是最光荣和最美丽的，当其权益受到侵害时，如何依法保护自己的合法权益呢？

一、劳动争议 20 问

（一）劳动合同的必备条款有哪些？

劳动合同应当具备以下条款：

1. 用人单位的名称、住所和法定代表人或者主要负责人；
2. 劳动者的姓名、住址和居民身份证或者其他有效身份证件号码；
3. 劳动合同期限；
4. 工作内容和工作地点；
5. 工作时间和休息休假；
6. 劳动报酬；
7. 社会保险；
8. 劳动保护、劳动条件和职业危害防护；
9. 法律、法规规定应当纳入劳动合同的其他事项。

劳动合同除前款规定的必备条款外，用人单位与劳动者可以约定试用期、培训、保守秘密、补充保险和福利待遇等其他事项。

（二）劳动合同应当由谁持有？

劳动合同由用人单位与劳动者协商一致，并经用人单位与劳动者在劳动合同文本上签字或者盖章生效。劳动合同文本由用人单位和劳动者各执一份。

（三）拖欠工资能否直接向法院起诉？

可以，但需要一定条件。劳动者以用人单位的工资欠条为证据直接提起诉讼，诉讼请求不涉及劳动关系其他争议的，视为拖欠劳动报酬争议，人民法院按照普通民事纠纷受理。

（四）用人单位可以扣除劳动者工资吗？

用人单位不得随意扣除劳动者工资。除法律、法规、规章规定的事项外，用人单位扣除劳动者工资应当符合劳动合同的约定或者本单位规章制度的规定。因劳动者本人原因给用人单位造成经济损失，用人单位按照前款规定扣除劳动者工资的，扣除后的余额不得低于本市最低工资标准。

（五）劳动者不与用人单位订立书面劳动合同的，用人单位如何处理？

自用工之日起一个月内，经用人单位书面通知后，劳动者不与用人单位订立书面劳动合同的，用人单位应当书面通知劳动者终止劳动关系，无须向劳动者支付经济补偿，但是应当依法向劳动者支付其实际工作时间的劳动报酬。超过一个月不满一年的，用人单位应当书面通知劳动者终止劳动关系，并依照《中华人民共和国劳动合同法》第四十七条的规定支付经济补偿。

（六）用人单位未及时签订劳动合同需要承担的风险？

用人单位自用工之日起超过一个月不满一年未与劳动者订立书面劳动合同的，应当向劳动者每月支付二倍的工资。

（七）劳动合同按期限分为几种？

劳动合同分为固定期限劳动合同、无固定期限劳动合同和以完成一定工作任务为期限的劳动合同。

（八）用人单位可以扣押劳动者的身份证等证件吗？

用人单位招用劳动者，不可扣押劳动者的居民身份证和其他证件，不得要求劳动者提供担保或者以其他名义向劳动者收取财物。

（九）用人单位与劳动者何时签订劳动合同？

建立劳动关系，应当订立书面劳动合同。已建立劳动关系，未同时订立书面劳动合同的，应当自用工之日起一个月内订立书面劳动合同。用人单位与劳动者在用工前订立劳动合同的，劳动关系自用工之日起建立。

（十）试用期期限有何规定？

试用期包含在劳动合同期限内。劳动合同仅约定试用期的，试用期不成立，该期限为劳动合同期限。现实生活中，有些用人单位往往对于试用期内的劳动者不签订正式的劳动合同，而经常会等到劳动者“转正”以后，再签订劳动合同。首先，用人单位的这种做法是错误的；其次，即使在试用期内不签订劳动合同，试用期的期限仍然是计入劳动合同期限内的。

（十一）什么样的劳动合同无效或者部分无效？

下列劳动合同无效或者部分无效：

1. 以欺诈、胁迫的手段或者乘人之危，使对方在违背真实意思的情况下订立或者变更劳动合同的；

2. 用人单位免除自己的法定责任、排除劳动者权利的；

3. 违反法律、行政法规强制性规定的。

对劳动合同的无效或者部分无效有争议的，由劳动争议仲裁机构或者人民法院确认。劳动合同部分无效，不影响其他部分效力的，其他部分仍然有效。

（十二）如果劳动合同被确认无效，劳动者还能获得劳动报酬吗？

劳动合同被确认无效，劳动者已付出劳动的，用人单位应当向劳动者支付劳动报酬。劳动报酬的数额，参照本单位相同或者相近岗位劳动者的劳动报酬确定。

（十三）劳动者在享受假期期间，用人单位应当支付工资吗？

劳动者依法享受年休假、探亲假、婚假、丧假等休假期间，用人单位应当支付其工资。单位因工作需要不能安排职工休年休假的，经职工本人同意，可以不安排职工休年休假。对职工应休未休的年休假天数，单位应当按照该职工日工资收入的 300% 支付年休假工资报酬。

（十四）在哪些情形下，劳动者可以与用人单位解除劳动合同？

有下列情形之一的，依照劳动合同法规定的条件、程序，劳动者可以与用人单位解除固定期限劳动合同、无固定期限劳动合同或者以完成一定工作任务为期限的劳动合同：

1. 劳动者与用人单位协商一致的；

2. 劳动者提前 30 日以书面形式通知用人单位的；

3. 劳动者在试用期内提前 3 日通知用人单位的；

4. 用人单位未按照劳动合同约定提供劳动保护或者劳动条件的；

5. 用人单位未及时足额支付劳动报酬的；

6.用人单位未依法为劳动者缴纳社会保险费的；

7.用人单位的规章制度违反法律、法规的规定，损害劳动者权益的；

8.用人单位以欺诈、胁迫的手段或者乘人之危，使劳动者在违背真实意思的情况下订立或者变更劳动合同的；

9.用人单位在劳动合同中免除自己的法定责任、排除劳动者权利的；

10.用人单位违反法律、行政法规强制性规定的；

11.用人单位以暴力、威胁或者非法限制人身自由的手段强迫劳动者劳动的；

12.用人单位违章指挥、强令冒险作业危及劳动者人身安全的；

13.法律、行政法规规定劳动者可以解除劳动合同的其他情形。

（十五）在哪些情形下，用人单位可以与劳动者解除劳动合同？

有下列情形之一的，依照劳动合同法规定的条件、程序，用人单位可以与劳动者解除固定期限劳动合同、无固定期限劳动合同或者以完成一定工作任务为期限的劳动合同：

1.用人单位与劳动者协商一致的；

2.劳动者在试用期间被证明不符合录用条件的；

3.劳动者严重违反用人单位的规章制度的；

4.劳动者严重失职，营私舞弊，给用人单位造成重大损害的；

5.劳动者同时与其他用人单位建立劳动关系，对完成本单位的工作任务造成严重影响，或者经用人单位提出，拒不改正的；

6.劳动者以欺诈、胁迫的手段或者乘人之危，使用人单位在违背真实意思的情况下订立或者变更劳动合同的；

7.劳动者被依法追究刑事责任的；

8.劳动者患病或者非因工负伤，在规定的医疗期满后不能从事原工作，也不能从事由用人单位另行安排的工作的；

9.劳动者不能胜任工作，经过培训或者调整工作岗位，仍不能胜任工作的；

10.劳动合同订立时所依据的客观情况发生重大变化，致使劳动合同无法履行，经用人单位与劳动者协商，未能就变更劳动合同内容达成协议的；

11.用人单位依照企业破产法规定进行重整的；

12.用人单位生产经营发生严重困难的；

13.企业转产、重大技术革新或者经营方式调整，经变更劳动合同后，仍需裁减人员的；

14.其他因劳动合同订立时所依据的客观经济情况发生重大变化，致使劳动合同无法履行的。

（十六）用人单位招用劳动者时，双方都有什么知情权？

用人单位招用劳动者时，应当如实告知劳动者工作内容、工作条件、工作地点、职业危害、安全生产状况、劳动报酬以及劳动者要求了解的其他情况；用人单位有权了解劳动者与劳动合同直接相关的基本情况，劳动者应当如实说明。

（十七）《中华人民共和国劳动法》及《中华人民共和国劳动合同法实施条例》适用于哪些用人单位？

中华人民共和国境内的企业、个体经济组织、民办非企业单位等组织；与劳动者建立劳动关系的国家机关、事业单位、社会团体。依法成立的会计事务所、律师事务所等合伙组织和基金会，属于劳动合同法规定的用人单位。

(十八)用人单位与劳动者可以约定保密事项吗?

用人单位与劳动者可以在劳动合同中约定保守用人单位的商业秘密和与知识产权相关的保密事项。对负有保密义务的劳动者，用人单位可以在劳动合同或者保密协议中与劳动者约定竞业限制条款，并约定在解除或者终止劳动合同后，在竞业限制期限内按月给予劳动者经济补偿。劳动者违反竞业限制约定的，应当按照约定向用人单位支付违约金。

(十九)用人单位出现名称变更、合并等情况，是否影响劳动合同的履行?

用人单位变更名称、法定代表人、主要负责人或者投资人等事项，不影响劳动合同的履行。用人单位发生合并或者分立等情况，原劳动合同继续有效，劳动合同由承继其权利和义务的用人单位继续履行。

(二十)如果劳动合同被确认无效，劳动者还能获得劳动报酬吗?

劳动合同被确认无效，劳动者已付出劳动的，用人单位应当向劳动者支付劳动报酬。劳动报酬的数额，参照本单位相同或者相近岗位劳动者的劳动报酬确定。

课堂活动

1. 讨论：你理解劳动合同的含义了吗？如果遇到有争议的合同时，你会怎么做？
2. 劳动者拒绝违法超时加班安排，用人单位能否解除劳动合同？
3. 如果遇到了超时加班，但是用人单位并未支付你的加班费，你会怎么做？

二、案例分析

张某于2020年6月入职某快递公司，双方订立的劳动合同约定试用期为3个月，试用期月工资为8 000元，工作时间执行某快递公司规章制度相关规定。某快递公司规章制度规定，工作时间为早9时至晚9时，每周工作6天。2个月后，张某以工作时间严重超过法律规定上限为由拒绝超时加班安排，某快递公司即以张某在试用期间被证明不符合录用条件为由与其解除劳动合同。张某向劳动人事争议仲裁委员会(简称仲裁委员会)申请仲裁。

申请人请求：

请求裁决某快递公司支付违法解除劳动合同赔偿金8 000元。

处理结果：

仲裁委员会裁决某快递公司支付张某违法解除劳动合同赔偿金8 000元(裁决为终局裁决)。仲裁委员会将案件情况通报劳动保障监察机构，劳动保障监察机构对某快递公司规章制度违反法律、法规规定的情形责令其改正，给予警告。

本案的争议焦点是张某拒绝违法超时加班安排，某快递公司能否与其解除劳动合同。

《中华人民共和国劳动法》第四十一条规定：“用人单位由于生产经营需要，经与工会和劳动者协商后可以延长工作时间，一般每日不得超过一小时；因特殊原因需要延长工作时间的，在保障劳动者身体健康的条件下延长工作时间每日不得超过三小时，但是每月不得超过三十六小时。”第四十三条规定：“用人单位不得违反本法规定延长劳动者的工作时间。”为确保劳动者休息权的实现，我国法律对延长工作时间的上限予以明确规定。用人单位制定违反法律规定的加班制度，在劳动合同中与劳动者约定违反法律规定的加班条款，均应认定为无效。

本案中，某快递公司规章制度中“工作时间为早 9 时至晚 9 时，每周工作 6 天”的内容，严重违反法律关于延长工作时间上限的规定，应认定为无效。张某拒绝违法超时加班安排，系维护自己合法权益，不能据此认定其在试用期间被证明不符合录用条件。故仲裁委员会依法裁决某快递公司支付张某违法解除劳动合同赔偿金。

实践训练

一、设计一份求职避“坑”指南

为进一步增强同学们的求职就业安全意识，防范实习、就业“陷阱”，助推高校大学生顺利、安全实习、就业，可以开展一堂求职避“坑”指南——学生安全就业指导课。

实践人数：5 位同学组成一个小组。

实践内容：

1. 每组选定一个题目，如《谁“偷”走了你的信息》《面试套路“对对碰”》《入职“馅饼”？入职“陷阱”！》等与职场陷阱有关的主题。
2. 设计一份求职避“坑”指南（图 7-1）。
3. 设计一个与题目有关的短剧或者小品，展现求职面试避“坑”指南的内容。

实践目标：为正在急于求职的同学下一场“及时雨”，使同学们加强警惕，提高对安全就业的重视程度。

实践题目：________________

图 7-1　求职避“坑”指南

二、模拟签订就业协议

为提升同学们填写就业协议的实践能力，请扫描以下二维码进行毕业生就业协议书的模拟签订。

模拟签订就业协议书模版

人生须知负责任的苦处，才能知道尽责任的乐趣。

——梁启超

项目拓展

一、案例解析

2023 年 5 月，河南某高等院校与某市某企业签订了实习协议，双方约定：该院校向这家企业提供实习学生 58 名，企业对实习学生进行实习教学，实习期限为 2023 年 5 月 8 日至 11 月 7 日。郑某等 3 人被学校安排到该企业实习，从事技术员工作。7 月 1 日，3 名学生在学校领取了毕业证书。随后 3 人提出，他们已经属于毕业生，而不再是学校委派的实习生，企业应当给予他们正常劳动者的待遇，但 3 人的这个要求遭到企业拒绝。企业认为只有实习期满才能获得正式员工的待遇。9 月 24 日，3 名毕业生决定离开该企业，但该企业坚持不向 3 人发放 9 月份工资，双方为工资支付等问题产生了劳动争议。此后，3 名毕业生向该市劳动争议仲裁委员会申请仲裁，该委员会认为此案不属于其受理范围，于 10 月 23 日发出不予受理通知书。10 月 26 日，3 人向该市人民法院提起诉讼。受理案件后，办案法官最终使双方达成调解协议。12 月 27 日，郑某等 3 名毕业生拿到了应得的工资。

分析：

《关于贯彻执行〈中华人民共和国劳动法〉若干问题的意见》第十二条规定："在校生利用业余时间勤工助学，不视为就业，未建立劳动关系，可以不签订劳动合同。"本案中，3 名大学生从 2023 年 5 月到 2023 年 6 月 30 日属于实习生，企业不按正式员工为其发放工资并不违法。但自 2023 年 7 月 1 日 3 名大学生拿到毕业证之日起，他们就属于毕业生，不再是学校委派的实习生，如果他们继续为该企业工作，那么该企业就必须给予他们正常劳动者的待遇。

《中华人民共和国劳动合同法》第七条规定："用人单位自用工之日起即与劳动者建立劳动关系。"第十条规定："建立劳动关系，应当订立书面劳动合同。已建立劳动关系，未同时订立劳动合同的，应当自用工之日起一个月内订立书面劳动合同。用人单位与劳动者在用工前订立劳动合同的，劳动关系自用工之日起建立。”这些规定改变了以往以签订劳动合同作为建立劳动关系的标志，而以用工事实发生作为劳动关系的起始时间。因此，只要企业用工开始，即认为劳动者与企业已经确定了劳动关系，不管双方是否签订书面劳动合同，劳动者都应享受正式员工的待遇。

实习期是大学生工作能力和适应社会环境的关键时期。但是在这个关键时期内，一些大学生可能会受到不同程度的侵权，也有个别企业看中大学生这个实习期，把大学生当作廉价劳工，在实习结束后以各种理由把大学生辞退。而很多大学生法律意识不强，法律知识不够扎实，往往不能主动维护自己的权利。所以，要维护大学生的就业权利就要认定大学生劳动者的主体资格，这不仅是对大学生劳动者合法权益的保护，而且对推动我国法制的进步也具有十分重要的意义。

二、习题练习

1. 大学生就业政策有什么特点？
2. 就业权益包含哪些内容？
3. 劳动合同的必备条款有哪些？
4. 就业协议与劳动合同有哪些区别？
5. 用人单位与劳动者发生劳动争议可以用哪些程序解决？

项目总结

一、要点小结

梳理本项目的知识与技能要点，绘制思维导图。

就业文书的重要性

二、自我评价

学会的有：

需要加强和改进的有：

项目八

跑好职业生涯这场马拉松
——大学生的职业生涯发展与平衡

> 大家以保持平衡，使身心得保卫。
>
> ——韩非子

项目概述

从学校走向社会是大学生人生中一个重要的转折点，对每个大学生的意义都非比寻常。大学生要正式告别学生生涯，从一个相对单纯的学校环境进入复杂的社会环境中，完成从“学生”到“社会人”再到“职场人士”的转变。一部分人最开始会非常不适应这种环境和角色的转变，甚至产生畏惧、抗拒的心理。其实，这是每个人一生中的必经过程，是大学生真正迈向成熟的开始。所以，大学生应该积极地去适应这个过程，顺应职业状态，为自己的职业生涯发展奠定良好的基础。

学习目标

知识目标

1. 深入了解职业生涯发展的四个阶段。
2. 掌握职业生涯发展的关键要素。
3. 熟悉不同职业的成长路径和发展前景。

技能目标

1. 学会制订个人职业生涯规划。
2. 能够进行自我能力评估，选择合适的职业。
3. 能够处理及平衡好工作与家庭关系。

素养目标

1. 培养积极的心态和乐观的态度，面对困难时能够保持自信和勇气。
2. 增强自我管理能力，更好地应对职场中的压力和挑战。
3. 树立终身学习的观念，培养责任感和职业道德。

项目内容

从大学毕业到参加工作，对于每一位职场新人来说都需要经历比较大的角色转变。角色转变的成功，取决于工作心态的调整。调整好心态，就能做好职业生涯发展与平衡。

自我初探园地

1. 当我从学校走向工作岗位后，如何克服恐慌心理？

____

____

2. 我未来会做职业生涯转型吗？可能的主要原因会是什么？

____

____

3. 工作后，如何建立有效的人际网络？

____

____

4. 我希望自己的职业发展更加顺利，那么我需要做哪些准备？

____

____

知识储备

在个人发展历程中，人们会随着年龄的增长而扮演不同的角色。大学生面临的是要完成从学生向职场人士的转变与转型。2015 年，一封辞职信引发全网热议，辞职的理由仅有 10 个字："世界那么大 我想去看看。"这封辞职信出自某中学的一名心理教师，她已工作 11 年，辞职是为了心中的梦想——开一家客栈和继续从事心理咨询工作。这一辞职理由引起网友热议。这 10 个字反映了人们对于"过上另一种生活"和"诗与远方"的向往。近年来，跳槽转型的现象日益得到人们的关注。调查发现，一个人一生换七八次工作已经成为正常的现象。

我们该如何看待职场生涯转型，如何兼顾生活和事业？接下来，我们将探讨职场人面临的职业生涯转型与平衡问题以及大学生当下可以做的准备。

一、职业生涯发展的阶段

职业生涯发展是实现自我价值的关键。在职业生涯发展过程中，我们需要不断学习和提升自己的职业技能，积累经验和人脉。同时，我们也需要关注职业市场的变化，了解行业趋势和发展方向，及时调整自己的职业生涯发展计划。

（一）职业生涯发展的四个阶段

每个人的职业生涯发展都会经历这四个阶段，因不同的人经历不同、家庭背景不同，导致职业生涯发展的四个阶段的时间节点也不同。

1. 探索积累期

①时间范围：一般发生在进入职场三五年之内 。

②主要特点：职业能力不足，收入低，自我认知不清，经常感到迷茫。在这个阶段，个人需要探索自我、积累资源和锻炼能力，通过社会实践和实习等方式，逐步提升自己的能力和对社会的认知。

③关键任务：探索自我，积累能力。把每次失败和犯错当作是每次探索的反馈，从反馈中加深对自己的认识，并逐步明确自己的职业方向。

2. 发展成就期

①时间范围：通常出现在30～35岁，也就是工作7年以后 。

②主要特点：在前期探索的基础上，个人开始出现分化。一些人可能早早表现出良好的发展势头，而另一些人可能终其职业生涯都不出现这样的阶段 。

③关键任务：不断寻找符合自己发展方向的目标，并努力实现它们，从而获得成就感。此阶段应专注于做事而非职位和利益的争斗，把握好时机，稍纵即逝。

3. 收获平衡期

①时间范围：一般出现在40岁左右的年龄 。

②主要特点：由于前期的探索和积累，人脉资源、成就机会和顶层信息自然而然随之出现。尽管有丰富的经验和能力，但也面临着工作压力、家庭压力和健康压力 。

③关键任务：做好平衡工作与生活的各种压力，关注健康和家人。这个阶段最重要的是收获事业上的成就，同时保持身心的平衡。

4. 开拓实现期

①时间范围：一般在40岁之后。

②主要特点：随着医疗条件改善和时代的发展，人们退休的年龄大大延后。这一阶段的人已经积累了丰富的经验、足够的能力和广泛的人脉。

③关键任务：关注自我实现，可以在原领域深耕，成为资深专家，也可以开拓新的可能。这个阶段最需要关注的是在确保生活和角色要求的稳定的情况下，达到自我实现。

（二）职业生涯发展的关键要素

大学生从事某项职业，一般要从基层做起。不同职业对应不同的成长路径，职业发展前景也各不相同。大学生提前了解意向职业的成长路径和发展前景，对于职业生涯发展而言具有重要意义。

从职业生涯发展的长远角度考虑，大学生选择职业时应该将国家、单位和个人成长需求相统一。大学生如果选择了符合政策导向和用人单位需求的职业，其职业成长路径一般会比较顺畅，职业发展前景也会较好。如今，用人单位逐渐意识到帮助员工进行职业生涯发展规划的重要性，在招聘时会专门对员工的成长和发展前景做出说明。大学生参加此类招聘活动时，可以了解目标用人单位的相关情况。

同时，大学生也可以通过寻找职业榜样人物的方法了解该职业的成长路径。大学生可以通过了解职业榜样人物在工作中取得了什么成绩、是如何取得这些成绩的、遇到过什么困难、需要具备什么素质等，加深对目标职业的了解。

1. 掌握职业的通用能力素质要求

职业通用能力素质是指从事某个职业所需要具备的基本的、一般的能力素质。能力由天赋和技能组成，而技能又可以分为知识技能、可迁移技能和自我管理技能三个部分。

前程无忧《2023年校园招聘白皮书》的第三部分雇主篇列出了不同类型雇主看重的大学生应具有的素质，按投票率从高到低的顺序为快速学习能力、沟通协调能力、专业技能和实操经验、团队合作精神、创新思维、责任感、自我驱动力、适应能力、批判性思考能力、领导力。

大学期间有意识地收集目标职业对通用能力素质的要求，可以帮助大学生有针对性地通过实践逐步提升自我。

2. 调研职业回报

职业回报主要体现在薪酬待遇、社会认同和工作自由度等方面，最高水平的职业回报就是个人的自我实现。

不同的行业和单位之间，职业回报也不同。广义的薪酬待遇包括货币收入和福利收入两部分。货币收入除了工资收入和五险一金外，还包括绩效工资、岗位补贴、年终奖金、加班补贴、出差补贴、住房补贴等；福利收入是指除货币形式外的收入，包括带薪假期、免费培训、免费旅游、节日礼品、健康体检、子女医疗报销额度、免费午餐、免费班车，甚至内部价格购房等。社会认同是指职业所带来的社会荣誉感。虽然有的职业薪酬待遇并不是很高，但由于比较受社会尊重或者工作自由度较高，仍然是很多人的选择。例如：教师的社会尊重度较高，而且有寒暑假。

不同的人对职业回报的关注点不同，同一个人在不同的阶段对职业回报的关注点也会不同。多数大学生毕业后面临的经济压力较大，所以对薪酬待遇的关注度较高；而随着工作年限的增长，当个人或家庭的经济收入不再是重要问题时，社会认同、工作自由度和自我实现又会成为主要的职业回报需求。

3. 职业和自我的适配性

每个人的成长环境、生活条件等并不相同。适合比胜任更重要，如果职业和个人的人格特质相匹配，职业生涯发展就会比较好。在进行职业选择时，除了要进行职业认知外，大学生还应该通过学校相关的职业生涯发展指导课程，系统规划自身的职业生涯发展，明确个人的人格特质，注重职业和自我的适配性。

大学生做到以下六点有助于职业生涯的良好发展：

(1)保证大学期间所学专业成绩优秀。不管是否热爱所学专业，取得优秀的专业成绩是对自己负责任的体现，也能让自己毕业后靠专业能力谋生。

(2)提前储备与就业相关的知识。提前规划自己未来想探索的领域，积累与之相关的社会实践经验。

(3)积极参加学校开办的与就业相关的讲座，让自己为就业做好相应准备。

(4)参与就业方向相关的实习，强化自己的实践能力。实习期尽量在5个月以上。

(5)积极积累可以帮助自己了解职场信息的各类人际关系资源。

(6)掌握谈薪资、福利的秘诀。

对于职场工作，不同的行业要求不同，但是都需要用心去耕耘。一方面，不同的行业对于个人能力的要求差别比较大，比如：销售行业就需要你有超强的沟通能力，且需要一定的人脉积累；而工程师等职业，则需要你有一定的工作经验积累，对于专业知识要求比较高。因此，如果在初期选错了行业，对于你的职业生涯发展是特别致命的打击。另一方面，虽然行业对于个人的要求不尽相同，但是我们要想在行业内取得成功，都是需要花费时间去深耕细作的，毕竟在成功的路上，我们不但要储备本行业的一些常识，还需要对行业的某一方面进行深入学习，从而形成自己的优势，让自己具备更强的竞争力，而这些都需要时间的积累。

对于毕业生而言，如何找到适合自己的工作？

首先，要认清自己的兴趣所在和优势特长，这是我们找到适合自己工作的第一步。其次，应了解目标行业的发展前景和就业形势，这可以帮助我们更好地选择职业发展方向。最后，不管如何，都要不断学习和提升自己的能力，只有不断进步，才能在职场中立于不败之地。

小案例

有一位叫小李的年轻人，他在大学毕业之后找了很长时间的工作，但始终没有找到满意的工作。老师在发现小李并不清楚自己的兴趣所在和职业生涯发展方向后，给他提出了一些建议：

(1)要认清自己的兴趣爱好和优势特长；

(2)要了解目标行业的发展前景和就业形势；

(3)要不断学习和提升自己的能力，为未来的职业发展打下坚实的基础。

小李听从了老师的建议，开始从头梳理自己的兴趣爱好和优势特长。经过一番思考和调查研究，他发现自己对互联网行业有着浓厚的兴趣，并且在编程方面有着一定的天赋。于是，他决定报名参加一家互联网公司举办的编程培训班。通过学习和实践，小李不仅提升了自己的技能水平，还结识了很多业内人士。最终，他顺利地进入了这家公司，并且在工作中表现出色，得到了领导和同事们的一致好评。

通过小李的经历，我们不难看出，找到适合自己的工作并不是一件容易的事情。但只要我们认清自己的兴趣所在，了解目标行业的发展前景，并且不断学习和提升自己的能力，就一定能够找到适合自己的工作。

二、认识职业生涯转型

换工作到底是内在的自我发展需要，还是外在环境的要求？如何看待和应对职业生涯转型？接下来，我们将帮助大学生做好职业生涯转型的心理准备。

（一）职业生涯转型的外在要求

无论是职业生涯转型还是职业生涯发展，都要有价值创造的原动力，既要能勇敢地推荐自己，同时也要有苦行僧般的自律，不断学习，积累知识，总结经验，这样才能有所沉淀，最终成为个人宝贵的财富。

1. 职业生涯发展阶段的影响

了解职业生涯转型，首先需要对职业生涯发展有整体的认识。本书在项目一介绍了舒伯提出的生活广度、生活空间的职业生涯发展观构成的生涯彩虹图。生涯彩虹图的出现使人们关于职业生涯发展的视角不再局限于求职的某个时间点或者时间段，而是拓展至人一生的生活广度中；对于求职也不再仅仅强调匹配，而是开始动态地看待人在不同的年龄阶段、不同的生活场景（社区、家庭、职场等）所体现的不同的角色以及具有的责任。例如：在 20 岁时，人们往往处于职业探索期，最重要的角色是学生；在 45 岁时，有人作为休闲者的角色所占比例逐渐增加，为退休做准备，也有人开始参加培训、学习课程，再次进入学生角色，为下一步的职业转型做准备。

孔子曾说："吾十有五而志于学，三十而立，四十而不惑，五十而知天命，六十而耳顺，七十而从心所欲，不逾矩。"在不同的人生阶段，人们的角色和职业多多少少都会发生变化。在这些变化中，人们可以提前做好准备，扮演好自己的角色，完成人生使命。

不过，随着社会的快速变迁、人类寿命的延长以及终身学习观念的提出，职业生涯发展阶段理论中关于中年期、老年期人的角色与任务的部分，有待进一步完善。同时，人们的职业生涯转型不能仅仅关注年龄，还要关注社会的发展和职业前景的变化以及人们对于职业生涯发展的内在需求等。

2. 职场中组织的变化

20 世纪 90 年代以来，互联网技术飞速发展，知识经济悄然到来，在职场中，组织兼并、重组的情况日益增多，组织结构在社会发展浪潮中发生了很大的变化。一个突出特征就是组织边界日益模糊化、复杂化，组织从原来的层级、功能体制转向更具弹性、更扁平的结构形态。组织结构的这种变化引发了组织和从业者对职业价值、职业信念的新认识。一方面，从业者开始放弃对组织从一而终的传统观念，而是将职业更多地与个人价值实现联系起来；另一方面，组织为了在更激烈的竞争环境中取胜、保持竞争力，更强调业绩、追求效率。

1994 年，阿瑟在《组织行为学报》上首次提出"无边界职业生涯"的概念，并将其解释为"超越单个就业环境或雇用范围设定的一系列的工作机会"。超越单个就业环境是指从业者在不同的组织里工作，从第一份工作到退休，可以多次转换不同的组织；从业者有更多的机会去尝试不同的职业类型，如我们越来越熟悉的"跨界青年"和"斜杠青年”;职位的转变也不再局限于职级上升,从业者开始更关注具体的工作内容和自我价值的需要。

3. 重新定义的核心能力要求

我们身处的世界变化越来越快,知识边界不断被突破。VUCA 是英文单词 volatility(易变性)、uncertainty(不确定性)、complexity(复杂性)、ambiguity(模糊性)的首字母大写组合,其概括了后互联网时代商业世界的特征:商业组织与个人处于烦琐的状态中。这样的变化,带给人们较直观的感受就是传统认知的一些职业核心技能发生了很大的改变。例如,在过去,传授知识是教师重要的职业技能,教学是以教师为中心的。但是,在互联网高度发达的今天,知识获取的途径变得多元,学生不是单一从教师的课堂上获得知识,于是教师的教学技能从传授知识转变为以学生为中心的学习方法的传授和科学思维的训练。同时,越来越多的职位对于专业知识的要求变得模糊,而对于应聘者的软素质和自我管理技能等有了更高的要求。

总之,基本的技能并不成为人和人之间的职业边界,人们可以通过互联网和成人教育等途径习得技能,而核心能力的发展使得每个人都可以转型和跨界。

《哈佛商业评论》中文版增刊《VUCA 时代,想要成功,这些原则你一定得明白》分析了 VUCA 时代的特征、变化以及这些变化带来的后果,从个人、企业两个维度提出应对方案与建议。以前在选聘人才时,组织一直强调能力,但在风云变幻的今天,这种选拔标准已不再适用。组织应以候选人的潜力为重,潜力是具有成长为复合型人才和适应复杂多变环境的能力,它比智力、经验和能力都重要。管理者必须以五大关键指标衡量候选人是否具有潜力,分别为正确动机、好奇心、洞见、参与和决心。

正确动机:以强烈的责任感和极高的投入度去追寻一个大公无私的目标。

好奇心:渴望获得新体验、新知识以及别人的反馈,以开放的心态学习和改进。

洞见:具备收集并准确理解新信息的能力。

参与:善于运用感情和逻辑进行沟通,能够说服他人并与他人建立联系。

决心:面临挑战或挫折时,依旧能为目标不懈努力。

(二)职业生涯转型的内在平衡

职业生涯转型是很多人要面对的重要问题。随着社会的发展和成长,我们的职业选择和职业生涯发展也在不断变化。在职业生涯发展中,我们不仅要实现自我价值,还要追求职业生涯发展的内在平衡。

1. 职业生涯转型方向

人们在考虑职业生涯发展时,常有一种错觉:只有不断地上升,才是职业生涯的发展。其实,上升只是职业生涯发展的一条路径。谢丽尔·桑德伯格在《向前一步:女性、工作及领导意志》中谈到她的感悟:职业生涯发展像一个方格架,我们可以向着上下左右多个方向探索更多可能,而不是一个竖梯,我们只能上或者下。

职场人可以进行的职业生涯转型有很多:从国企到民企,不同企业性质的转换;从管理者到创业者,不同职场身份的转换;从财务工作到销售工作,不同岗位的转换;从图书管理员到畅销书作者,不同职业的转换;从全职妈妈/爸爸到职场人,不同人生角色的转换……这些转换涉及发展平台的变化、工作方式的变化、思维模式的变化、人生定位的变化等。

2. 实现职业生涯转型需要的心理素质

实现职业生涯转型需要的心理素质包括自我认知、情绪管理、风险承受、持续学习、人际沟通和自我激励等。具体如下：

(1)自我认知

①明确自身优势：了解自己的优势是成功转型的基础，可以通过盖洛普优势测试等测评工具找到自己的优势。

②接受自身不足：承认自己的不足并制订改善计划，有助于在转型过程中更好地应对挑战。

(2)情绪管理

①保持积极心态：积极面对转型过程中的困难和压力，避免被负面情绪困扰。

②合理调节情绪：学会通过运动、冥想等方式来缓解焦虑和压力，保持良好的心理状态。

(3)风险承受

①理性评估风险：对可能的风险进行充分评估，并准备相应的应对措施，减少盲目冒险带来的损失。

②勇敢面对失败：将每一次失败视为一次宝贵的学习经历，不因一时的挫折而放弃整个转型计划。

(4)持续学习

①快速学习能力：在进入新领域时，能够迅速掌握所需知识和技能，提升自身的竞争力。

②终身学习意识：培养终身学习的习惯，不断更新自己的知识储备，适应不断变化的市场环境。

(5)人际沟通

①建立良好人脉：主动与行业内的人士建立联系，扩大社交圈，获取更多的信息和机会。

②有效沟通能力：在与他人交流时能够清晰表达自己的想法和需求，增进理解和合作。

(6)自我激励

①设定明确目标：为自己设定具体、可实现的短期和长期目标，保持对成功的追求和动力。

②奖励自己进步：在取得一些成就时给予自己适当的奖励，增强自信心和成就感。

综上所述，实现职业生涯转型需要具备多方面的心理素质，这些素质不仅有助于个人在转型过程中更好地应对各种挑战，还能提高整体的适应性和竞争力。通过不断提升这些心理素质，个人可以在职业转型的道路上更加从容和自信。

3. 实现职业生涯转型的心理历程

拉尔夫·瓦尔多·爱默生说过："人的伟大不在于他的目标，而是他的转变。"为什么这样说？因为职业生涯转型需要内在心理发生较大的转变，而人改变自己的固有思维是不容易的。美国组织管理顾问威廉·布里奇斯曾提出布里奇斯变革模型，如图 8-1 所示。该模型强调，理解转变的重要性是组织成功实现变革的关键。这个模型同样适用于职业生涯转型。职业生涯转型的过程包含三个阶段：放弃过去、中间区域（旧的已经放弃而新的还没有完全呈现）、新的开始。

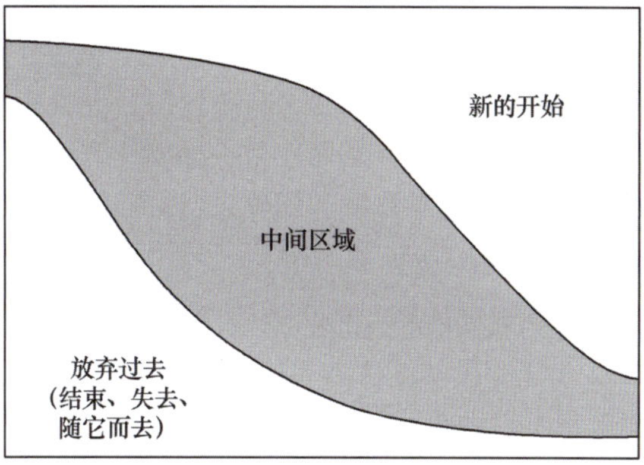

图 8-1 布里奇斯变革模型

在职业生涯转型过程中，人们可能会信心满满地期待开始一份新的职业，然而往往事与愿违，其中主要的原因是还没有做好准备，还无法放弃过去。人们往往难以放弃过去的成绩、熟悉的思维模式和工作方式，而这些内容作为心理成本和沉没成本，是需要适时结束的。只有结束了，才能投入新的历程去追求更多的机会成本。例如：某知名互联网企业的一位高管总结他从外企跳槽到互联网民企后所经历的思维模式的变化——两类企业对于风险的偏好不同、对于试错的认知不同。当他跳到互联网民企时，感受到原来强调原则、避免风险的想法完全不适用，互联网民企更加强调业务导向，允许冒险，愿意给予试错的机会。这时，他要做的不是马上开始新的工作，而是通过快速学习来改变自己以往的工作思维模式。开始一份新职业以后，也要留给自己足够的中间区域。在中间区域，人们多半会经历以下过程：觉察到不同职业的差异，接受这些差异，进行适应性的调整和改变。完成这个过程，真正的转变才开始。

（三）大学生应对职业生涯转型需要做的准备

大学生在面对职业生涯转型时，可以从以下几个方面做好准备。

1. 积极实习，积累经验

李同学在大学期间，利用假期和课余时间参与多份实习，涉及市场营销、人力资源等多个领域。通过这些实习经历，他不仅了解了不同行业的工作环境和要求，还积累了丰富的实践经验。毕业后，他顺利地从一个市场营销岗位转型到了产品管理岗位。实习是了解行业、积累经验的重要途径。通过实习，大学生可以提前适应职场环境，明确自己的职业方向，为未来的职业生涯转型打下基础。

2. 跨专业学习，拓宽知识面

张同学本科学的是计算机科学专业，但他对金融领域产生了浓厚的兴趣。于是，他选择修读金融相关的课程，并自学金融知识。大学毕业后，他成功地进入一家金融科技公司，负责技术开发和数据分析工作 。跨专业学习可以帮助大学生拓宽知识面，增加职业选择的灵活性。在职业生涯转型过程中，这种跨学科的背景往往能提供更多的机会和可能性。

3. 建立人脉，获取信息和资源

王同学在大学期间积极参加各类行业活动和社交聚会，结识了许多行业内的专业人士。通过这些人脉关系，他了解到许多行业动态和职业信息。在毕业后，他通过业内人士推荐，成功进入一家知名企业工作。人脉是职业生涯转型中不可或缺的资源。通过建立良好的人际关系，大学生可以获取更多的信息和机会，为自己的职业生涯发展铺平道路。

微课：
毕业、就业与失业职业生涯的管理与调整

4. 灵活调整职业生涯规划

赵同学原本计划毕业后从事教育工作，但在大学期间的一次实习中，她发现自己对市场营销产生了浓厚的兴趣。于是，她及时调整了自己的职业生涯规划，转而寻求市场营销相关的工作。经过努力，她最终成为一名成功的市场营销经理。职业生涯转型需要灵活调整和及时反馈。大学生应该根据自己的实际情况和市场需求，不断调整和完善自己的职业生涯规划，以适应不断变化的职业环境。

综上所述，大学生在面对职业生涯转型时，可以通过积极参与实习、跨专业学习、建立人脉以及灵活调整职业生涯规划等方式来做好准备。这些准备工作将有助于他们顺利实现职业生涯的转型，并在未来的职业生涯中取得成功。

三、创造平衡的职业生涯

当代大学生择业更加理性务实，他们不仅重视收入，也看重工作的舒适度和稳定性。由于当代大学生成长的经济环境相对优越，他们对于工作与家庭的平衡关系十分关注和重视。下面将从工作与家庭的关系进行分析，探讨工作与家庭的冲突和平衡，为大学生创造平衡的职业生涯提出切实的方案。

（一）工作与家庭的关系

家庭对每个人来说都有重大的意义，也会对职业生涯发展产生重大的影响。研究表明，婚姻和父母施加于个人的压力远远超过工作本身带来的压力。工作与家庭的冲突将对个人职业生涯发展目标的实现产生重要影响。家庭成员的意见对个人的职业选择和工作成果也有重要的影响。可以说，家庭对工作的影响是深刻而全面的。

一般来说，工作与家庭存在四种关系：分离、溢出、补偿和冲突。

1. 分离

分离是指人们把工作与家庭分开，认为工作与家庭是两个分开的领域，两者互不干

扰，互不影响。有些人强调不要把工作带回家，更不要把工作中负面的情绪带回家；有些人认为家庭是温馨的、充满人情味的，而工作是冰冷的、理性的，两者是完全不同的。

2. 溢出

溢出是指人们在工作与家庭之间不断跨越，会把对工作的情感带到家庭中，也会把对家庭的情感带到工作中。例如：一个人在家庭中关注美的感受，他在工作环境中也会注重积极地创造美感。这种在行为、情绪和技能等多方面的溢出既具有积极的影响，也具有消极的影响。

3. 补偿

补偿是指人们用在一个领域中得到的满足来弥补对另一个领域的不满。例如：一个人在感情生活中受挫，他便把自己的时间和精力投入工作，通过获得工作上的满足感来补偿感情上的挫败感。

4. 冲突

工作与家庭的冲突主要是角色的冲突。无论是父母的角色、子女的角色，还是夫妻的角色，都和工作者的角色存在时间和空间上的冲突。例如：在异乡务工的人们就常遇到在外工作与照顾老家父母的冲突。

工作与家庭的关系是多种多样的，实际上两者之间并不存在以上任何一种绝对的关系。越来越多的人发现，工作边界与家庭边界的渗透性和弹性导致了两者之间的冲突和平衡，个人在两者之间跨越并不是被动的，个人可以主动平衡两者的关系。

（二）工作与家庭的冲突和平衡

前面已经介绍了工作与家庭存在的四种关系：分离、溢出、补偿和冲突。在这四种关系中，分离、溢出和补偿在某种程度上使两者处于一种良性互动状态，而工作与家庭之间的冲突往往是职场人苦恼和希望调整的部分。

1. 工作与家庭冲突的原因

除了上文提到的角色冲突，工作与家庭冲突的原因还有很多。比如家庭成员无法参与工作，例如：传统的种植业、手工业等，家庭成员可以参与；而实验室工作、边防工作等，家庭成员能参与的部分就很少。再如工作的地理位置不同和工作时间不同导致抚养子女难、照顾老人难的问题；职业的声望、地位、收入、福利待遇等与家庭成员主观评价和预期不同，导致心理上和情绪上的问题等。可见，当个人的时间、精力、情感等有限资源难以同时满足工作与家庭的需要时，冲突就产生了。冲突不仅会对个人和组织产生负面影响，也会对家庭和社会产生消极的影响。

2. 工作与家庭的平衡状态

微课：
要职业成功也要家庭幸福——工作与家庭的平衡

所谓工作与家庭的平衡状态，指的是工作与家庭的功能同时协调运行的状态，也是个人能够感知到工作与家庭之间的冲突可以通过调整和改善而减弱的状态。工作与家庭的平衡并不会是长期状态。由于个人职业生涯发展的变化，如职位晋升、工作调动等，家庭系统的改变，如结婚、孩子出生等，原有的两个领域协调运行的状态必然会暂时失衡。另外，个体的主观感觉也会造成工作与家庭之间的失衡。例如：当女性在家庭生活里被认为是主要的承担者，而男性只是辅助角色时，职场中的女性将会更多地体验到工作与家庭的冲突，而男性体验到的冲突则少很多；而当社会认为女性和男性具有同样的家庭责任，且男性不会因为多承担了家务而产生会耽误工作的感觉时，女性体验到的冲突就会减弱。

所以，工作与家庭的平衡不是持续的，而是动态的。人们有时候担心失衡，不过仔细观察人的职业生涯，这种暂时的失衡正是一种活力的表现，职业的变动和家庭的改变，是每个人生涯发展的信号与展现。当人们意识到要迎接这种动态平衡时，将能够更加积极主动地投入工作与家庭，去适应和调整这样的变化，这也会带来主观的幸福感。

3. 从边界理论认识工作与家庭的平衡

克拉克和阿什福思等人将“边界”的概念运用到工作-家庭领域，认为作为两个领域——工作与家庭，存在边界，人们在工作领域与家庭领域来回穿梭，而这两个领域有自己独特的规则和角色期待。人们每天按照各个领域的规则来行动，创造和维持工作与家庭的边界来管理相应领域的活动，履行相应领域的角色期待。

人们要想在两个领域自如灵活地穿梭，最重要的是感受到边界的弹性。研究表明，家庭的支持可以使人们感到自己的生活具有灵活性；而工作中，领导和同事的支持以及工作弹性的制度（如工作时间的灵活性、办公方式的灵活性、对家庭生活的支持计划等）有助于人们体验到较高的工作弹性。人们要获得工作与家庭的平衡，首先要正确看待工作与家庭的关系，两者之间不是非此即彼、泾渭分明的。每个人都可以在两个领域来回穿梭，并且可以通过得到不同领域的支持和认同，来让两者的边界具有弹性，让自己更加有效地平衡需求。

（三）大学生需要为职业生涯发展与平衡做的准备

大学生在寻找未来的职业生涯发展方向时，不仅要考虑自身能力的发挥、职位的晋升，还需要用更加宽广的平衡视角来看待职业生涯发展。下面从不同性别的影响、个人价值观的影响、企业文化的影响三个角度来帮助大学生为职业生涯平衡做好准备。

1. 性别角色的挑战

在找工作和职业生涯发展的过程中，男性和女性都可能遇到性别带来的职业发展瓶颈。相对来说，女性遇到的更多，甚至可能遭遇性别歧视。例如：大学生在找工作的过程中，女性更多地被问及自己的婚姻问题和生育问题；一些企业由于种种原因倾向于招聘男生。在职业生涯发展平衡问题中，由于传统观念的影响和女性自身的生理特点，女性往往被期待更多地照顾家庭。针对这些挑战，女性要更加清晰地了解自己作为女性面临的情况，提前准备和规划，寻求和自己所要求的工作和家庭平衡相契合的工作。更重要的是，面临职业生涯发展挑战的时候，女性可以从自己能够掌控的角度出发，积极争取职业生涯发展的可能性。同时，男性在职业生涯发展中也会面临性别带来的问题。实际上，男性面临的挑战更加隐性，例如：男性在职场中的发展被给予更多期待，而对于家庭活动被期待更少，导致男性不能自由地在两个领域之间转换。所以，性别角色既是每个人在职业生涯发展中可能遇到的挑战，也是在寻求职业生涯平衡中需要关注的方面。

小案例

小徐是一名计算机专业的毕业生，在找工作的过程中，她的简历屡屡遭拒。她认为是由于性别，所以简历总是通不过，因为和自己一样专业的男生似乎总是能够通过简历筛选。老师和她详细沟通后，发现她刚刚开始找工作时，一直认为自己的专业好找工作，并没有做更多的准备。唯一的一次面试机会是校友推荐的，由于准备不足，她在面试中因没有能够展现自己的能力和优势而落选。认真听完老师的分析，小徐豁然开朗，不再纠结自己的性别问题，开始积极地求职：修改简历，梳理职业生涯规划，建立更加清晰的求职目标。后来，她顺利进入一家心仪的公司工作。

2. 个人价值观的认知

从价值观的角度来看，平衡是一个人将自己的优先需求和价值观融入职业和生活愿景的能力。有的人希望能够更多地照顾家庭，有的人希望在工作中获得声望，有的人希望将兴趣融入工作等。人们越清楚什么是自身最为看重的方面、什么能带给自己满足感和成就感，就越可能在专业选择、职业选择和培养职场技能时综合考虑不同因素，在职业生涯发展过程中掌握主动权。例如：一位大学生热爱时尚领域，学的是旅游管理专业，她希望将自己的专业应用于时尚领域，于是通过语言培训和相关领域的实习，最终如愿进入一家知名的跨国香水公司，从事研发工作。

3. 企业文化的选择

企业文化是个人和组织的重要纽带。大学生要成为的不再是终身的被雇用者，而是企业文化与自身相匹配的企业员工。当今职场充满挑战，人们希望兼顾工作成就、家庭角色和个人成长，求职似乎比从前更加困难。不过，越来越多的企业看到了人们的需求以及工作与家庭平衡带给员工的活力和创造力，推出基于工作与家庭平衡观念的弹性工作方案。例如：在保证一定工作时长或者完成工作任务的情况下，支持员工灵活选择工作时段和工作地点。大学生在找工作时可以考察企业对于工作与家庭平衡的态度以及提供的相关制度保障。

小案例

如今，越来越多的企业倡导工作和生活之间的灵活性。以下是全球管理咨询公司麦肯锡对于公司的工作-生活灵活性的说明。

我们鼓励工作-生活灵活的文化，并提供支持职业成功的特定计划，为从事咨询顾问的员工提供在项目之间多休息 5 到 10 周的选项，促使他们能够更长时间地担任当前职位，从而减轻满足下一个职位要求的压力。我们对作为父母的员工承诺，包括为人母、为人父和为人养父母的员工提供广泛的休假福利，由专门的主管通过网络平台提供辅导和支持，帮助员工在产假后快速恢复工作状态。

技能提升

一、认识身体里的四种能量

很多人相信“工作是能量的消耗者，生活是能量的恢复者”，当繁忙的工作让人感到精力耗竭时，人们渴望回到家里休息。然而与其以家庭为庇护所，不如学习管理好精力。而要想管理好精力，则需要认识身体里的四种能量，并学会管理它们。

1. 物理能量

这是常见的、基础的能量，是身体感觉。日常的运动、良好的生活作息能够维持较稳定的物理能量。

2. 精神能量

它是人们从分析和思考中获得的。人们往往关注自己的身体健康情况，而忽略自己的精神能量。实际上，精神能量也是有限的，它也会在思考中被不断消耗。一旦你发现自己的精力不足，就应该停下来做些恢复精神能量的事，如睡觉。

3. 情感能量

情感能量来自与他人的联系——相互给予和付出。当你情绪低落和痛苦时，你需要寻找他人来帮助你。你也可以补充情感能量，比如和朋友一起做些有趣的事。

4. 激励能量

它是从做一些对人们来说有意义的事中获得的。在做某些事时，即使我们在体力和精力上都感到很疲惫，但是我们仍然愿意咬紧牙关坚持下来，这是激励能量所驱动的。

所以，当你发现自己感到疲劳时，可以从这四个角度入手让自己得到恢复。不要把所有消耗能量的事放在一起，这会让你很难恢复。你可以把这四个能量交替使用，例如：当物理能量消耗过大时，向他人寻求帮助，他们的陪伴和帮助能让你充满自信，激发潜力，能让你的情感能量充沛，把它们融入工作和生活中，你就能保持在一个整体能量较稳定的状态。

二、什么人需要考虑转型

美国政府的一项研究：在美国，一个人从 18 岁到 46 岁的职业生涯中平均会经历 11 份工作，这些变动有主动的也有被动的，而且这种现象正在全球蔓延。

面对变化，是跳槽、换份工作就可以解决，还是必须转型？变化时代，人人都要转型、换赛道吗？一个人在什么样的情况下适合考虑转型呢？

欧洲工商管理学院的伊瓦拉教授跟踪研究了 40 名转型的职场人之后，提出了“职业选择金字塔”模型，如图 8-2 所示。

金字塔分为三个层次。第一层次是我们找工作时能一眼看到的东西，比如：我在××公司做产品经理。如果一个人是被行业、岗位的外在条件诱惑而想转型，他对职业的理解基本停留在这一层。如果只按照这个标准，那他只看到了职业的表面，一旦上手去做，才

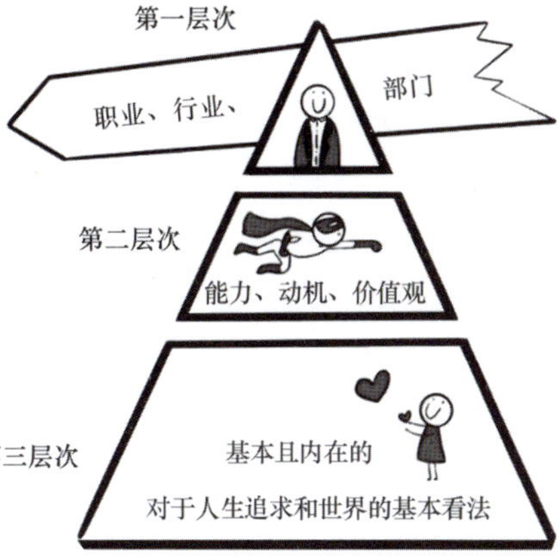

图 8-2 “职业选择金字塔”模型

知道跟自己想象的完全不是一回事，比如喜欢坐在环境优美的咖啡馆和经营一家咖啡馆，完全是两回事。任何一份看上去光鲜的职业背后都有不为人知的艰辛和付出。

金字塔的第二层次是能力、动机和价值观，这些要素相比起头衔等外在条件是我们相对内在的要素，这些要素通常不会因为换一份工作或一个岗位而变化。对职业选择的思考到了这一层，关注点便不再是表面的光鲜，而是开始从能力优势和长远价值交换的角度看待职业决策。处于这一层次，人会思考“我最擅长做什么”“这个行业未来 2～3 年的发展趋势是什么”“我想要在这家公司实现什么价值”等问题。

金字塔的第三层次是我们对于人生追求和世界的看法，这是我们存在于世的理由，它满足的是一个人的存在感和人生的意义。如果有一天你跟周围的人说你想换工作，所有人都觉得你疯了，明明这么好的工作为什么要换，或许你就到这层了。当一个人摆脱了传统世俗的价值束缚，而是基于“我想成为一个什么样的人”的想法去选择职业，就到达了这一层次。

我们生活在一个瞬息万变、看上去提供了无限选择但其实很难确定明确方向的时代，每一个求变的人是否真的适合转型呢？当你冒出转型念头时，可以先用职业选择金字塔模型对自己的职业动力做一番检视，再考虑是否真的要转换赛道。

第一层次——要慎重。

职业动力停留在金字塔第一层次的人，不建议转型。

例如：一个学员因为晋升失败，所以想从后台的财务职能岗位转型做销售。仔细分析后她发现，自己无论是能力优势还是资源支持都非常不适合做销售。于是她再三思考后，选择换一个小一点的平台去实现理想的收入目标，同时还能兼顾自己在家庭中的角色，事后她说幸好当时没有冲动转型，否则后果很难想象。

第二层次——可考虑。

职业动力在金字塔第二层次的可以考虑尝试转型。

如果一个人是被做事的热情驱动，想去挑战新领域和新工作，就要抓住机会去尝试和探索，然后在结果的反馈中一步步推进。

例如：一位人力资源主管说：“我在曾经的人力资源工作中就很享受用自己的专业知

识帮助员工实现成长的过程,对个人成长也充满了好奇和激情。这些动力驱使我做了很多学习和尝试,并最终让我离开之前稳定的外企金领岗位,转型成为一名职业培训师,因为这是我更喜欢、更有激情去做的事情。”

第三层次——好时机。

职业动力到了金字塔最底层的人已迎来转型最佳时期。

如果有一天你已经想清楚了自己这一生想要成为什么样的人,并且已经付诸行动,达到金字塔的最底层,而且发现想做的事情和当下正在做的事情无法调和的时候,那么恭喜你,转型的最佳时机已经到了。

例如:一位英语老师当年还在学校任职的时候就利用课余时间学习职业生涯规划教练课程,并积极拓展职业生涯咨询实践,确立了自己的人生愿景,因而从原单位离开后,开创了自己的公司,帮助更多的人成长。

实践训练

一、我对职业生涯转型的新认识

根据布里奇斯变革模型,采访1~3位在职业生涯发展中做过转型的校友,具体了解他们在职业生涯转型的3个阶段中是怎样思考的、怎样行动的,并试着完成图8-3的内容。

放弃过去阶段:

中间区域阶段:

新的开始阶段:

请总结你对职业生涯转型的新认识:

图8-3　职业生涯转型的新认识

二、平衡我的工作与生活

1. 对你而言，工作与家庭间有哪些冲突？工作与家庭对彼此又有哪些益处？请思考，并在表 8-1 中记录下来。

表 8-1　　工作与家庭的平衡关系

关系	工作对家庭	家庭对工作
冲突		
益处		

2. 检视你现在的生活状态与你的理想生活。

(1)我现在的生活状态：

①工作角色：________%

②为人子女角色：________%

③学生角色：________%

④休闲者角色：________%

⑤社会公民角色：________%

⑥其他：________%

说明：将以上角色按照所占百分比画在图 8-4 中。

图 8-4　现在生活状态饼图

(2)我的理想生活状态：

①工作角色：________%

②为人子女或父母角色：________%

③学生角色：________%

④休闲者角色：________%

⑤社会公民角色：________%

⑥其他：________%

说明：将以上角色按照所占百分比画在图 8-5 中。

图 8-5　理想生活状态饼图

通过以上练习，我的发现是____

____

____

三、绘制我的生涯平衡轮

如图 8-6 所示的是一个探索工具——生涯平衡轮，有助于你发现生命里对自己来说最重要的方面。

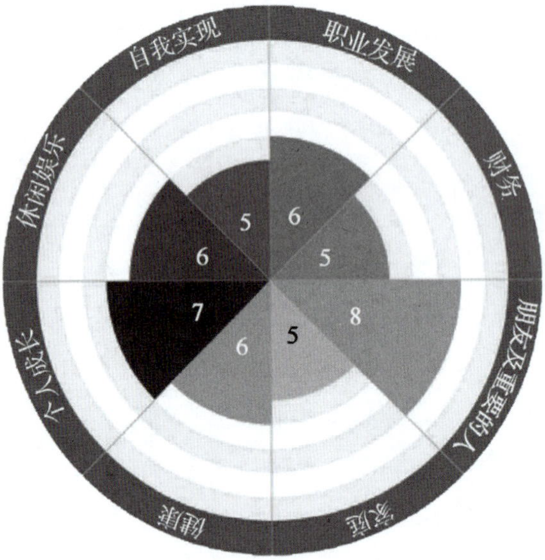

图 8-6　生涯平衡轮

第一步：请找到一个安静的地方，思考在你的生命里，包括工作和生活，你认为最重要的东西是什么。事业、家庭、健康、精神追求，还有什么？请你在图 8-7 中列出 5～8 个生命里重要的元素。

第二步：请在图 8-7 中画一个圆，并根据元素的数量将圆平均分成几份。

第三步：请在圆边上标注出你所列的每个元素的名称，如事业、家庭等。若这些元素在你心里的重要程度是不一样的，请你根据每个元素的重要程度，给它们打分（1 到 10 分，1 分代表最不重要，10 分代表最重要），并根据分数涂出相应的面积。

思考：

1. 你在生涯平衡轮中的各方面做得怎么样？
2. 这些元素对你的职业选择有什么影响？
3. 你是否准备改变？改变的第一步是什么？

我的生涯平衡轮

图 8-7　我的生涯平衡轮

> 人生就像骑自行车，想保持平衡就得往前走。
>
> ——爱因斯坦

项目拓展

一、案例解析

职业生涯转型是一个广泛而复杂的话题，涉及不同行业、不同背景和不同目标的人群。以下是一些典型的职业生涯转型案例，它们展示了个人如何在不同领域之间成功转换，并实现了职业生涯发展的新高度。

职业生涯转型人物：马云

前职业背景：马云最初只是一名普通的英语教师，但他对互联网和电子商务有着浓厚的兴趣和独到的见解。

转型过程：在意识到互联网将改变未来的商业模式后，马云毅然决定辞职创业，并创立了阿里巴巴集团。他带领团队克服了重重困难，最终将阿里巴巴打造成为中国电子商务行业的领军企业。

转型结果：马云的职业转型不仅实现了他个人的梦想，也为中国乃至全球的电子商务行业树立了标杆。

职业生涯转型人物：李宁

前职业背景：李宁是世界公认的"体操王子"，在退役前拥有辉煌的体育生涯。

转型过程：退役后，李宁没有选择安逸的生活，而是决定将自己的影响力转化为商业价值。他创立了李宁品牌，并凭借对体育行业的深刻理解和敏锐的市场洞察力，成功地将李宁品牌打造成为中国体育用品行业的知名品牌。

转型结果：李宁的职业生涯转型不仅为他个人带来了丰厚的经济回报，也为中国民族体育品牌走向世界做出了重要贡献。

分析：

不管是马云还是李宁，从他们的职业生涯发展历程中可以看出，职业生涯转型需要勇气、决心和持续的努力。无论个人背景如何，只要对目标有坚定的信念、不懈的坚持，对机会有敏锐把握以及对自我价值的持续追求，就有可能实现职业生涯发展的新突破。同时，这些案例也提醒我们，在职业生涯转型过程中要充分了解市场需求和自身优势，制订切实可行的计划并付诸实践。

二、习题练习

1. 如何做好角色转换？

2. 对于你来说，职业生涯平衡重要吗？为什么？

3. 如何协调工作与家庭的关系？

4. 在进行职业发展时，你会更侧重哪方面的内容？

5. 平衡职业生涯的意义是什么？

项目总结

一、要点小结

根据本项目的知识与技能要点，绘制思维导图。

职业生涯发展与平衡

二、自我评价

学会的有：

____

____

____

____

____

____

需要加强和改进的有：

____

____

____

____

____

____

参考文献

[1] 詹笑红. 职面未来:大学生职业发展与就业指导. 北京:首都师范大学出版社,2024

[2] 范晓莹,李静玉,王春艳,刘芳娜. 人际沟通与交流. 北京:清华大学出版社,2024

[3] 曹世奎,张光霁. 大学生就业指导. 北京:中国中医药出版社,2024

[4] 周文霞,金秋萍. 职业生涯研究、教学与咨询工具手册. 北京:北京大学出版社,2023

[5] 张业平,王建东,吴优. 大学生就业指导. 2 版. 北京:人民邮电出版社,2023

[6] 孟建,沙迪. 大学生就业指导. 北京:首都师范大学出版社,2022

[7] 何霞,方慧. 职业生涯规划实战体验手册. 北京:机械工业出版社,2021

[8] 刘佳,何艺. 职场进阶:职业生涯规划与面试宝典. 北京:清华大学出版社,2021

[9] 汪琳,孙云莉,石鹏. 大学生生涯发展与创新思维. 厦门:厦门大学出版社,2019

[10] 刘廉明. 大学生职业生涯规划与就业指导. 厦门:厦门大学出版社,2016